Generation Wickeltasche

Für Kajsa und Matthias.
Love always.

Nana Heymann

Generation Wickeltasche

Die neue Lust am Muttersein – Begegnungen mit jungen Frauen

Schwarzkopf & Schwarzkopf

Vorwort

Ich bin auch eine von denen. Ich bin eine von denen, die sich Soziologen gerade ganz genau anschauen und die von ihren Nachbarn beobachtet werden. Ich bin eine von denen, die sich in einem Feldversuch wiederfinden, obwohl sie doch nur ihr Leben führen möchten. Ich bin eine von denen, zu denen jeder eine Meinung hat. Ich bin eine von denen, die nichts richtig machen können, dafür aber alles falsch.

Ich bin eine Mutter. Ich lebe in Berlin-Prenzlauer Berg. Ich bin in den vergangenen zehn, fünfzehn Jahren viel ausgegangen. Ich habe einen kreativen Beruf. Und ich habe dieses Buch geschrieben. Ein Buch über 33 Frauen, die Mütter geworden sind. Viel ist in den vergangenen Monaten bereits geschrieben worden über diese neuen Mütter, die in sogenannten Szenevierteln deutscher Großstädte leben. Darüber, dass sie vieles so anders machen würden als ihre Mütter. Darüber, dass sie es zwar nicht schaffen, ihre Kinder um neun Uhr in die Kita zu bringen, trotzdem aber auf der Suche nach den besten Privatschulen sind. Darüber, wie sich Lebensentwürfe ändern, Familienmodelle und Erziehungsmethoden. Es waren meist Soziologen und Feuilletonisten, die darüber geschrieben haben. Aber eine Gruppe kam nicht zu Wort: die Mütter. Was denken die? Was hoffen die? Was wollen die? Was fürchten die?

Dieses Buch versucht, diese Lücke zu schließen. Es lässt die zu Wort kommen, um die es geht. Und die anscheinend von vielen nicht unbedingt gemocht werden: Als das Berliner Stadtmagazin *zitty* im Jahre 2008 eine Leserumfrage startete, wer denn eigentlich der Lieblingsfeind der Berliner sei, da gewann die »Junge Familie in Prenzlauer Berg« mit Abstand vor den »Zugezogenen« und den »Kriminellen Ausländern«. In Leserbriefen kamen dann die Erklärungen, geschrieben auch von Frauen. Es sei die Attitüde der Prenzlauer-Berg-Mütter, die einem so wahnsinnig auf den Sack ginge. Der Glaube dieser Mütter, mit der Entscheidung für ein Kind ein ganzes Land vor dem demografischen und kulturellen Untergang gerettet zu haben. Mit Kinderyoga, Bio-Nahrung, Öko-Stramplern und garantiert weichmacherfreiem Holzspielzeug. Diese Mütter würden ihren Nachwuchs zu ihrem Lebensmittelpunkt erklären – und zu dem ihrer Umwelt gleich mit. Es seien Frauen, die im Glauben leben, alles richtig zu machen und dabei »so merkwürdig angestrengt und unentspannt wirken«.

Der Soziologe Hartmut Häußermann sieht in dem Streit einen Konflikt der Lebensstile. Er habe etwas mit der Frage nach dem richtigen Leben zu tun und mit dem Anspruch auf Deutungshoheit und Meinungsführerschaft.

Das richtige Leben. Leben ist so schon schwer genug – und dann auch noch richtig? Die Frauen, die ich für dieses Buch getroffen habe, sind teilweise schon froh, wenn sie den nächsten Tag heil überstehen. Wenn sie ihre Geschichten erzählen, dann bröckelt das Bild, das sich viele von diesen Müttern machen, nicht, es stürzt ein. Das Bild, das in den Medien vermittelt wird, sieht immer gleich aus: stolze Eltern, die jung sind und gebildet, die Wert legen auf ihr Äußeres und die in den vergangenen zehn, fünfzehn Jahren unbeschwert gefeiert haben. Aus denen sind angeblich Hedonisten-Eltern geworden, Elterndarsteller. Was für andere Arbeit ist, erledigen sie mit Lässigkeit, Stil und Haltung. Das Erkennungszeichen dieser Eltern, dieser Generation ist die Wickeltasche. Sie ist die neue It-Bag.

Viele Mütter bemühen sich darum, dieses Bild aufrechtzuerhalten, den Schein zu wahren. Und dadurch bestärken sie bestehende Vorurteile. Und diese Vorurteile sind verantwortlich für den Neid und die Missgunst der Kinder- und Verständnislosen.

Dieses Buch versucht, diese Vorurteile zu widerlegen, indem es die Geschichten hinter der Fassade beleuchtet. Die Mütter in diesem Buch erzählen von ihrem Leben. Von ihrer neuen Rolle.

Von den Veränderungen, die das Kinderkriegen und -großziehen mit sich bringen. Von ihrem Selbstverständnis.

Was unterscheidet diese neuen Mütter von vorherigen Generationen, vor allem von der Generation ihrer eigenen Mütter? Wie bekommen die das alles scheinbar so leicht hin? Was machen die besser, anders, richtig im Vergleich zu denen, bei denen das Fernsehen die Super-Nanny vorbeischickt? Kurzum: Was kann man von denen lernen?

Am Ende wird aus den 33 Geschichten eine große. Am Ende wird daraus ein Bild, eine Momentaufnahme über das Leben in Deutschland am Ende des ersten, zu Beginn des zweiten Jahrzehnts dieses neuen Jahrhunderts. Nach den 33 Treffen, nach all dem Reden, Zuhören, Kaffeetrinken, Lachen und Weinen, nach all den Antworten, Hoffnungen, Träumen, Ängsten und Sehnsüchten, die mir die Mütter erzählt haben, weiß zumindest ich ein wenig genauer, wer ich bin.

Ich bin eine Mutter. Ich lebe in Berlin-Prenzlauer Berg. Ich bin in den vergangenen zehn, fünfzehn Jahren viel ausgegangen. Ich habe einen kreativen Beruf. Ich habe dieses Buch geschrieben. Vor allem aber bin ich eine junge Frau, die glücklich sein möchte. Ich bin eine von denen.

Berlin, im Frühjahr 2010

Nana Heymann

Der große Plan des kleinen Lebens

Und irgendwann beginnt es. Manchmal, weil man darauf hinarbeitet, aber manchmal eben auch, weil Dinge nun mal passieren, ohne dass man dafür groß etwas tun muss. Liebe ist so eine Sache. Aber ist das Kinderkriegen auch so eine Sache? Der Moment der Gewissheit. Nicht nur, dass man Mutter wird, sondern auch, dass man mit dem Mann, der Vater wird, von nun an für immer verbunden sein wird. Für den Rest des Lebens. Und zwar egal, was passiert. Das ist ein Moment von Zauber. Nur Idioten spüren dabei nicht einen Hauch von Ewigkeit. Und trotzdem fällt es Frauen schwer, über diesen Moment zu sprechen. Über alles andere sprechen sie gerne: den Verlauf der Schwangerschaft, die Geburt, die ersten Wochen, das Stillen. Denn all das kann man rational beschreiben. Den Moment der Gewissheit, die Sekunde, in der einer Frau klar ist, dass sie Mutter wird und dass sich dadurch ihr Leben für immer verändert, der ist schwer zu beschreiben. Auch Tessa, 28, Lektorin, zögert. Bei unserem ersten Telefonat will sie gar nicht sprechen, beim zweiten Telefonat vielleicht, und erst, als ich ihr anbiete, sie in München zu besuchen, willigt sie schließlich ein. Ich treffe Tessa im Münchner Stadtcafé, an einem schönen warmen Sommertag, an einem Tag, an dem alles möglich, alles denkbar scheint.

Wahrscheinlich hatte ich irgendwas falsch gemacht, ganz bestimmt sogar. Bei technischen Sachen habe ich mich schon immer ein bisschen bescheuert angestellt, und im weitesten Sinne war das hier eine technische Sache. Teststäbchen nehmen, in den Urinstrahl halten, Ergebnis abwarten. Nach etwa einer halben Minute zeichneten sich in einem Fenster ein Kreis und ein Strich ab, anfangs noch etwas blass, dann immer deutlicher.

Was bedeutete das noch gleich? Schwanger oder nicht? Die Gebrauchsanweisung hatte ich versehentlich in den Mülleimer geworfen, vor Aufregung. Ich saß daheim auf der Toilette, durch das milchige Fenster schien die Maisonne herein und wärmte meine nackten Oberschenkel. Es war Sonnabend, kurz nach zwölf. Ich war seit drei Stunden wach, und in dieser Zeit guckte ich mir immer wieder die kleine Pappverpackung an, die vielleicht schon im nächsten Augenblick mein ganzes Leben verändern würde. Ich las mir den Beipackzettel mit der Gebrauchsanweisung durch. Legte ihn wieder zur Seite. Studierte ihn wenige Minuten später erneut. Atmete schließlich durch, raffte mich auf und ging auf die Toilette.

Einen Tag zuvor hatte ich den Test bei Rossmann gekauft. Als die Kassiererin ihn über den Scanner zog, blickte sie mich freudig lächelnd an. Eine Frau Anfang fünfzig mit blondiertem, toupiertem Haar und einer beeindruckenden Leidenschaft für knalliges Make-up. Mit ihrem gutmütigen, wissenden Blick schien sie mich im Club der Mütter willkommen zu heißen. Hinter mir standen mehrere Kunden, ausschließlich Frauen, alle bereits etwas älter. Mir kam es vor, als würden sie näher an mich heranrücken, nachdem sie bemerkten, was ich da aufs Band gepackt hatte. War das bei der einen ein wohlwollendes Zucken um die Mundwinkel? Oder bildete ich mir das nur ein? Ich kam mir ein bisschen vor wie der Mann aus der Kondom-Werbung mit Hella von Sinnen, in der sie als Kassiererin durch den Supermarkt schreit, um sich nach dem Preis der Kondome zu erkundigen. Während er vor Scham fast im Boden versinkt. Aber bei mir war es für Kondome vielleicht schon zu spät.

Alle Anwesenden schienen sich zu freuen. In einem kitschigen Film wäre an dieser Stelle bestimmt ein kollektives Seufzen zu hören und eine der Frauen würde mir in die Wange kneifen. Nur ich war nicht gut drauf, denn mir war mulmig. Und das noch nicht einmal, weil ich Kinder nicht mag oder keine haben will, ganz im Gegenteil. Mir wurde nur plötzlich bewusst, dass ich mich von meinem alten Leben verabschieden würde müssen, wenn das Testergebnis positiv ausfiel. Die Frage war nur: War ich dafür schon bereit? Mit 28?

Eigentlich mochte ich dieses alte Leben, es war leicht und unbeschwert. Ich hatte vor Kurzem mein Studium beendet und gerade einen Job gefunden. Es gab keine Verpflichtungen, jedenfalls keine allzu großen. Ich musste mich nur um mich selbst kümmern und um meinen Hund Blitz, einen Labrador. Tagsüber nahm ich ihn mit ins Büro und wenn ich vom Feiern nachts nach Hause kam, wartete er auf mich. Gelegentlich brachte ich Björn mit, mit ihm war ich seit zwei Jahren zusammen.

Ich hatte Björn an der Uni kennengelernt. Das neue Semester hatte gerade begonnen und ich wartete vor dem Seminarraum, als er plötzlich neben mir stand. Er fragte mich, ob er hier richtig sei, wenn er zum Hauptseminar über die »Gruppe 47« wolle. Ich dachte mir nichts dabei. Um ehrlich zu sein, nahm ich Björn nicht mal richtig zur Kenntnis. Mit seinem unscheinbaren Äußeren war er eigentlich nicht mein Typ. Trotzdem wich er fortan nicht mehr von meiner Seite, wobei es ihm gelang, sich dabei sehr unaufdringlich und diskret anzustellen. Er saß während des Seminars neben mir, wir gingen zusammen in die Kantine, erarbeiteten ein gemeinsames Referat. Für die Hausarbeit trafen wir uns in der vorlesungsfreien Zeit regelmäßig in der Uni-Bibliothek.

Klar blieb es dabei nicht aus, dass wir uns auch über Privates unterhielten. Ich erzählte ihm von meiner letzten Beziehung, die kurz zuvor gescheitert war, und er mir vom Stress mit seinen Eltern, die nicht verstehen konnten, warum er seinen Studienabschluss immer wieder aufschob, und ihm Trödelei vorwarfen. Als wir unsere Hausarbeiten kurz vor Ende der vorlesungsfreien Zeit abgegeben hatten, feierten wir das in meinem Lieblingscafé. Drei Bier später brachte mich Björn nach Hause, bei der Verabschiedung vor der Tür landeten plötzlich seine Lippen auf meinen. Ein kurzer Kuss, dann ging er. Und ließ mich verwirrt zurück. Björn war niemand, der mit einem lauten Knall in das Leben anderer Menschen platzte. Er schlich sich vielmehr von hinten ein, leise und vorsichtig – aber dafür sehr zielstrebig. Er war in mein Herz vorgedrungen, ohne dass ich es bemerkt hatte.

Ebenso leise und unauffällig, wie Björn mein Herz erobert hatte, verlief auch unsere Beziehung. Anfangs erzählte ich meinen Freunden nichts von ihm. Nicht, weil ich mich schämte, sondern weil ich nicht wusste, ob das zwischen uns bloß eine kurze Liebelei sein würde oder was Großes. Dass es auf Letzteres hinauslaufen würde, ahnte ich, als mich Björn eines Tages seiner Familie vorstellte. Ein klassischer Kaffeetrinkentermin bei den Eltern. Anfangs graute mir davor, denn meistens verlaufen solche Treffen ja sehr steif und gekünstelt. Meine Bedenken waren jedoch unbegründet. Die Eltern und seine zwei Jahre ältere Schwester Eva empfingen mich zur Begrüßung sehr freundlich, fast herzlich – so etwas war ich von meiner emotional unterkühlten Familie nicht gewohnt. Zu meinem Erstaunen empfand ich das noch nicht mal als unangenehm. Hatte das was mit erwachsener Gelassenheit zu tun? Keine Ahnung. Ich wollte nicht allzu sehr darüber nachdenken.

Über unsere Zukunft haben wir uns damals kaum Gedanken gemacht, geschweige denn über Familienplanung. Wir lebten lieber für den Moment, genossen unsere Freiheit zu zweit und unsere Unabhängigkeit. Ich kann mich nicht daran erinnern, dass wir überhaupt je ein tiefgründiges Gespräch darüber geführt haben, ob es so etwas wie einen Plan geben soll für die nächsten Monate, Jahre. Ich wollte es nicht ansprechen, weil ich befürchtete, damit einen festen Rahmen abzustecken. Björn sprach es vermutlich nicht an, um sich selbst nicht unter Druck setzen zu müssen. Klar wollte ich irgendwann einmal Familie und Kinder haben. Aber das war eher so ein diffuser Wunsch. Er war da, irgendwo ganz hinten im Kopf. Ich wollte mich mit ihm aber nicht auseinandersetzen, noch nicht. Ich wollte erst einmal um die Welt reisen, Karriere machen, meine Ruhe genießen und Zeit für mich haben. Und wer weiß: Vielleicht war Björn doch nicht der Richtige. Vielleicht würde ich bald schon jemanden treffen, der sich nicht leise und unauffällig in mein Herz schleicht, sondern der mit großem Krach einfällt und mich ganz glückstrunken macht im Kopf. An jeder Ecke, so schien es, warteten neue Möglichkeiten auf einen. Wie sollte man da sicher sein, die beste Wahl schon getroffen zu haben?

John Lennon sagte mal einen sehr großen, einen sehr wahren Satz: »Life is what happens to you while you're busy making other plans.« Leben ist das, was passiert, während du dabei bist, andere Pläne zu schmieden. Als ich an jenem Sonnabend im Mai auf der Toilette war, den Beipackzettel des Schwangerschaftstests wieder aus dem Mülleimer fischte und die Anleitung mit meinem Teststäbchen verglich, da schien es, als habe er den Satz nur mir gewidmet. Björn saß die ganze Zeit über im Wohnzimmer und wartete auf mich. Als ich die Badezimmertür öffnete, wäre ich fast über Blitz gestolpert, der im Flur lag. Björn stand vor mir und hielt mich fest. Ich drückte meinen Kopf an seine Brust, mein ganzer Körper zitterte. »Ich glaub, ich bin schwanger.« Björn antwortete nicht. Er hielt mich nur fest. Wie lange wir im Flur standen, weiß ich nicht. Es kam mir vor wie eine Ewigkeit.

Björn war es, der die Umarmung schließlich löste. Er ging in die Küche, setzte Wasser auf und kochte uns einen Tee. Ich setzte mich zu ihm an den Küchentisch und traute mich nicht, ihm in die Augen zu blicken. Ich fühlte mich schuldig. Als sei ich diejenige, die unsere gemeinsame Unbeschwertheit zerstört hat. Björn nahm meine rechte Hand und sagte: »Wir schaffen das schon.« All das, worüber wir in der Vergangenheit nicht geredet hatten, aus Angst, aus Unsicherheit, aus Zweifel: Es spielte nun keine Rolle mehr. Das Leben hatte seinen eigenen Plan für uns.

Alles ist möglich, alles ist denkbar. Nach unserem Gespräch schlendern Tessa und ich über den Viktualienmarkt, ich, die

Mutter, sie, die Schwangere. Tessa scheint nach dem Gespräch wie von einer Last befreit, auch wenn sie immer noch im achten Monat schwanger ist. Bei unserem Spaziergang sagt sie, dass sich Kinder ihre Eltern ja auch schließlich selber aussuchen würden, und dass sie niemals diese Entscheidung in Zweifel ziehen könne. Und sie spricht von dem Glück mit Björn, von der Liebe zu ihm, die jetzt bleiben wird, die nicht mehr aufhören kann; und sie spricht von einem Sinn, den sie zwar noch nicht versteht, von dem sie aber ahnt, dass er da ist. An einem Stand kauft sie Blumen, Gerbera, sie sagt, die wolle sie in die Küche stellen. Ich sage, dass das eine gute Idee sei.

Zurück in die Zukunft

Das Café, das Jonna als Treffpunkt für unser Gespräch in Berlin-Prenzlauer Berg vorschlägt, hat einen eigenwilligen Namen: »Suicide Sue«. »Don't ask me«, sagt Jonna am Telefon und lacht. Aber weil Essen und Kaffee hier gut sind, verzeiht man den Besitzern den komischen Namen schnell. Jonna, 33, bringt ihre Tochter mit, was sich anbietet, weil sie mit meiner Tochter spielen kann, während wir uns in Ruhe unterhalten. Über das Muttersein. Über die schwierigen Momente. Über die Augenblicke des Glücks.

Warum es uns ausgerechnet nach Berlin verschlagen hat? Vermutlich waren es die üblichen Argumente, die angeführt werden, wenn es um die Stadt geht: günstige Mieten, aufregendes Nachtleben, niedrige Lebenshaltungskosten, zentrale Lage innerhalb Europas. Lucas und ich kamen zunächst nur hierher, um Freunde zu besuchen. Kein Gedanke ans Sesshaftwerden. Das lag vor allem daran, dass wir in Neukölln untergebracht waren, und Neukölln nicht unbedingt das ist, wofür Berlin bei jungen Menschen gemeinhin steht. Es machte auf uns einen eher abstoßenden Eindruck: alles ein bisschen zu kaputt, zu krank, zu abgerockt.

Aber dann, ein paar Tage vor unserer Heimreise, spazierten wir zufällig durch Prenzlauer Berg und wussten: Hier wollten wir bleiben. Die Menschen auf den Straßen unterhielten sich in allen möglichen Sprachen, was vor allem mir gefiel. In der Schule hatte ich zwar Deutschunterricht, aber ich sprach mit Akzent, was die Hemmschwelle erhöhte. Hier fiel ich jedoch nicht weiter auf. Hier war ich eine von vielen. Hier spielte meine Herkunft keine Rolle, ich musste mich für sie nicht rechtfertigen. Im Notfall könnte ich englisch sprechen, woran sich in dieser Gegend niemand stört und was ich besser kann, weil ich einst mehrere Jahre in London gelebt hatte, und wer schon mal längere Zeit in London verbracht hat, der weiß die Vorzüge Berlins zu schätzen.

Lucas lernte ich in Barcelona kennen, was Sinn macht, denn ich komme aus Finnland und er aus Südtirol. Wir beide waren der Arbeit wegen nach Spanien gegangen. Ich hatte einen Marketing-Job, Lucas arbeitete als Multimedia-Designer. Mal abgesehen davon, dass ich Lucas in Barcelona kennengelernt habe, hat mir die Stadt aber überhaupt nicht gefallen, auch wenn noch so viele von ihr schwärmen. Vielleicht waren Barcelona und ich noch nicht reif füreinander. Weil Lucas und mir schnell klar wurde, dass das zwischen uns was Ernstes war, schauten wir uns nach einem neuen Lebensmittelpunkt um. Nach einem Ort, an dem wir uns niederlassen konnten. So kamen wir nach Berlin. Genauer: nach Prenzlauer Berg, an den Helmholtzplatz. Ein Hotspot. Und Austragungsort ideologischer Grabenkämpfe zwischen Alteingesessenen und Zugezogenen, zwischen Neubürgerlichen und Altanarchos, zwischen Eltern und Nichteltern. Doch vor vier Jahren wussten wir davon noch nichts. Zu sehr waren wir damit beschäftigt, uns einzuleben und einzuarbeiten. Lucas fing als selbstständiger Multimedia-Designer an und ich bei einer Internetplattform für Musik.

Der Ort erschien uns ideal, um eine eigene Familie zu gründen. »Pregnancy Hill« halt: Hier war man entweder gerade schwanger – oder war es bis vor Kurzem noch gewesen. In den Straßencafés sah man tagsüber viele Mütter mit ihren Kindern, am Nachmittag übernahmen dann die Männer und gingen mit ihrem Nachwuchs auf den Spielplatz mitten auf dem Helmholtzplatz oder – wenn das Wetter schlecht war – ins Café »Kiezkind« gleich nebenan. Erziehung schien hier ein Kinderspiel zu sein. Es sah aus, als ob sie nebenbei geschähe. Mir kam es vor, als ob man sich in seinem neuen Leben mit Kind nicht groß umstellen müsste. Der Prenzlauer Berg, der manchmal ja als größtes Jugendfreizeitheim der Republik bezeichnet wird, wäre das ideale Motiv für ein Werbeplakat des Familienministeriums.

Ich habe mir eigentlich nie viele Gedanken über Kinder gemacht oder darüber, wie mein Leben aussehen wird, wenn ich einmal Kinder habe. Es schien mir nicht vorstellbar. Dann, als ich mit dreißig schwanger wurde und die Ratschläge und die Geschichten von jungen Müttern hörte, da ahnte ich nicht, dass die einmal etwas mit meinem Leben zu tun haben werden. Wie sollte ich auch? Es sah doch alles so lässig und beiläufig aus, nichts schien natürlicher und einfacher, als Kinder großzuziehen.

Heute weiß ich, dass es Tage gibt, an denen man keine Zeit hat, um zu duschen, dass es Abende gibt, an denen man so fertig, so kaputt ist, dass man im Stehen einschlafen könnte. Ich weiß, dass es Phasen der Erschöpfung und Verzweiflung gibt, aber auch Phasen der Euphorie und des absoluten Glücks. Das Leben mit Kind gleicht einer Autofahrt durch die Großstadt: Man weiß nicht, was einen an der nächsten Straßenecke, an der nächsten Kreuzung erwartet, aber je öfter man die gleiche Strecke fährt, desto sicherer bewegt man sich.

Ich habe gelernt, an die heilende Kraft der Routine zu glauben. Sie ist gut, für das Kind und für mich. Feste Tagesabläufe. Rituale. Eines meiner Rituale im ersten Lebensjahr meiner Tochter Ada war das Spazierengehen. Ich glaube, ich bin eigentlich ein ganzes Jahr nur spazieren gegangen. Was soll man auch anderes machen mit einem Kind, das noch nicht laufen kann, noch nicht spielen will? Man geht spazieren. Was für manche Erholung ist, war für mich, nun ja, ein bisschen langweilig. Und doch tat ich es, weil ich wusste, dass es wichtig und richtig für Ada war. Zu meiner Freude war ich in Berlin einer Freundin begegnet, die ich während meiner Zeit in London kennengelernt, aber zwischendurch aus den Augen verloren hatte. Ich bin mir sicher, dass es solche Zufälle nur in Berlin gibt. Jedenfalls waren wir gleichzeitig schwanger, ohne es geplant zu haben, ohne überhaupt je darüber gesprochen zu haben. Ihr Sohn kam vier Wochen nach Ada zur Welt, mit ihr verbrachte ich viel Zeit. Gemeinsam langweilt man sich halt weniger.

Wirklich schlimm fand ich jedoch die tristen Nachmittage im Winter. Wenn es früh dunkel wurde. Wenn Lucas noch arbeitete. Wenn es draußen so kalt, das Wetter so schlecht war, dass man keinen Fuß vor die Tür setzen konnte. Mit Kind schon gar nicht. Es waren anstrengende Stunden, ich konnte nichts machen, ich konnte nur warten, dass etwas passiert: dass Lucas nach Hause kommt, dass wir Ada ins Bett bringen, dass wir gemeinsam essen, einen Film schauen und irgendwann einschlafen. Und am nächsten Tag ging wieder alles von vorne los. Bis endlich der Frühling kam. Und mit ihm die Spontaneität, die ich aus meinem alten Leben kannte, zumindest ein bisschen von ihr, soweit ein Kind sie zulässt.

Früher, in diesem alten Leben, kam Lucas manchmal nach Hause und sagte: »Zieh dich hübsch an, wir gehen aus.« Das war normal. Das war Alltag. Ein Großteil unseres Lebens bestand damals aus Arbeit. Aber wenn wir nicht arbeiteten, gingen wir auf Konzerte, in Clubs – oder eben essen. Und wir reisten viel. Heute tun wir all das seltener. Wenn wir zum Beispiel mal essen gehen, am späten Nachmittag, dann ist unsere Tochter dabei und manchmal auch befreundete Paare mit ihren Kindern. Es ist nicht mehr so intim wie früher. Meistens ist mein Essen kalt, noch bevor ich mir den ersten Bissen in den Mund geschoben habe, weil ich mit Ada beschäftigt bin. Man kann sich auch nicht mehr treiben lassen, weil sie spätestens halb acht im Bett sein muss. Und doch ist es schön. Weil es einen mit tiefer Zufriedenheit und Freude erfüllt, das eigene Kind groß werden zu sehen, zu beobachten, wie aus einem kleinen Menschen ein großer wird.

Die Zeit, die ich nur mit Lucas allein habe, weiß ich heute viel mehr zu schätzen als früher. Sie ist wertvoller geworden.

Vor Kurzem waren wir für ein verlängertes Wochenende in London. Meine Mutter kam aus Helsinki und passte in Berlin auf Ada auf. Wir trafen alte Freunde, Freunde aus meinem früheren Leben. Wir saßen in einer Bar und redeten darüber, wer sich getrennt hatte und wer neu verliebt war, darüber, wer gerade welchen Job machte. In diesem Moment kam mir mein altes Leben vor wie ein Lieblingspullover, den ich zu heiß gewaschen hatte, der eingegangen war. Man erinnert sich daran, wie gerne man das Stück getragen hat, aber er passt einfach nicht mehr – und man kann nichts dagegen tun.

Seit einem Jahr geht Ada zu einer Tagesmutter, von neun bis vier Uhr ist sie dort. Dann hab ich Zeit für mich. Seltsamerweise ist das die Zeit, in der ich Ada am meisten vermisse. Ich gehe dann zum Yoga oder ins Fitness-Studio. Ich tue Dinge, um die Zeit zu überbrücken, bis Ada wieder bei mir ist. Dann denke ich manchmal an das Leben, das ich einmal hatte. Es kommt mir vor wie das Leben einer anderen Frau.

Vielleicht ist es das, worauf es beim Muttersein ankommt: die Veränderungen zu akzeptieren, das Loslassen zu lernen. Kann man ja nie früh genug mit anfangen. Klingt aber vermutlich einfacher, als es ist.

Rad der Weisen

Muss man sich Gedanken um den Geisteszustand von Menschen machen, die eine Nebensache zur Hauptsache erklären? Womöglich schon. Keiner Generation ist es je so wichtig gewesen, die richtigen Bücher zu lesen, die richtige Musik zu hören, die richtigen Marken zu tragen, wie der Generation der heute Dreißig- bis Vierzigjährigen. Ein bekanntes Berliner Musiklabel nennt sich »Stil vor Talent«, das könnte das Motto dieser Generation sein. Ich bin zum Gespräch mit Barbara, 34, IT-Beraterin, verabredet. Sie ist Mutter eines dreijährigen Sohnes. Wir treffen uns im »Kauf dich glücklich«, einem Café in Berlin, in der Oderberger Straße, ganz in der Nähe der Kastanienallee, dem Catwalk zwischen den Bezirken Mitte und Prenzlauer Berg.

Ich kannte dieses Teil anfangs nur aus verschiedenen Zeitschriften und Magazinen. Den Hype, der darum gemacht wurde, konnte ich nicht ganz nachvollziehen. Plötzlich wurde ein ganz normaler Gebrauchsgegenstand zum Kultobjekt verklärt, bloß weil ihn irgendeine Schauspielerin mal in irgendeiner Fernsehserie durchs Bild geschoben hatte. Gut, bei der Schauspielerin handelte es sich um Cynthia Nixon in ihrer Rolle als Miranda Hobbes und bei der Serie um *Sex And The City* – der effizientesten Werbeplattform der späten Neunziger- und frühen Nullerjahre. Trotzdem konnte ich mir nicht erklären, warum nun ausgerechnet um einen Kinderwagen so viel Gewese gemacht wurde. Zumal um einen, der eigentlich ziemlich unauffällig und einfallslos daherkommt.

Schon bald sah ich diesen Wagen nicht mehr nur auf den Hochglanzseiten der Magazine, auf denen er von Vorzeigemüttern wie Heidi Klum oder Gwen Stefani durch die Gegend geschoben wurde. Auch die ersten Prenzlauer-Berg-Mütter rollten dieses Teil namens Bugaboo stolz über die Kastanienallee oder durch die Oderberger Straße. Mit der Zeit wurden es immer mehr. Wenn es nicht für ein Luxusauto reichte, dann doch wenigstens für einen Luxuskinderwagen. Er war neues Statussymbol und Distinktionsmerkmal in einem. Irgendwann konnte man sich des Eindrucks nicht erwehren, dass es vor den kleinen Flitzern kein Entkommen gab. In meinem Freundeskreis machte das Schlagwort »Bugaboo-Terror« die Runde. Wenn kinderlose Menschen den Namen eines Kinderwagenherstellers kennen, obwohl sie nicht im Entferntesten an eigenen Nachwuchs denken, ist das schon bedenklich. Zumindest deutet es den Leidensdruck an, unter dem sie stehen. Wie ich später erfuhr, bedeutet Bugaboo ins Deutsche übersetzt so viel wie Schreckgespenst. Ein passender Name.

Ich stand weder unter Druck, noch habe ich besonders gelitten – als ich schwanger wurde, freuten Manuel und ich uns. Klar, mussten wir uns irgendwann überlegen, in welchem Gefährt wir unser Kind durch die Gegend kutschieren würden. Aus bloßem Protest gegen den Markenfaschismus in unserem Bezirk konnten wir auf einen Kinderwagen ja nicht einfach verzichten. »Mir egal, was es für einer ist«, sagte Manuel, als wir das erste Mal über mögliche Modelle und Hersteller sprachen. Vor uns lag der Katalog eines Babyausstatters, auf Dutzenden Seiten waren Kinderwagen abgebildet. Kleine, große, zusammenklappbare, moderne, altmodische, gemusterte, einfarbige Kinderwagen. Wie sollte man da den richtigen finden? Und: Wenn es so viele verschiedene Modelle und Varianten gab, warum sah man in unserer Gegend immer nur ein und dasselbe Modell? Gerade hier, in Prenzlauer Berg, wo doch die meisten auf Individualität und Abgrenzung bedacht sind, sich aber in ihrem Bemühen darum auf possierliche Weise gleichen.

Ich war überfordert von der großen Auswahlmöglichkeit. Und sauer auf Manuel. Na toll, dachte ich, er wälzt die Entscheidung einfach auf mich ab. Cleverer Schachzug. So würde er sich später anderen gegenüber nicht zu rechtfertigen brauchen und könnte die Schuld einfach auf mich schieben. Denn das war ja das Anstrengende an diesen überzeugten Bugaboo-Fahrern: Sie gaben sich nicht damit zufrieden, einfach nur Besitzer eines solchen Teils zu sein – sie mussten auch ständig darüber reden. Wie Missionare, die Ungläubige zu bekehren versuchten. Zumeist endeten derartige Gespräche mit dem Fazit, dass der Bugaboo mit tausend Euro zwar teuer, aber eben sehr komfortabel und praktisch wäre. Irgendeinen Vorteil musste man sich offenbar einreden, wenn man für einen Kinderwagen die Summe eines gebrauchten Kleinwagens auf den Tisch legte – vermutlich auch deshalb prüfte eine große Wochenzeitung in ihrer Autotest-Rubrik das Gefährt auf Praxistauglichkeit. Wer nicht dazu bereit war, so viel Geld für eine Schale auf vier Rädern zu bezahlen, hatte in der Logik der Bugaboo-Fahrer keinen Stil oder keine Ahnung – oder beides zugleich. Man gehörte entweder zum Kreise derer, die sich das Teil leisten konnten, oder zum Rest, zu den Losern. Als müsste man sich zwischen zwei Gangs entscheiden. In Los Angeles gab es die Bloods und die Crips, in Prenzlauer Berg die Bugaboo-Fahrer und das Kinderwagen-Fußvolk. Aus Spaß guckte ich bei eBay nach, ob es den Wagen gebraucht zu kaufen gab. Und war erstaunt, dass Menschen für mehrere Jahre alte Exemplare immer noch mehrere hundert Euro boten.

Ich wagte den Vorstoß und begab mich eines Tages in einen Babyfachmarkt. Keines dieser schicken Geschäfte, in denen die Verkäuferinnen wie Models aussehen und gelangweilt zwischen effektvoll drapierter Ware herumstehen. Keiner dieser Läden, die nach elitärem Dünkel klingende Namen wie »Wunschkind« oder »Froschkönigin« tragen. Der Laden, den ich betrat, war schlecht ausgeleuchtet und auf dem Boden lag abgenutzte Auslegeware. Neben dem obligatorischen Holzspielzeug gab es hier auch gesundheitlich bedenkliches und allgemein geächtetes Plastikspielzeug. Die Verkäuferin hinter der Theke war eine kleine, rundliche Frau mittleren Alters. Worte wie »Lifestyle« waren ihr ebenso fremd wie pseudoprofessioneller Verkäuferslang, der mit Worten wie »Feature« oder »oberes Preissegment« gespickt war. Geschäfte wie dieses waren im sogenannten Szenebezirk eine Seltenheit und eigentlich vom Aussterben bedroht.

Ich betrat den Laden und die Verkäuferin begrüßte mich mit einem leidenschaftslosen »Hallo«. Danach ließ sie mich in Ruhe. Eine Geste, die ich zu schätzen wusste, denn üblicherweise klebte das Personal an einem wie Kaugummi, in den man versehentlich getreten war und den man nur schwer wieder von der Schuhsohle abbekam. Ich lief das Spalier der Kinderwagen ab. Blieb hier stehen. Las mir da eine Gebrauchsanleitung durch. Rollte einige Modelle ein paar Zentimeter vor und zurück. Und war genauso schlau wie vorher. Ich wandte mich an die Verkäuferin mit der Bitte um Hilfe. Mit routinierter Gelassenheit führte sie mir einige Kinderwagen vor – die teuren ließ sie jedoch aus. Als sei es kriminell, einer werdenden Mutter so viel Geld für einen fahrbaren Untersatz abknöpfen zu wollen. In gewisser Weise war es das ja auch. Ich wagte es schließlich und fragte sie, was denn dran sei am Mythos Bugaboo. »Der ist halt vom Gewicht her sehr leicht, außerdem sehr wendig und einfach zusammenzuklappen – aber ob Sie dafür gleich tausend Euro ausgeben wollen, weiß ich nicht.« Dann blickte sie auf meinen Bauch und wollte wissen, wann mein Kind zur Welt kommen soll. »Errechneter Geburtstermin ist in sechs Wochen«, erwiderte ich. Unter diesen Umständen sei es wohl besser, ich würde mich für ein anderes Modell entscheiden, sagte sie. Wegen der großen Nachfrage betrage die Lieferzeit für einen Bugaboo zehn bis zwölf Wochen.

Ich entschied mich für einen anderen Wagen. Einen, der so ähnlich aussah, aber nicht mal die Hälfte kostete. Einen, auf den ich nicht monatelang warten musste, sondern den ich Ende der Woche abholen konnte. Mir doch egal, ob das vermeintliche Kultobjekt einen Halter für Kaffeebecher hatte und einen futuristischen Sonnenschutz. Ich konnte auf solchen Schnickschnack gut verzichten. Mein Kind mit Sicherheit auch. Drei Tage, nachdem ich den Wagen gekauft hatte, holte ich ihn mit Manuel ab. »Fährt. Sieht okay aus. Ist zur Sportkarre umbaubar. Was will man mehr?«, fragte er, als er ihn in Augenschein nahm. Mir fiel selbst bei längerem Nachdenken nicht ein, was man dem noch hinzufügen sollte.

Eine Woche nach Joris' Geburt kam unser Kinderwagen erstmalig zum Einsatz. Draußen schien die Sonne, ich zog das Verdeck hoch, als wir das Haus verließen. Joris lag friedlich im Wagen und schlief. Manuel schob das Gefährt mit dem Stolz und der Unsicherheit eines frischgebackenen Vaters. Jedem Bordstein näherte er sich mit Respekt und Vorsicht, ließ die Räder behutsam über die Kanten gleiten oder kippte sie langsam an, um unseren Sohn nicht durch ruckartige Bewegungen zu wecken. Ich beobachtete ihn unauffällig von der Seite. Er wirkte ein wenig unbeholfen, zugleich aber sehr liebevoll.

Wir waren erst ein paar Häuserblocks weit gekommen, als wir einem Freund von Manuel begegneten. Er hatte mit seiner Freundin ebenfalls kurz zuvor ein Kind bekommen, eine Tochter. Sie liefen uns entgegen und schoben einen Bugaboo vor sich her. Als wir uns einander immer näher kamen, schien es, als würden sie unseren Wagen mit abfälligem Blick mustern. Wir hielten kurz Small Talk, beglückwünschten uns gegenseitig zur Geburt unserer Kinder und zogen dann weiter. Während wir über die Kastanienallee spazierten, stellte ich mir vor, wie sie über uns tuscheln würden. Nur um sich gegenseitig in dem Gefühl zu bestärken, dass sich ihre Investition gelohnt hat. »Sollen sie doch«, sagte Manuel, als ich ihm von meiner Vermutung erzählte, »Leute wie sie sind ziemlich arm dran, auch wenn sie sich einen teuren Kinderwagen leisten können.«

Vor dem »Kauf dich glücklich« gibt es einen kleinen Sandkasten, in dem Kinder spielen. Eltern sitzen an wackeligen

Tischen und essen frisch gebackene Waffeln oder trinken Kaffee. Am Straßenrand stehen etliche Kinderwagen, die meisten Modell Bugaboo. Barbara sagt, dass sie ihren Wagen schon seit Langem nicht mehr nutzt. Kurz nach seinem zweiten Geburtstag wollte Joris nicht mehr gefahren werden, sondern nur noch selbst laufen. Von den fünfhundert Euro, die sie durch den Kauf des billigeren Modells gespart hatte, sind sie und Manuel ein Dreivierteljahr nach seiner Geburt für ein verlängertes Wochenende nach Paris geflogen. Eine gute Entscheidung.

Ein hartes Stück Arbeit

Ich treffe Nadine, 29, in einem Café in Frankfurt am Main, genauer: in Sachsenhausen, dem Prenzlauer Berg Frankfurts. Nadine, Projektmanagerin und Mutter eines zweieinhalbjährigen Sohnes, wohnt gleich um die Ecke. Als sie den Raum betritt und zu mir an den Tisch kommt, drehen sich ein paar Männer nach ihr um. Früher hätte sie sich darüber nie groß Gedanken gemacht, sagt Nadine, es war für sie normal. Heute ist sie für diese Art von Komplimenten jedoch dankbar. Lange wird sie sie wahrscheinlich nicht mehr erhalten.

Ich hasse Nicole Richie. Sie ist eine dieser Vorzeigemütter, die schon zwei Wochen nach der Geburt ihres Kindes aussehen, als sei nie etwas passiert. Als hätte es neun Monate Schwangerschaft, Babybauch und Gewichtszunahme nie gegeben. Für Frauen wie Nicole Richie wurde die Bezeichnung »Yummy Mummy« erfunden. Kurz nachdem sie zum zweiten Mal Mutter wurde, lächelte sie erhaben von einem Zeitschriftencover – auf dem Arm ihr neugeborener Sohn, daneben Tochter und Freund. »Sieh her!«, schien sie mir zuzuflüstern, »das kann man hinbekommen: eine gute Mutter sein und dabei auch noch fabelhaft aussehen.« Wobei ich mir ziemlich sicher war, dass sie mich nicht anlächelte, sondern auslachte. Mich, die ich zwei Jahre nach der Geburt immer noch aussah, als sei ich im vierten Monat schwanger. Mich, die ich immer noch mit zehn zusätzlichen Kilos zu kämpfen hatte. Für Frauen wie mich gibt es übrigens auch eine Bezeichnung: »Yummy Mummy if she weren't 2 tonney«. Klingt schlimm. Fühlt sich auch leider so an.

An guten Vorsätzen mangelte es nicht. Dafür aber an Konsequenz und Disziplin. Gleich nach der Geburt wollte ich damit beginnen, meine ursprüngliche Figur wiederzuerlangen, was ein sehr ambitioniertes Vorhaben war, denn während der Schwangerschaft hatte ich 25 Kilo zugenommen – ich hatte mich eben nicht nur von gedünstetem Fisch und frischem Gemüse ernährt. Promi-Mütter suggerieren einem ja ständig, wieder in Form zu kommen, ginge ohne Weiteres. Warum dann nicht auch bei mir? Neun Monate Völlerei und All-you-can-eat sollten ein Ende haben. Das war ich mir und meinem Körper schuldig. Und auch meinem Freund Ralf. Er setzte mich zwar nicht unter Druck, aber ich bezweifle, dass er sich damals auf der Party eines gemeinsamen Bekannten jemals mit mir unterhalten hätte, wenn ich so ausgesehen hätte wie heute.

Damals war ich schlank und wurde von Freundinnen um meine definierten Oberarme und meinen durchtrainierten Bauch beneidet. Beides hatte ich meinem täglichen Fitnessprogramm zu verdanken, das aus morgendlichen Sit-ups und abendlichen Liegestützen bestand. Ich machte sie, seit ich fünfzehn war. Bis ich von meiner Schwangerschaft erfuhr und mein Arzt mir riet, auf körperlich anstrengende Sportarten in den nächsten Monaten zu verzichten. Stattdessen empfahl er mir, schwimmen zu gehen. Das sei gut für Herz, Kreislauf und Gelenke. Klar doch, schwimmen! Wenn ich Spaß daran gehabt hätte, mich außerhalb meiner eigenen vier Wände körperlich zu ertüchtigen, dann hätte ich das längst getan. Ich verabscheue es jedoch, andere Menschen bei Dingen zu beobachten, bei denen ich selbst nicht gern beobachtet werden will – und Sport gehört ebenso zu diesen Dingen wie Sex. Man schwitzt dabei und macht komische Geräusche, und in der Realität sieht es meistens nicht so ästhetisch aus, wie man es sich vorstellt. Ich weiß, wovon ich spreche, ich habe Ralf und mich mal beim Sex gefilmt.

Nach der Geburt hatte ich beides nicht: weder Sport noch Sex. Der Mangel des einen führte zum Mangel des anderen, beides hing eng miteinander zusammen. Wer will sich schon vor seinem Partner entblößen, wenn er seinen eigenen Körper unansehnlich findet? Ralfs Annäherungsversuche kurz nach der

Entbindung blockte ich allesamt ab. Ich wollte erst schlank und straff und wohlproportioniert sein, bevor ich mich ihm wieder hingab. Schlimm genug, dass er mich manchmal nackt unter der Dusche sah, obwohl ich das nach Möglichkeit zu vermeiden versuchte. Um deutlich zu werden: Ich fühlte mich wie ein Luftballon, der einst prall aufgeblasen war und aus dem man nun die Luft herausgelassen hatte. Es war kein schöner Anblick.

Noch unschöner war der Umstand, dass man nach einer Entbindung erst sechs Wochen warten muss, bis man wieder Sport treiben darf, oder zumindest das, was die Leiterein des Rückbildungskurses für Sport hält. Beim ersten Treffen erklärte sie den Teilnehmerinnen lang und breit den Aufbau der Beckenbodenmuskulatur – ich war mir nicht sicher, ob ich mich in einem Rückbildungskurs befand oder im Grundkurs eines Medizinstudiums. Trauriger Höhepunkt dieser Stunde war die Frage, ob eine der Teilnehmerinnen mit Inkontinenz zu kämpfen habe. Es gingen tatsächlich vier Hände hoch. Ich schaute beschämt zu Boden und sah meine Regel, außerhalb der eigenen Wohnung künftig keinen Sport zu treiben, einmal mehr bestätigt – gleich nach diesem Kurs wollte ich mich wieder daran halten.

Dass ich keine Probleme mit Inkontinenz hatte, war der Kaiserschnittgeburt geschuldet, mit der unser Sohn Emil das Licht der Welt erblickte. Prima, dachte ich noch, als der Arzt mir im Kreißsaal eröffnete, dass ich um die OP nicht herumkäme. Irgendein kleiner Knubbel in mir drin verhinderte, dass Emil auf natürlichem Weg aus mir herauskam. Ich gewann dem Ganzen etwas Positives ab: Dann werde ich später, in Momenten der Zweisamkeit mit Ralf, untenrum nicht so ausgeleiert sein. Was ich nicht wusste: Nach einer Kaiserschnittentbindung ist der Bauch wesentlich größer als nach einer sogenannten Spontangeburt. Soll wohl irgendwas damit zu tun haben, dass sich bei Letzterem die Gebärmutter durch die Wehenkontraktionen zusammenzieht und verkleinert. Dass ich meine Anziehsachen, die mir vor der Geburt gepasst hatten, nicht erst auszupacken brauchte, wurde mir klar, als Ralfs Eltern uns im Krankenhaus besuchten und mit besorgtem Blick auf meinen Bauch fragten: »Und ihr seid sicher, dass da nicht noch ein Kind drin ist?«

Der Rückbildungskurs war eine Katastrophe, aber vielleicht lag das auch an mir. Ich hatte falsche Erwartungen an ihn. Ich dachte, die Teilnehmerinnen würden unter Aufsicht und Anleitung ihre Bauchmuskeln trainieren. Stattdessen lagen wir auf schäbigen Matten herum, atmeten tief in uns rein und sollten uns vorstellen, wir würden – O-Ton der Kursleiterin! – eine Perle in unserer Liebesmuschel aufnehmen und durch die Kraft unserer Vaginalmuskulatur im Körper nach oben bewegen. Ich wusste nicht, ob ich laut loslachen oder weinen sollte. So ging es mir übrigens noch eine Weile, wenn ich nackt vor dem Spiegel stand und mich betrachtete.

Wie bekommen Frauen wie Nicole Richie ihre Figur scheinbar mühelos wieder in den Griff? Es ließ mir keine Ruhe und ich fing an, im Internet Informationen einzuholen. Bald wusste ich, dass es bei mir nicht allein mit mangelnder Disziplin zu tun hatte, sondern auch mit mangelnden finanziellen Mitteln, die mir eine Entbindung in einer Privatklinik in den USA ermöglicht hätten, bei der gleich im Anschluss an den Kaiserschnitt eine operative Bauchstraffung durchgeführt worden wäre. Aber weil das keine dieser Promi-Mütter zugeben würde, bekommen wir Erna-Normal-Mütter ein schlechtes Gewissen, weil wir deren Sermon von gesunder Ernährung und Fitnessprogramm im Kopf haben.

Dass ich nicht drum herumkommen würde, mich körperlich zu quälen, wurde mir einmal mehr bewusst, als mich eine Kollegin auf der Arbeit in einer ruhigen Minute fragte, ob ich wieder schwanger sei. Heute bin ich ihr insgeheim dafür dankbar. Es war der Moment, in dem mir klar wurde, dass ich endlich was tun musste. Gleich am Abend bestellte ich mir eine Pilates-DVD von Barbara Becker – auch eine dieser Promi-Mütter, die aufgrund ihres drahtigen Körpers das personifizierte schlechte

Gewissen für einen sind. Zwei Tage später lag das Päckchen bei uns im Briefkasten. Und ich fing mit dem härtesten Trainingsprogramm an, das man sich vorstellen kann. Ich trainierte Bauchmuskelgruppen, von denen ich gar nicht wusste, dass es sie gibt. Ich beanspruchte meine Bein- und Gesäßmuskulatur in einer Weise, wie ich sie noch nie zuvor beansprucht hatte. Ich sah dabei die ganze Zeit Barbara Becker zu. Nach dem ersten Durchgang tat mir mein ganzer Körper weh. »Stellt euch vor, unter euerm Bauch krabbeln Tausende Ameisen durch«, hatte Barbara Becker während des Trainings gesagt. Tatsächlich krabbelten Tausende durch meinen ganzen Körper: Er brannte höllisch. Aber ich war motiviert, weiterzumachen. Aufgeben ist was für Weicheier, und ich wollte keins mehr sein.

Ich trainierte fortan jeden Abend, eine Stunde dauerte das Programm. Manchmal kam Ralf versehentlich ins Zimmer, sah mich bei meinen Übungen und verdrehte die Augen. Ich ließ mich nicht beirren. Ich wollte auch eine dieser »Yummy Mummies« sein, die sich in Internetforen über ihre Trainingserfolge austauschten und dazu Fotos über die einzelnen Fortschritte auf die Seite stellten. Zu dieser Zeit hörte ich übrigens viel Christina Aguilera. Nicht weil mir deren Musik besonders gefiel, sondern weil sie in einem Interview einmal zugegeben hatte, dass es ein harter Kampf sei, die alte Form zurückzuerlangen. Sympathisch war mir auch Halle Berry. In der Talkshow von Jay Leno wurde sie auf das Gerücht angesprochen, sie sei zum zweiten Mal schwanger. »Ich sollte wohl besser aufhören, Burger zu essen«, sagte sie lachend.

Die Resultate meines täglichen Workouts wurden bald auch von meinen Mitmenschen bemerkt. »Gut schaust du aus«, sagte ein Kollege, als ich eines Tages endlich wieder in meiner heißgeliebten Röhrenjeans zur Arbeit kam. Ein Satz wie Balsam für meine geschundene Seele. Lange werde ich die Hose aber leider nicht mehr anziehen können: Ich bin wieder schwanger, Ende erster Monat.

Als wir uns verabschieden, sagt Nadine, dass sie gleich nach der Entbindung des zweiten Kindes wieder ins Fitnessprogramm mit Barbara Becker einsteigen will. Dass sie diesmal nicht erst so viel Zeit vergehen lassen will, um wieder in Form zu kommen. Ich muss lächeln. Aber dann stelle ich mir Barbara Becker vor. Wie diese Frau Anweisungen erteilt, während Nadine auf dem Boden liegt und irgendein Körperteil bewegt. Barbara Becker. Die Retterin aller jungen Mütter. Auf der Zugfahrt zurück nach Berlin denke ich wenigstens kurz darüber nach, ob ich nicht ein Buch über »dicke Mütter« schreiben sollte. Eine Kampfschrift.

Leon ist der neue Kevin

Maximal einen Monat darf ein Neugeborenes auf der Welt sein, ohne einen Namen zu haben. Innerhalb dieser Zeit müssen Eltern ihn bestimmen. Tun sie es nicht, meldet das der Standesbeamte dem zuständigen Familiengericht, das dann eine Frist festlegt. Was dabei rauskommt, wenn man Menschen unter Druck setzt, möchte man lieber nicht wissen. Dorothee, 31, Architektin, hat auch lange gebraucht, bis sie sich mit ihrem Mann Florian auf einen Vornamen geeinigt hat. Ist halt nicht leicht, in neun Monaten zu entscheiden, wie ein Mensch für den Rest seines Lebens heißen wird. Ich treffe Dorothee auf ihrer Arbeit, in einem Büro in Berlin-Wilmersdorf.

Ein großer Hit der Jazzsängerin Dinah Washington heißt *What a difference a day makes*. Es ist nicht unbedingt mein Lieblingslied. Trotzdem mag ich es sehr. Immer wenn es läuft, bekomme ich gute Laune und kann mich entspannen. Die Feststellung, dass ein einziger Tag mitunter einen gewaltigen Unterschied ausmachen kann, ist zutreffend. Aber auch erweiterbar. Zum Beispiel auf so nebensächliche Dinge wie Buchstaben.

Als Florian und ich erfuhren, dass wir Eltern werden, entbrannte zwischen uns eine Diskussion um mögliche Namen. Zunächst lief sie in die falsche Richtung, weil Florian überzeugt davon war, dass wir einen Sohn bekommen würden. »Das sieht man doch«, sagte er, als wir eines der ersten Ultraschallbilder in den Händen hielten. »Die Schädelform sieht so männlich markant aus.« Ich guckte auf den Ausdruck, den mir meine Ärztin mitgegeben hatte, und konnte nicht mehr als einen vagen Umriss erkennen. Trotzdem wollte ich ihm seinen Glauben nicht nehmen. Also dachten wir in den darauffolgenden Tagen über Jungennamen nach: Ich favorisierte biblische Varianten wie Noah, Johannes oder Gabriel, Florian hingegen altdeutsche wie Hermann, Hans oder Otto. »Zu altmodisch«, befand ich. »Zu verbreitet«, urteilte Florian über meine Auswahl.

Um Anregungen zu erhalten und ein Gespür für die aktuellen Trends in Sachen Namen zu bekommen, setzten wir uns eines Nachmittags auf einen Spielplatz gleich in unserer Nähe. Wir beobachteten die Eltern mit ihren Kindern und achteten insbesondere darauf, wie sie ihren Nachwuchs riefen. Auf unserer geistigen Strichliste lag bei den Jungs »Leon« auf Platz eins, bei den Mädchen »Klara«. Ihnen folgten »Fritz« und »Charlotte«. Mich amüsierte unser Befund. Ich erinnerte mich an einen Zeitungsartikel, den ich vor Kurzem gelesen hatte und in dem es um ein neues Phänomen ging – den Kevinismus-Chantalismus. Ich erfuhr aus dem Text, dass dieser Begriff den Hang der sogenannten bildungsfernen Schicht zu angloamerikanischen Namen bezeichnet. Eltern, die an Kevinismus »erkrankt« waren, gaben ihren Kindern vermeintlich exotisch klingende Namen wie Justin, Marvin oder Savannah. Die wehrlosen Opfer würden dadurch stigmatisiert, sozial isoliert und verhaltensauffällig. Später würden sie nur mit ihresgleichen verkehren. Welche langfristigen Folgen das hätte, konnte man sich ausmalen. Eine Vorliebe für Sonnenstudios, Tattoos und Piercings gäbe man diesen Kindern mit dem Vornamen gleich mit. Im besten Fall würden sie später mal in Castingshows wie *Popstars* oder *DSDS* landen, um sich von Detlef D! Soost quälen oder von Dieter Bohlen beleidigen zu lassen. Im schlimmsten Fall würde ihre ganze armselige Existenz in Doku-Soaps wie *Mitten im Leben* oder *Der Schuldnerberater* vorgeführt.

Während wir auf dem Spielplatz saßen und unsere Umgebung weiter beobachteten, überlegte ich, ob es zum Kevinismus der Unterschicht nicht auch ein Pendant in der Oberschicht gibt. Tatsächlich glaubte ich, diesbezüglich zwei Geisteshaltungen ausmachen zu können: zum einen den Hang zu traditionellen, gerne auch mit Bindestrich gekoppelten Namen; zum anderen das, was man vielleicht als Lindgrenismus bezeichnen könnte – den Versuch von Akademiker-Eltern, sich durch nordische Namen von anderen Gruppen abzugrenzen. Statt also ihre Kinder mit Bezeichnungen wie Kevin oder Chantal nachhaltig zu traumatisieren, besannen sie sich auf die Helden aus den Lieblingsbüchern ihrer Kindheit und nannten ihren Nachwuchs Lasse, Bosse, Karlsson oder Thure. Zwischenzeitlich fühlte ich mich während unseres Besuchs auf dem Spielplatz wie bei einem Ausflug nach Bullerbü. Nur war ich mir noch nicht ganz sicher, welche Spätfolgen hierbei zu befürchten waren. Vielleicht würden wir es eines Tages mit einer Generation infantiler Prenzlauer-Berg-Erwachsener zu tun haben. Aber eigentlich hatten wir das ja schon.

Der Nachmittag auf dem Spielplatz brachte uns nicht weiter. Im Gegenteil: Er verwirrte uns vielmehr. Wir waren hin- und hergerissen. Einerseits wollten wir die unumstrittene Einzigartigkeit unseres Kindes durch einen entsprechenden Namen unterstreichen. Andererseits befürchteten wir, ihm trotz dieser guten Absicht lebenslänglichen Schaden zuzufügen. Am Ende hätte Ole-Einar zwar einen guten Studienabschluss, aber keinen Job, weil die Chefs ihn nach der Durchsicht seiner Bewerbungsunterlagen entweder für einen verträumten Schussel oder für einen fanatischen Sportfreak hielten. Was nützte es da zu wissen, dass unser Sohn zwischen all den Leons und Klaras der Einzige war, der so hieß?

In den folgenden Wochen wälzten wir entsprechende Bücher und studierten einschlägige Internetseiten. Für mich war das sehr aufschlussreich. Ich erfuhr, dass Namen wie Sputnik, Störenfried oder Satan gerichtlich verboten waren. Leider konnte ich nicht herausfinden, ob es bereits strafbar war, solche Namen auch nur näher in Betracht zu ziehen. Außerdem nahm ich zur Kenntnis, dass Standesbeamte Eltern von dem Vorhaben, ihren Sohn Judas zu nennen, zumeist abzubringen versuchten. Es sei denn, sie würden sich noch für einen Zweitnamen entscheiden, zum Beispiel Thaddäus. Ob dieser Umstand dem kleinen Judas-Thaddäus das Leben tatsächlich erleichtern würde, wagte ich jedoch zu bezweifeln. Vermutlich wird ein Mensch, der so heißt, später zwangsläufig zum Amokläufer oder Serienkiller. Was hingegen aus jemandem wird, der mit Vornamen Schmitz oder Schröder heißt, wollte ich mir gar nicht erst ausmalen. Deutsche Gerichte zum Glück auch nicht. Zum Wohle des Kindes hatten sie Namen mit derartigem Hänselpotenzial abgelehnt. Es interessierte sie offenbar auch nicht, dass Schroeder von den *Peanuts* ein ganz umgänglicher Zeitgenosse ist. Denn selbstverständlich ist es nicht von Vorteil, im Erwachsenenalter stets mit einer Comic-Figur assoziiert zu werden. Andererseits gibt es aber auch Schlimmeres.

Dass wir ohnehin umdenken mussten, wurde nach einer Routineuntersuchung bei meiner Ärztin klar. »Wollen Sie wissen, was es wird?«, fragte sie, während sie mit dem Ultraschallgerät über meinen Bauch fuhr. Ich nickte. Florian witzelte: »Doch hoffentlich ein Mensch.« Er schien etwas nervös zu sein. »Das auf jeden Fall«, antwortete die Ärztin. »Und darüber hinaus ein Mädchen.« Leider konnte ich in diesem Moment Florians Gesicht nicht sehen, denn er saß hinter mir. Nach ein paar Sekunden des Schweigens hörte ich seine Stimme: »Ist doch auch gut.« Die Diskussion um Hermann oder Gabriel hatte sich somit erledigt.

Letztlich war es der Zufall, der uns auf den Namen unserer Tochter brachte. Ich war schon im achten Monat, als ich eine Freundin besuchte, die bereits Mutter war. Wir tranken gemeinsam Tee und unterhielten uns, als mein Blick auf eine CD fiel, die unter den Tisch gefallen war. Es handelte sich um eine Folge aus der Kinderhörspielreihe *Elea Eluanda*. Mir gefiel der Klang des Wortes »Elea«, er hatte etwas Weiches, Feminines. Außerdem erinnerte ich mich, gehört zu haben, dass die Tochter einer deutschen Fernsehmoderatorin ebenfalls so hieß. Davon wollte ich mich natürlich nicht beeinflussen lassen. Was passierte, wenn Eltern ein bisschen Hollywood-Glamour in ihren tristen Alltag zu holen versuchten, sah man an den Angelinas und Shanias. Aber zu wissen, dass es in Deutschland jemanden gab, der sein Kind so genannt hatte, gab mir zumindest Zuversicht. Um diesen Vornamen würde man sich mit dem Standesbeamten nicht zu streiten brauchen. Falls doch, könnte man einfach auf besagte Moderatorin verweisen.

Als ich nach Hause kam, recherchierte ich, ob der Name eine bestimmte Bedeutung hat. Das Ergebnis bestärkte mich in meiner Wahl, denn Elea kam aus dem Arabischen und bedeutete so viel wie »Gott ist mein Licht«. Ich unterbreitete Florian meinen Vorschlag. Er war zwar nicht sofort begeistert, aber immerhin auch nicht total ablehnend. Das war schon mal eine gute Diskussionsvoraussetzung. Ein paar Tage später kam er von der Arbeit nach Hause und sagte, er habe sich den Namen noch mal durch den Kopf gehen lassen. Und sich eine Alternative überlegt. Was ich denn von »Lea« hielte, fragte er mich. Spontan hatte ich nichts dagegen einzuwenden, denn schließlich klang er ganz ähnlich. Trotzdem wollte ich noch mal darüber nachdenken. Ich setzte mich mal wieder vor den Computer, um mich zu informieren. Was dafür sprach war seine biblische Herkunft, von Anfang an hatte ich solche Namen favorisiert. Nur leider sprach ein ganz entscheidender Grund dagegen: Ins Deutsche übersetzt bedeutete Lea so viel wie »die Ermüdete« oder »die sich umsonst bemüht«. Was für einen gewaltigen Unterschied ein einziger Buchstabe ausmachen kann! Die Entscheidung war somit gefallen: Unsere Tochter wird Elea heißen. Ohne weiteren Zusatz. Ohne Bindestrich, doppelten Boden und Reißleine.

Elea ist jetzt anderthalb. Mit unserer Wahl sind wir sehr zufrieden, wir haben sie nie bereut oder an ihr gezweifelt. Neulich waren wir mit Elea in einem Kindercafé. Eines der anwesenden Mädchen hieß ebenfalls so. Als es von seiner Mutter gerufen wurde, blickte ich zu Florian. Wir mussten grinsen. Guter Name.

Ein Kollege steckt den Kopf zur Tür rein und will irgendwas von Dorothee wissen. Zeit für mich, zu gehen. Ich habe ihr nicht gesagt, dass meine Tochter einen skandinavischen Vornamen trägt – sie ist nach einer schwedischen Weltmeisterin im Hochsprung benannt.

Da wird kein Schuh draus

Als ich vor Kurzem mit meinem Mann spazieren ging, da kamen wir an einem Kindergeschäft vorbei, dessen Auslage seine Aufmerksamkeit erregte. Im Schaufenster stand ein etwa fünfzig Zentimeter hoher Stiefel aus Plastik, ein Spielzeug, mit dem Kinder das Binden von Schnürsenkeln üben können. Ebendiesen Stiefel hatte mein Mann auch, als er klein war. Er musste an die vielen Stunden denken, die er damit gespielt hatte und die ihm so viel Freude bereitet hatten. Deshalb wollte er diesen Stiefel unserer Tochter kaufen. Hat er dann aber doch nicht gemacht: Das Teil, ein Original aus den späten Siebzigerjahren, war unverschämt teuer. Siebzig Euro war ihm die Nostalgie nicht wert. Um Stiefel geht es auch in der Geschichte von Silke, dreißig. Ich treffe die Künstleragentin in Düsseldorf, in einem Café an der Kö.

Wahrscheinlich hatte mein Gehirn für einen kurzen Moment ausgesetzt, ja, so muss es gewesen sein. Wie sollte ich es mir sonst erklären, dass ich das Schuhgeschäft mit einem Paar Stiefel verließ, das mich 150 Euro gekostet hatte. Es war braun, genauer: cognacfarben, und aus Wildleder, innen mit Lammfell gefüttert. Trägt man heutzutage so, sieht man ja in allen möglichen Zeitschriften, von *Vogue* über *Instyle* bis *Gala*. Insofern waren 150 Euro ein Schnäppchen. Wenn man davon absieht, dass die Stiefel nicht für mich waren, sondern für Lilly, meine anderthalbjährige Tochter.

Wie lange würde sie die anziehen können? Drei Monate, vielleicht vier? Danach wären sie ihr bereits zu klein. Aber darüber wollte ich mir jetzt keine Gedanken machen. Ich verließ den Laden, legte die Tüte mit den Stiefeln auf den Beifahrersitz meines Autos und fuhr los. Während der Fahrt nach Hause rechnete ich mir meine Ausgabe schön. Bei einer Laufzeit von drei Monaten kosteten mich die Stiefel fünzig Euro pro Monat, bei vier hingegen nur 37,50 Euro. Letzteres war eine akzeptable Summe, eine Zusatzversicherung gegen kalte Füße, und diese war mir die Gesundheit meines Kindes wert. Wenn ich es recht bedachte, hatte ich also alles richtig gemacht.

Der große Kaufrausch begann kurz nach Lillys Geburt. Ich weiß es noch, als ob es gestern gewesen wäre. Es war Abend, und ich saß vor meinem Rechner und surfte im Internet. Lilly schlief nebenan, mein Freund Frederik saß im Wohnzimmer und sah fern. Ich zog mich zurück ins Arbeitszimmer, checkte erst meine Mails und klickte mich dann durch ein paar dieser Klatsch- und Tratsch-Seiten, die ich mir immer angucke, wenn mir langweilig ist. Seiten, auf denen es darum geht, welcher Hollywood-Star mit welchem Kollegen gerade beim heimlichen Candle-Light-Dinner in einem In-Restaurant in Los Angeles gesehen wurde, festgehalten und belegt mit mehr oder weniger scharfen Paparazzi-Fotos. Oder Seiten mit Fotos sogenannter »Celebrity babies«. Auf denen kann man den Kindern von Angelina Jolie, Madonna oder Jennifer Lopez beim Sabbern, Spielen, Wachsen an der Seite ihrer berühmten Mütter zusehen. Nicht, dass es für mich oder mein Leben von Bedeutung wäre, es interessierte mich noch nicht mal besonders. Trotzdem schaue ich mir diese Seiten fast täglich an. Sie sind für mich eine Art »Daily Soap«, nur dass ich mir die schlechten Dialoge spare.

Bei der ganzen Sache gibt es jedoch einen kleinen Haken. Bewegt man die Maus über den Bildschirm, poppen auf den Fotos Links auf zu Seiten, auf denen man das kaufen kann, was die jeweils Abgelichteten gerade tragen. Links zu den jeweiligen Labels. Die Botschaft ist eindeutig: Hier bist du einen Klick vom Look deiner Lieblingsstars entfernt, denn wenn dein eigenes Leben schon so banal ist, dass du dir diese Seiten anschaust, dann lass es wenigstens aufregend aussehen, Baby!

Doof ist die Verlinkung zu den Online-Shops nicht. Welche Mutter hat tagsüber schon die Zeit, stundenlang in Einkaufsgeschäften herumzustöbern? Ich kenne jedenfalls keine. Das Einkaufen im Internet ist angenehm und komfortabel. Keine aufdringliche Verkäuferin, die einem die Ladenhüter anzudrehen versucht; keine überfüllten Geschäfte, in denen man mit anderen Kunden am letzten Kleidchen oder Body zerrt; keine nervige Hintergrundmusik. Väter schenken ihren Söhnen gerne Eisenbahnen, um selbst damit zu spielen. Und Mütter shoppen gerne für ihre Kinder, weil es ihr eigenes Hobby ist.

In einem der besagten Online-Shops kaufte ich mir an jenem Abend eine Wickeltasche. Ich besaß bereits eine. Aber dem Kauf ging eine längere Diskussion mit Frederik voraus, in deren Verlauf hässliche Worte wie »unpraktisch« oder »abwaschbar« fielen. Das sind Eigenschaften, auf die Frauen beim normalen Taschenkauf nicht den geringsten Wert legen. Warum dann also beim Erwerb einer Wickeltasche? Trotzdem gab ich mich kompromissbereit, weil nicht nur ich mit dem Teil rumlaufen müssen würde, sondern auch Frederik. Wir entschieden uns schließlich für ein Modell aus robustem blauen Stoff. »Die kann man später auch als Laptoptasche verwenden«, sagte die Verkäuferin. So etwas können nur Laien sagen. Profis wissen, dass die Suche nach einer perfekten Laptoptasche eine Lebensaufgabe ist. Frederik ließ sich von diesem Argument jedoch überzeugen, und auch von dem Hinweis, dass die Tasche über ein extra Fach für den iPod verfüge und über einen gesonderten Kopfhörerzugang. Es war wie beim Rennquartett: Es zählten Leistung und Ausstattung. Männer funktionieren in vielen Bereichen des Alltags doch erschreckend einfach.

Ich mochte diese Tasche zwar nicht, benutzte sie jedoch in Ermangelung von Alternativen anfangs trotzdem. Früher stimmte ich meine Accessoires auf meine jeweiligen Outfits ab. Daran war nun nicht mehr zu denken. Insofern war die Versuchung mehr als groß, als ich auf eine Internetseite klickte, auf die ich an jenem Abend über einen Link auf einem Foto von Schauspielerin und Jungmutter Jessica Alba gestoßen war. Das profane Wort »Wickeltasche« war eine Beleidigung für die Modelle, die es hier gab. Taschen aus verschiedenen Ledersorten, mit unterschiedlichen Prägungen und zahlreichen Fächern im Inneren. Von außen war ihnen ihre Bestimmung nicht anzusehen. Sie ähnelten ein wenig den übergroßen Shoppern, die gerade in Mode waren. In den Kategorien »praktisch« und »abwaschbar« hatten die Designer dieser Teile zum Glück nicht gedacht. Leider auch nicht in der Kategorie »Preis«. Knapp dreihundert Euro kostete das Modell, das mir am besten gefiel. In der Vergangenheit hatte ich mir gelegentlich Taschen gegönnt, die dreimal so teuer waren. Klassiker, die ich auch in einigen Jahren bedenkenlos tragen können würde. Wäre das bei einer Wickeltasche auch der Fall? Ich zögerte. Aber nur einen Augenblick. Dann drückte ich auf den Button und beförderte die Tasche aus braunem Kroko-Leder in den virtuellen Einkaufskorb. Zwei Wochen später konnte ich das Paket bei der Post abholen.

Mein schlechtes Gewissen, so viel Geld für eine Wickeltasche ausgegeben zu haben, hielt sich in Grenzen. Eine qualitativ hochwertige Tasche war immer eine lohnenswerte Investition. Warum sollte ich plötzlich als Mutter Prinzipien und Ansprüche aufgeben, an denen ich zuvor jahrelang festgehalten hatte? Wenn ich mir etwas kaufe, dann spielt Geld keine Rolle. Ich lege Wert auf Qualität und nicht auf Quantität.

Bei den Anschaffungen für Lilly sieht das jedoch ein bisschen anders aus. Selbst der beste und zeitloseste Schurwollmantel ist sein Geld nicht wert, weil das Kind nach wenigen Monaten bereits wieder aus ihm herausgewachsen ist. Deshalb überlege ich zweimal bei den Anziehsachen, die ich für sie kaufe. Den Großteil wähle ich tatsächlich nach Alltagstauglichkeit und – Achtung, scheußliches Wort! – Preis-Leistungs-Verhältnis.

Läden wie Zara oder COS, der Edelableger von H&M, verfügen über eigene Kinderabteilungen. Sogar der T-Shirt-Hersteller American Apparel, einst die Lieblingsmarke skandinavischer Hipster, führt eine Kinderkollektion. Die Anziehsachen, die es dort gibt, sind nicht rosa oder hellblau und auch nicht mit lästigen »Hello Kitty«-Motiven bedruckt. Ideale Voraussetzungen für die Suche nach dem perfekten Outfit für Lilly.

Gelegentlich mache ich jedoch Ausnahmen und überschreite das Preislimit, das ich mir gesetzt habe. Natürlich nur aus gutem Grund. Im Sommer habe ich Lilly ein Paar unverschämt teure französische Sandalen gekauft, weil mir bei den herkömmlichen Kindermodellen die Augen wehtaten. Es war einer dieser Momente, in denen mein Verstand aussetzte. Eins muss man mir aber zugutehalten: Ich habe wenigstens darauf geachtet, dass sie für Kinder orthopädisch geeignet sind. Anders als zum Beispiel Katie Holmes. Die zwängt die Füße ihrer Tochter Suri gerne in Absatzschuhe.

Ich erinnere mich an ein Foto von Suri, das ich auf einer der besagten Klatschseiten im Internet gesehen habe. Es zeigte sie in einem eleganten roten Mantel, darunter ein farblich abgestimmtes Kleid, an den Füßen goldene Absatzschuhe. Beim flüchtigen Hinsehen fiel einem gar nicht auf, dass es sich bei der Person auf dem Bild um ein Kleinkind handelte – sie wirkte so erwachsen und stilsicher. Ihre Mutter wurde nicht müde zu betonen, dass das Mädchen seine Anziehsachen selbst auswählt.

Glauben kann ich das nicht recht, denn mit Entsetzen beobachte ich bei Lilly mitunter, wie sie vor Schaufensterläden steht und auf Pullover mit kitschigen Disney-Motiven zeigt. Ich befürchte fast, dass sie gegen solche Teile nichts einzuwenden hätte. Und versuche deshalb, entsprechend gegenzusteuern. Am Ende entwickelt mein Kind noch eine Vorliebe für Jogginganzüge aus Frottee oder Jeans, deren Bund auf dem Schambein sitzt, und landet in einer dieser Nachmittagsdokusoaps, in der sie ihre Klassenkameraden mit vulgärem Vokabular beschimpft. Da investiere ich doch lieber ein paar Euro mehr in die modische Geschmacksbildung meiner Tochter.

Frederik registriert mein Tun mit Teilnahmslosigkeit. Er macht sich nicht so viel aus Mode. Trotzdem glaube ich manchmal, ein stolzes Zucken um seine Mundwinkel zu erkennen. Insbesondere dann, wenn wir beim gemeinsamen Spazierengehen Freunde und Bekannte treffen, die dann von Lilly entzückt sind, weil sie so niedlich aussieht. Die meisten Eltern halten ihre Kinder für die hübschesten der Welt, aber ich glaube, bei Lilly stimmt das wirklich. Neulich wurden wir auf der Straße von einem Mann angesprochen, er drückte mir seine Visitenkarte in die Hand – er war Vertreter einer Kindercastingagentur. Wir sollen uns unbedingt bei ihm melden, sagte er.

Die Lammfellstiefel, die ich Lilly gekauft hatte, trug sie übrigens tatsächlich nicht lange. Gerade mal anderthalb Monate. Dann fuhren wir zu dritt zu Frederiks Eltern nach Hamburg. Mit dem Zug, weil uns das angesichts des winterlichen Verkehrschaos auf den Autobahnen sicherer erschien. Ich verstaute gerade den Kinderwagen unter der Sitzbank in unserem Abteil, als Frederik mit Lilly auf dem Arm hereinkam. Sie hatte nur einen Stiefel an. Der andere sei beim Einsteigen vom Fuß gefallen und ins Gleisbett gerutscht, sagte Frederik.

Als Silke ihre Geschichte zu Ende erzählt hat und gegangen ist, muss ich an einen Beitrag im »Spiegel« denken, der im Dezember 2009 erschienen ist. Darin steht: »Nur noch dreißig Prozent der Schuhe, die Kinder tragen, werden von reinen Kinderschuhherstellern produziert, vor zehn Jahren waren es noch achtzig Prozent.« Die Autorin des Textes nennt das den »Schuhindikator«, der für eine gesellschaftliche Entwicklung stehe. Demnach sind Kinder die neuen Erwachsenen – und für ihre Eltern ein probates Mittel, die Phase der Postadoleszenz noch ein wenig hinauszuzögern.

Spielplatz der perfekten Mütter

Eines wusste ich in jedem Fall, als ich all die Ratgeber durchgelesen hatte, die ich mir während der Schwangerschaft gekauft hatte: Als Mutter konnte man alles falsch machen – und nichts richtig. Worauf einen die Ratgeber aber nicht vorbereiten, ist der soziale Druck, unter dem man als junge Mutter sofort gerät, wenn man vor die Tür geht. Denn plötzlich lauern da draußen nur noch Feinde – andere Mütter, bessere Mütter. Und eben auch Mütter wie Marion, die mir die Geschichte eines Spielplatzbesuchs erzählen wird. Marion, 29, verheiratet, abgeschlossenes Jura-Studium, bestimmt schon mal von fremden Männern angesprochen worden – eine Frau, die ihr Leben bisher ohne Ratgeberliteratur im Griff hatte, jetzt Mutter einer Tochter. Das Gespräch findet statt an einem Vormittag im August, im Café »Weltempfänger« in Berlin-Mitte.

So ein Nachmittag auf dem Spielplatz ist mitunter kein Spaß. Ganz im Gegenteil. Anfänger outen sich schnell mit kleinen Missgeschicken und Fehlern. Als Stella ein halbes Jahr alt war, verabredete ich mich mit einer Freundin an einem unverschämt gut gelaunten Sommertag am Arkonaplatz. Das Treffen endete in einer mittleren Katastrophe – und der Einsicht, dass auch Spielplatznachmittage ordentlich geplant und durchdacht sein müssen. Einen wesentlichen Punkt dabei stellen die örtlichen Besonderheiten dar.

Der Arkonaplatz liegt eigentlich in Mitte, aber wegen seiner Nähe zum Mauerpark und zum nördlichen Teil der Kastanienallee zählt er gefühlt zu Prenzlauer Berg. Es ist eine dieser Gegenden, die nach der Wende noch ziemlich grau und runtergekommen aussahen, auf dem Arkonaplatz selbst befand sich einst ein kleiner Käfig mit rotem Schotterboden, das Ganze nannte sich Sportplatz und gehörte zur Grundschule schräg gegenüber. In den Achtzigerjahren sollen Kinder hier tatsächlich zum Schulsport gezwungen worden sein, was der Überlieferung nach keine schöne Angelegenheit war. Unmittelbar vor dem sogenannten Sportplatz befand sich nämlich eine Busendhaltestelle, an der die Busse, die optisch an tschechisches Spielzeug erinnerten, schon eine Viertelstunde vor der Abfahrt den Motor anwarfen, um warm zu laufen. Das war nicht nur eine akustische Belästigung, sondern machte vor allem auch der Nase zu schaffen. Wer hier im frühesten Kindesalter sportlich gedrillt wurde, der war auf die Herausforderungen des Lebens bestens vorbereitet.

Mittlerweile erinnert daran natürlich nichts mehr. Längst haben hier die Schwaben Einzug gehalten. Wobei das Wort »Schwaben« keine spezifische Bezeichnung für Menschen aus Stuttgart, Sindelfingen oder Neu-Ulm ist, sondern sehr großzügig und allgemein auf alle Zugezogenen angewandt wird. Interessanterweise distanzieren sich mit dieser Bezeichnung nicht nur Einheimische von den neuen Bewohnern ihres Bezirks, sondern auch die, die Anfang der Neunzigerjahre nach Berlin kamen. So als würden sie sich ihrer eigenen Herkunft schämen. Die Häuser am Arkonaplatz sind jedenfalls längst renoviert, pastellfarben angestrichen und zum Teil verkauft. Die Gegend erinnert ein wenig an den Film *Pleasant Ville*, so schön adrett ist sie. Wer hier lebt, der freut sich darüber, abends die Zeit mit Freunden im »Weltempfänger« zu verbringen, einer kleinen Eckbar, in deren Räumen sich noch vor Kurzem ein Schlüsseldienst befand und die dann vom neuen Besitzer mit orangefarbenen Lampen und grafischer Tapete auf Retro gestylt wurden. Tagsüber kann man von hier aus super den Kinderspielplatz beobachten, der sich genau an der Stelle des besagten Sportplatzes befindet. Statt roten Schotters gibt es nun reichlich Sand, statt des zäunernen Käfigs ein hölzernes Klettergerüst mit zwei Rutschen, einer großen, halsbrecherisch gefährlichen, und einer kleinen. Außerdem kann man auf einer merkwürdigen Konstruktion aus alten Reifen schaukeln. Vielleicht handelt es sich dabei um Altlasten, die noch von der einstigen Bushaltestelle übrig geblieben sind. Vielleicht ist die Dinger aber auch einer der Flohmarktverkäufer nicht losgeworden, die immer sonntags neben dem Spielplatz ihren Trödel anbieten, und hat sie bequem entsorgt. Denn wo Kreativität anfängt und Dilettantismus aufhört, lässt sich in dieser Gegend nie so genau sagen.

Der Tag, an dem ich mit Anna und ihrem Sohn Finn am Arkonaplatz verabredet war, begann gleich morgens nicht gut. Stella war in der Nacht mehrmals aufgewacht, meine Nerven entsprechend dünn – darüber konnte auch das süßeste Kinderlächeln nicht hinwegtrösten. Als ich sie gegen zwölf zum Mittagsschlaf in die Wiege legte, wollte ich mich eigentlich ganz gemächlich fertig machen für das bevorstehende Treffen. Duschen. Haare waschen. Ein bisschen schminken, die Schatten unter den Augen kaschieren. Sachen, zu denen man kaum kommt, wenn das Kind wach ist. Mein Fehler war, dass ich mich noch mit der *Neon* aufs Sofa legte. Ich hatte mir vorgenommen, die Zeitschrift nur kurz durchzublättern. Aber Übernächtigung und horizontale Lage vertragen sich nie gut.

Das Nächste, woran ich mich erinnere, waren Stellas Schreien und mein panischer Blick auf die Uhr. Es war 14.50 Uhr und in zehn Minuten war ich mit Anna am Spielplatz verabredet. Allein vom Fußweg war das zeitlich nicht zu schaffen. Nun ist es ja so, dass man als junge Mutter grundsätzlich das Recht hat, sich zu verspäten. Das akademische Viertel wird einem per se zugestanden. Solange der Nachwuchs klein ist, noch nicht sprechen und einen somit verraten kann, schiebt man die Schuld für das Zuspätkommen eben auf volle Windeln oder plötzlichen Hunger. Mir blieben also noch fünf Minuten, um Stella zu wickeln, sie in den Kinderwagen zu packen und das Nötigste zusammenzusuchen. Die eigene Eitelkeit musste daheim bleiben. Ich hatte nicht mal mehr Zeit für etwas Wimperntusche und Rouge.

Mit einer halben Stunde Verspätung kam ich auf dem Spielplatz an, laut inoffizieller Mutterrechnung waren es also lediglich 15 Minuten, was noch ihm Rahmen lag. Anna saß mit Finn bereits im Sandkasten, der Kleine robbte auf dem Bauch zwischen allerlei Förmchen, Schaufeln und anderen Kindern umher. Ich setzte ein entschuldigendes Gesicht auf. »Kurz vorm Losgehen hat Stella noch mal eingemacht …«, sagte ich zur Begrüßung. Anna nahm es gelassen: »Kein Problem.« Sie lächelte. Das beruhigte mich.

Nachdem ich Stella zu Finn in den Sand gesetzt hatte, fiel mir auf, dass ich neben Anna optisch ziemlich abschmierte. Ihre langen blonden Haare fielen luftig leicht auf die Schultern, sie trug eines dieser neuen Teile, die auf den ersten Blick aussehen wie ein Minikleid, sich beim genaueren Hinsehen jedoch als Hosenanzug entpuppen, was natürlich viel praktischer ist auf dem Spielplatz, weil man so bedenkenlos herumklettern und rutschen kann. Ich dagegen trug eine ausgebeulte Jeans und ein graues T-Shirt, auf dem Stella nach dem Mittagessen ihre Breischnute verewigt hatte. Egal, dachte ich, wir sind schließlich auf dem Spielplatz, da kann man ruhig auch mal so aussehen. Doch je länger ich mich umblickte, desto schlechter fühlte ich mich. Überall saßen schick gestylte Schwabenmütter, die ihre Gesichter zum Teil hinter großen Sonnenbrillen versteckten – zwischendurch war ich mir nicht sicher, ob ich das glamourös oder albern finden sollte, weil es mich ein bisschen an Bono von U2 erinnerte.

Meine Laune fing langsam an, sich zu verschlechtern. Ich versuchte mir nichts anmerken zu lassen, schüttete einen Beutel mit Spielsachen neben den Kindern aus und fing an, Sandkuchen zu backen. Stella und Finn schauten mir interessiert zu. »Ist nett hier, stimmt's?«, fragte Anna. Ich nickte und sagte nichts. »Ich hol uns mal einen Kaffee, passt du so lange auf Finn auf?« Noch bevor ich antworten konnte, stand Anna auf und lief zum Café schräg gegenüber auf der anderen Straßenseite. Finn guckte ihr hinterher und fing an zu schreien, als sie nicht mehr zu sehen war. Stella blickte irritiert zu ihm rüber und beschloss, auch zu schreien. Da saß ich nun, mit zwei schreienden Kindern, einem schäbigen Outfit und strähnigen Haaren. Meine Laune sank auf einen Tiefpunkt, in meiner Not griff ich zur Wickeltasche und fischte einen Nuckel heraus, um wenigstens Stella zu beruhigen. Plötzlich zischte mich eine Frau von der Seite an. »Der ist nicht gut«, sagte sie und blickte auf den Nuckel in meiner Hand. Ich war mir nicht sicher, wie sie das meinte und versuchte, betont beiläufig danach zu fragen – Verunsicherung oder gar Zweifel darf man sich nämlich auf keinen Fall anmerken lassen. »Na das Mundstück des Schnullers ist nicht zahngerecht abgerundet und außerdem ist außen herum viel zu viel Plastik«, sagte die Frau. Sie zog aus ihrer Wickeltasche den Schnuller ihres Kindes, dessen Rand lediglich aus einem raffiniert geschwungenen schmalen Plastikstreifen bestand. »Bei diesem Modell hier kommt viel mehr Luft an die Haut. Und außerdem sind keine Weichmacher drin.« Ich kam mir gerade vor wie in einem Werbespot und ekelte mich vor so viel geheuchelter Besserwisserei.

Um das Gespräch zu beenden, sagte ich einfach nur »aha« und wandte mich wieder den Kindern zu. Ich schob Stella den Schnuller in den Mund. Trotz der zahnunfreundlichen Form. Trotz der Weichmacher. Von der Seite spürte ich abfällige Blicke. Dann nahm ich Finn auf den Arm und ging mit ihm hinüber zu der kleinen Rutsche. Ich setzte ihn hin und ließ ihn vorsichtig hinuntergleiten, wobei ich ihn festhielt. Er quietschte vor Vergnügen. In diesem Moment hörte ich hinter mir Annas Stimme. »Du darfst ihn nicht so aufrecht hinsetzen«, sagte sie. »Das ist in diesem Alter nicht gut für die Wirbelsäule.« Sie stellte die zwei Kaffeebecher auf dem Boden ab, nahm Finn auf den Arm, lief hinüber zu Stella und setzte sich neben sie in den Sand. Ich lief ihr mit dem Kaffee hinterher und überlegte, ob ich nach Hause gehen soll, oder ob ich es noch eine Weile aushalten würde, mich ständig belehren zu lassen. Weil Stella gerade so vergnügt aussah, entschied ich mich für Letzteres. Für seine Kinder nimmt man eben viel in Kauf.

Während Finn und Stella sich gegenüberlagen, gelegentlich nach Spielzeug griffen und zufrieden vor sich hin glucksten, unterhielt ich mich mit Anna. Belanglose Muttergespräche. Wie man die Kinder zum Durchschlafen bringt. Ob man bei Blähungen den Bauch lieber mit Fenchel- oder Kümmelöl massieren soll. Ob sich Karotte oder Pastinake besser zum Zufüttern eignen. Gesprächsmodus auf Autopilot. Die Unterhaltung plätscherte so vor sich hin, als Stella plötzlich ihren Schnuller ausspuckte und mit dem Mund schnappartige Bewegungen machte. »Ich muss sie kurz füttern«, unterbrach ich das Gespräch und griff zur Wickeltasche. Ich wühlte darin herum, konnte aber das Gläschen mit dem Brei nicht finden, das ich glaubte, eingesteckt zu haben. Mist! Wieder versagt. Anna beobachtete mich und bemerkte offenbar den Stress, der sich auf meinem Gesicht abzeichnete. »Soll ich dir mit einem Gläschen Brei aushelfen?«, fragte sie, »ich hab nämlich zwei dabei.« Klar hatte sie zwei dabei. Sie sah ja auch gut aus. War bestens organisiert. Und gab ihrem Sohn bestimmt auch nur Schnuller, die zwar gut für die Zähne sind, aber unschöne, schablonenförmige Abdrücke auf dem Gesicht des Kindes hinterlassen. Ich nickte schuldbewusst. Und blickte nicht mal mehr auf, als sie mir nach dem Füttern auch noch ein Tuch reichte, mit dem ich Stella den Mund abwischen konnte. Nicht mal einen einfachen Lappen hatte ich dabei – was für eine Schande. Ich fühlte mich richtig mies inmitten all dieser schwäbischen Übermütter.

Knapp anderthalb Stunden nachdem ich gekommen war, packte ich meine Sachen zusammen. »Ich muss Stella gleich für ihren Nachmittagsschlaf hinlegen«, sagte ich. Noch nie hatte eine Lüge etwas so Befreiendes wie in diesem Augenblick. »Schade«, sagte Anna und umarmte mich zur Verabschiedung. Auf dem Heimweg stellte ich mir vor, wie sie den Rest des Nachmittags damit zubringen würde, ihre Reputation vor den anderen Supermüttern wiederherzustellen. Wie sie die Köpfe synchron schütteln würden wegen des vermeintlich falschen Schnullers. Wie sie mich eine Rabenmutter schimpfen würden, weil ich vergessen hatte, Essen für mein Kind einzupacken. Und wie sie über den Zustand meiner Ehe spekulieren würden, wo ich doch so verwahrlost aussah, und wer tagsüber schon rumläuft wie ein Landstreicher, der macht sich wahrscheinlich abends auch nicht mehr zurecht für seinen Partner.

Kurz bevor ich zu Hause ankam, war Stella im Kinderwagen eingeschlafen. Ich hielt beim nächstbesten Straßencafé. An den Tischen saßen kaum Menschen, ich setzte mich in eine abgeschiedene Ecke und bestellte mir einen Kaffee. Auf der Suche nach einem Taschentuch durchwühlte ich die Wickeltasche. Mir fiel das Etui meiner Sonnenbrille in die Hände. Ich setzte sie auf und fühlte mich gleich viel besser, obwohl sie von meinem Gesicht nicht annähernd so viel verbarg wie die Modelle der Schwabenmütter. Am Nebentisch stahl ein Spatz einen Keks von einem Teller. Die Sonne schien. Meine schlechte Laune fing langsam an, sich aufzulösen. Ich genoss das Alleinsein. Und die Ruhe.

Als sich Marion verabschiedet, sagt sie, dass das alles natürlich schon ziemlich lange her sei, so drei Monate in etwa. Im Zeitgefühl junger Mütter ist das tatsächlich eine Ewigkeit. Nur die Ruhe, das Alleinsein, das alles dauert nie eine Ewigkeit, sondern meist nur Sekunden, wenn man Glück hat Minuten. Aber davon steht nichts in den Büchern, und darüber redet man auch nicht beim Babyturnen, beim Babyschwimmen. Das letzte Tabu: die unglückliche Mutter, die sich nach nichts so sehr sehnt wie nach der Einsamkeit. Auch das ist vielleicht eine Erfahrung, die junge Mütter zum ersten Mal in ihrem Leben machen. Einsam sein – plötzlich ein Ziel. Was es nie war.

Die Ur-Mutter

Ach, sagt Corinna am Telefon, ach, eigentlich gebe es doch überhaupt nichts, worüber man reden müsse. Und dann redet sie sofort los, redet darüber, wie lächerlich sie all das finde, was im Moment passiert, wie dumm, wie klein, wie überflüssig. Während sie ihre lustige Wut auf junge Mütter ablässt, merkt sie dann selber, dass ein Treffen vielleicht doch keine so schlechte Idee sei. Also treffen wir uns, im »Herzen der Finsternis«, wie Corinna es nennt: das »Café Schönbrunn« im Volkspark Friedrichshain in Berlin, dort, wo das neubürgerliche Bötzowviertel vom Prenzlauer Berg an das noch nicht so neubürgerliche Friedrichshain grenzt. Da, wo kein Berliner hingeht, der auch nur im Entferntesten Probleme mit Kindern oder mit Eltern hat. Da wo junge Eltern ihre Kinder zum Schaulaufen vorführen – ein Ort wie erfunden vom Familienministerium. Da also treffe ich Corinna, 34, Mutter der 14-jährigen Marie.

Als ich mein Kind bekommen habe, hatten die meisten der heutigen sogenannten jungen Mütter noch nicht einmal Sex. Ich bekam Marie 1995, damals war ich zwanzig Jahre alt. Ich war gerade zum Studium nach Berlin gekommen, und ich hatte noch nicht einmal alle Umzugskisten ausgepackt, da ging alles schon rasend schnell: erste Party, erster Typ, erste Schwangerschaft. Eine ziemlich traditionelle Reihenfolge, heute machen das diese sogenannten jungen Mütter bestimmt etwas anders, die brauchen ja eher hundert Partys, zweihundert Typen – und kommen dann doch auch nur auf das gleiche Resultat. Und ich bin mir nicht sicher, ob sie dabei mehr Spaß haben als ich.

Die Party war, soweit ich mich erinnern kann, die Party meines Lebens – der Typ leider nicht, der verschwand schneller, als das Teststäbchen blau werden konnte. Oder rosa. Oder halt eine dieser Farben, die sich die Teststäbchenhersteller wahrscheinlich extra ausgedacht haben, um den Schock der Erkenntnis farbentechnisch zu mildern. Was haben diese Teststäbchen eigentlich heute für Farben? Die »jungen Mütter« sind doch so sensibel und gleichzeitig eins mit der Welt. Aboriginesbraun? Seetanggrün? Buddhaorange?

Aber ich will mich nicht beschweren, Maries Vater hat vom ersten Tag an Unterhalt bezahlt, er tut es immer noch. Und er erwartet für sein Geld nicht mal was. Wo gibt es das heute noch? Das Einzige, was er erwartet, ist Ruhe, und die bekommt er auch von uns. Meine Mutter war bei der Geburt dabei. Das heißt, sie wartete draußen. Wie man das halt so machte. Damals. Als das Kinderkriegen noch eine Sache zwischen dem Kind und der Mutter war, und vielleicht noch eine Hebamme geschaut hat, dass die Sauerei sich in Grenzen hält. Keine von denen jedenfalls, die schon durch ihre Kabbalabändchen signalisieren, dass sie das Kind zur Not auch rausjodeln könnten. Ich hatte noch eine dieser Old-School-Geburten: mit Qualen und Schreien und Fluchen und jemandem, der draußen auf dem Flur rauchend darauf gewartet hat, dass der ganze Irrsinn endlich vorbeigeht. Ein Mann hätte keine bessere Figur abgeben können als meine Mutter, die mir in der Zeit der Schwangerschaft auch alle Kurse und Bücher ersetzt hat. Ihre Worte von damals klingen heute noch in meinen Ohren: »Corinna, Liebes, größeres Leid wird dir im Leben dann nicht mehr passieren können. Und denk vor allem dran: Heutzutage überleben das die meisten Frauen.«

Ich habe es überlebt, meine Tochter hat es überlebt, meine Mutter auch. Erwähnte ich eigentlich schon, dass ich meine Tochter liebe? Nein? Dachte ich mir, denn über Selbstverständliches rede ich eigentlich nicht. Ich erzähle ja auch nicht nachts jedem, dass es gerade ziemlich dunkel ist. Ich habe mein Kind von dem Moment an geliebt, als ich von seiner Existenz erfahren habe. Und mein Kind hat nicht, wie das Frauen heute immer so liebnett sagen, mein Leben »ganz schön durcheinandergewirbelt«. Ich hatte ja mit zwanzig noch kein Leben – und das, was ich mir darunter vorgestellt hatte, konnte ich getrost vergessen. So gesehen hat Marie das Leben, das vor mir lag, komplett zerstört.

Wir kommen gut zurecht, wir kamen immer gut zurecht. Dank der Unterhaltszahlungen, dank der Unterstützung meiner Eltern. Es war auch nicht so, dass wir damals nichts gehabt hätten, obwohl PEKiP noch der Name eines chinesischen Kommunisten gewesen sein muss. Unser PEKiP war Kuscheln und Kitzeln, und wenn es an der Tür klingelte, dann waren das keine Zeugen Jehovas, sondern Kita-Erzieherinnen, die wollten, dass ich meine Tochter bei ihnen anmelde. Die haben sich Mitte der Neunzigerjahre quasi auf offener Straße um die Kinder geprügelt. Auch keine leichte Zeit, wenn man aus zehn Möglichkeiten wählen kann: Nehme ich die, in der ich in zwei Minuten bin? Oder die, wo es mehr Erzieherinnen als Kinder gibt? Marie kam mit einem Jahr in eine sehr gute Kita, ich studierte, so gut es ging, und als Marie in die Grundschule kam, hatte ich ein abgeschlossenes BWL-Studium und begann, halbtags zu arbeiten.

Es gab übrigens auch damals bereits Sachen zum Anziehen für Kinder. Es war nicht so, dass wir Erwachsenensachen zu heiß waschen mussten, bis sie passten. Ältere werden sich an Geschäfte wie C&A erinnern. Marie sagt heute manchmal zu mir, sie würde mir im Nachhinein die elterlichen Rechte absprechen, wenn ich ihr Klamotten gekauft hätte in Läden, deren Namen mit »chen« enden.

Vor ein paar Wochen war ich auf die Party einer ehemaligen Kommilitonin eingeladen. Ich wusste, dass sie vor zwei Jahren Mutter geworden ist. Dass sie gleichzeitig auch komplett irre geworden ist, wusste ich nicht.

Es war tatsächlich eine Einladung zu einer Party – ich habe mir hinterher die Einladungskarte noch einmal genau anschaut. Da stand »Party«. Nicht »Therapiesitzung verhaltensauffälliger

Neueltern«. Ich war schon an schlimmen Orten, zum Beispiel in Wanne-Eickel oder in Bottrop – aber diese »Party« ließ mich doch ernsthaft daran zweifeln, ob es wirklich politisch gewollt sein kann, dass Akademiker heutzutage Kinder haben.

Also. Dass man auf Wohnungspartys am Eingang die Schuhe ausziehen soll, finde ich zwar albern, damit kann ich aber leben. Dass man aber für dreißig Gäste – ich wiederhole: für dreißig Gäste! – Filzpantoffeln besorgt, hätte mich sofort zum Gehen veranlassen müssen. Spätestens aber die Worte, mit denen man sie in die Hand gedrückt bekam: »Sorry, aber wir haben deine Größe grob geschätzt. Wir wollten nicht so indiskret danach fragen.«

Die Filzpantoffeln hatten folgenden Sinn: Die Feier fand in einer Maisonette-Wohnung statt. Unten schlief das zwei Jahre alte Kind, und das sollte nicht durch die Tritte von High Heels aufgeweckt werden. Ich war sehr auf die Musik gespannt. Wahrscheinlich haben die Gastgeber um die Lautsprecherboxen dicke Winterschals geschlungen, dachte ich noch, bis ich irgendwann merkte: Es läuft gar keine Musik. Nix. Den ganzen Abend nicht. Dabei wäre Musik vielleicht noch das Einzige gewesen, was geholfen hätte.

Denn die Gespräche waren schlimmer, als es zum Beispiel eine *Best of Helmut Lotti*-CD jemals hätte sein können. Die Gäste standen in kleineren Gruppen beisammen, und man muss es sich bildlich vorstellen: Männer in Anzügen, Frauen in Kleidern oder Röcken, dazu passende T-Shirts – und an den Füßen Filzpantoffeln. Ich war sicher, dass niemand in dieser Nacht auch nur auf die Idee kommen würde, Kinder zu zeugen. Obwohl sich bei den Gesprächen doch eine Art von Geilheit in den Gesichtern abzeichnete, eine sehr perverse Form der Geilheit. »Der Kot von Mia geht jetzt so langsam vom Grünlichen ins Bräunliche.« – »Ahhhh! Das ist doch eine gute Nachricht! Und wie riecht er?« – »Du, nicht mehr so nach Hefe, sondern fast ein bisschen wie Gülle.« – »Na, das ist doch fantastisch!«

Manchmal gingen Männer vereinzelt auf den Balkon, um eine Zigarette zu rauchen. Aber wehe, sie ließen die Tür auch nur einen Spalt offen. Wenn sie zurückkamen, wurden sie von den meisten Gästen angeschaut, als hätten sie gerade kleine Kätzchen in den Hof geworfen. Schuldbewusst gingen diese Männer dann an die Küchentheke und knabberten an einem Möhrenstückchen. Die Coolen tunkten es vorher sogar in einen Dip – was auf dieser Party schon einem Exzess gleichkam.

Ich wanderte ein wenig umher. Auf der Suche nach etwas zu trinken, ging ich instinktiv ins Bad, in der irren Annahme, in der Wanne würde ich Bierflaschen finden. Das hätte aber wohl den Ort entweiht, denn ich sah nur eine Wickelkommode und drum herum mehr Fotos eines Kindes, als es Stunden auf dieser Welt sein musste. Es war offensichtlich das Bad des Zweijährigen – es gab keine Erwachsenenutensilien, dafür aber: Kinderseife, Kindercreme, Kinderzahnpasta, Kinderlotion, Kinderwaschlappen, Kinderhandtücher. Waren die Eltern bereits ausgezogen? Ich öffnete vorsichtig den Spiegelschrank, sah eine Packung Kondome, die – es überraschte mich eher nicht – zu war, zwei Zahnbürsten, einen Unisexduft und drei Tuben mit irgendwas von Dr. Hauschka, was sie und er wohl gleichermaßen benutzen können. Ich musste aus diesem Bad raus.

Auf dem Flur geriet ich in die nächste Gesprächsrunde. »Wir haben wirklich gar nichts gegen Ausländer – stimmt doch, Tobias? Aber wir haben bei der Kita schon drauf geachtet, dass es da doch eher deutsch zugeht.« – »Wir haben uns ja sehr bewusst für eine deutsch-französische Kita entschieden.« – »Sprecht ihr denn französisch?« – »Wir wollen da jetzt so einen Kurs machen – wenn wir einen passenden Babysitter gefunden haben. Das ist ja auch nicht so leicht.« – »Wir können euch da mal eine Nummer geben. Ganz tolle Frau, hat einen künstlerischen Background.«

Ich konnte nicht anders. Ich fragte: »Und was hat die studiert?« Es sollte ein Witz sein, ein Scherz, ich wollte meinen

Teil dazu beitragen, dass diese Party vielleicht doch noch eine andere, eine richtige Richtung einnimmt. »Komparatistik und Sinologie.«

Ich ging zur Tür, zog meine Filzpantoffeln aus, schlüpfte in meine High Heels, stöckelte in den Hausflur und fühlte mich endlich wie eine 34-jährige Frau an einem Samstagabend.

Als ich nach Hause kam, war Marie noch wach. Sie schaute fern. »Hast du dich amüsiert, Mama?« Da wusste ich: Wir sind nicht nur aus dem Gröbsten raus – wir sind aus allem raus. Ich nenne es die Gnade der frühen Geburt.

So. Fertig. Corinna hat alles gesagt, sie ist alles losgeworden, sie sieht jetzt tatsächlich ein wenig erschöpft aus. »Ich hoffe, du kannst mit dem, was ich jetzt so alles erzählt habe, überhaupt etwas anfangen«, sagt sie, als wir gemeinsam den Park verlassen. Ich sage ihr, dass ich glaube, dass ihre Geschichte wichtig sein wird. Da lacht Corinna, da lacht sie, wie sie in unserem Gespräch oft gelacht hat, denn wichtig findet sie das alles natürlich nicht. Ich frage zum Abschied, ob sie sich ein Buch über junge Mütter überhaupt kaufen würde, ob sie es lesen würde. »Na, ich gehe doch davon aus, dass du mir ein Exemplar zuschickst«, sagt sie. »Und dann lese ich es auch. Aber stell dich schon mal darauf ein, dass ich dich nach dem Lesen anrufe, um dir meine Meinung zu sagen.« Es klingt nicht wie eine Drohung. Es klingt wie ein Versprechen.

Try and Terror

Ich bin auf dem Weg zu Florentine, 33, Innenarchitektin. Sie wohnt in Stuttgart-West, in einer dieser Gegenden, in denen man aufpassen muss, nicht in einen Hundehaufen zu treten oder auf eines der vielen Kinder. Kein Wunder, dass sie sich eines Tages nicht mehr vor die Haustür traute. Die eigene Tollpatschigkeit war dafür aber nicht der Grund.

Sollten doch die anderen Babys bekommen, ich wollte damit nichts mehr zu tun haben, vorerst zumindest, denn das, was ich durchgemacht hatte, stellte alles in Frage: den Traum von einer eigenen Familie, den Traum von eigenen Kindern. Ich wollte nicht mehr, nichts von alledem – und wer hätte es mir verdenken können, nach dem, was ich erlebt hatte.

Beginnen wir mit den Fakten, mit dem Ausgangspunkt. Mit dem Tag, an dem ich Benny zum ersten Mal begegnete. Er arbeitete als Verkaufsaushilfe in der Filiale einer Bekleidungskette, um neben dem Studium noch etwas Geld zu verdienen. Ich hatte beruflich dort zu tun, weil ich den Umbau des Ladens vornehmen sollte. Zufällig kam ich mit Benny ins Gespräch, ein paar Worte im Vorbeigehen. Beim nächsten Mal entwickelte sich ein kurzer Small Talk, der mit jedem Treffen ein bisschen länger wurde. Schließlich gingen wir nach Ladenschluss was trinken – und kamen so zusammen. Man kann nicht sagen, dass wir die Sache überstürzt angegangen sind. Wir beide hatten gerade längere Beziehungen hinter uns und genossen unser Singleleben. Es dauerte daher eine Weile, bis wir die anfängliche Zaghaftigkeit und Unverbindlichkeit hinter uns gelassen hatten und uns vor unseren Freunden zueinander bekannten.

Was folgte, war der übliche Gang der Dinge. Man ist eine Weile zusammen, man merkt, dass es gut läuft, man beschließt, in eine gemeinsame Wohnung zu ziehen. Man redet über Zukunft und Kinder. Benny redete sogar mehr davon als ich, bei ihm war der Wunsch nach einem Baby fast stärker. Er war gerade mit dem Studium fertig geworden, hatte eine Stelle als Lehrer bekommen und war bereit, neben der beruflichen Karriere auch die familiäre anzugehen. Ich hatte vor Kurzem in einem neuen Büro angefangen. Die Arbeit gefiel mir, mit den Kollegen kam ich gut zurecht, mit den meisten jedenfalls. Obwohl ich mir schon seit der Schulzeit Kinder wünschte, wollte ich die Verantwortung für ein Baby in der jetzigen Situation noch eine Weile aufschieben.

Nach zweieinhalb Jahren setzte ich die Pille ab – und wurde kurz darauf schwanger. Wir freuten uns beide, ich mich jetzt ein bisschen mehr als Benny. »Lass uns abwarten, ob alles gut geht«, sagte er, nachdem ich zu Hause den Test gemacht hatte und ihm freudestrahlend um den Hals gefallen war. Was sollte mein Glück jetzt noch aufhalten? Ich hatte einen Mann, den ich liebte und von dem ich ein Kind bekommen würde. Mehr konnte ich vom Leben nicht erwarten. Bennys verhaltene Reaktion ignorierte ich. Und erinnerte mich erst später wieder daran.

Ich wollte alles richtig machen und auf Nummer sicher gehen. Nachdem meine Ärztin die Schwangerschaft bestätigte, informierte ich meine Chefin. Heute weiß ich, dass ich es besser nicht hätte tun sollen. Aber weil ich oft mehr als acht Stunden am Tag arbeiten musste, dachte ich, dass sie Rücksicht nehmen würde, schließlich war sie selbst Mutter von zwei Kindern. Sie sah mich jedoch nur verständnislos an und sagte: »Die meisten Afrikanerinnen arbeiten auf dem Acker und bekommen ihre Kinder nebenbei. Die können sich nicht schonen. Also erwarte keine Sonderbehandlung.« Ich war geschockt über die Gefühlskälte und Abgeklärtheit dieser Frau, von der ich mir mehr Verständnis und Entgegenkommen erwartet hätte. Das Verhältnis zwischen uns war fortan angespannt. Ich versuchte, sie zu meiden, soweit es ging.

Ich wusste nicht, wie sich andere Frauen fühlten, die schwanger waren – in meinem Freundeskreis hatte kaum jemand Kinder. Mir ging es jedenfalls schon in den ersten Wochen nicht gut. Mal abgesehen von der berühmten morgendlichen Übelkeit verspürte ich oft Schmerzen im Bauch. Aber es war ja meine erste Schwangerschaft und deshalb machte ich mir keine Sorgen. Wird schon alles seine Richtigkeit haben, dachte ich mir, in meinem Bauch wächst halt ein Kind heran, das braucht Platz und den nimmt es sich und deshalb dehnen sich die Muskeln und Bänder. Erst rückblickend habe ich realisiert, dass ich die Alarmzeichen nicht erkannt hatte.

Die nächste Vorsorgeuntersuchung stand bevor. Ich wusste, dass ich Ärger mit meiner Chefin bekommen würde, weil der Termin in meine Arbeitszeit fiel und wir gerade die Ausstattung eines neuen Hotels übernommen hatten. Aber was sollte ich machen? Ich musste mich ja nach den Öffnungszeiten meiner Ärztin richten. Ich ließ mir den frühestmöglichen Untersuchungstermin geben und bat eine Assistentin, mich in der Zeit meiner Abwesenheit zu vertreten. Spätestens um zwölf wollte ich vor Ort sein.

Obwohl ich zu neun Uhr in die Praxis bestellt war, musste ich eine Stunde warten, bis ich drankam. Kassenpatientenschicksal. Ich war total nervös wegen des Zeitdrucks, blickte immer wieder auf die Uhr. Dann saß ich endlich auf dem Untersuchungsstuhl. Die Ärztin ließ sich viel Zeit mit dem Ultraschall, sie redete kaum. Irgendwann drehte sie den Bildschirm weg. Ich wurde noch nervöser. Dann sagte sie: »Ich muss Ihnen leider mitteilen, dass keine Lebenszeichen mehr festzustellen sind.« Mir wurde schwarz vor Augen. Wenn ich nicht gesessen hätte, wäre ich mit Sicherheit umgekippt.

Ich weiß nicht, wie lange ich auf dem Untersuchungsstuhl saß. Mir kam es vor wie eine Ewigkeit. Ich heulte hemmungslos. Nachdem die Ärztin mich mit ein paar netten Worten zu trösten versucht hatte, klärte sie mich über die Formalien auf.

Vor lauter Heulen war ich gar nicht in der Lage, ihr zuzuhören. Und das war vielleicht das Schlimmste in dieser Situation: dass man nach einer solchen Diagnose gleich mit bürokratischem Scheiß überhäuft wird. Sie gab mir einen Zettel mit der Telefonnummer einer Klinik, in der am nächsten Tag eine Ausschabung durchgeführt werden sollte. Und eine Krankschreibung für meinen Arbeitgeber. Dann schob sie mich freundlich zur Tür hinaus. Alles Weitere musste ich selbst regeln.

Ich schleppte mich zum Auto, setzte mich rein und heulte weiter. Nach einer Weile fand ich die Kraft, auf der Arbeit anzurufen und zu sagen, dass ich vorerst nicht kommen würde. Dann rief ich Benny an und erzählte ihm alles. Er versprach, so schnell wie möglich nach Hause zu kommen. Wie ich selbst dorthin gelangte, ist mir bis heute schleierhaft. Meine Erinnerung daran ist völlig ausgelöscht. Sie setzt erst wieder ein bei dem Telefongespräch mit meiner Mutter. Ich hatte ihr von meiner Schwangerschaft noch nichts gesagt – ich war ja erst in der elften Woche und hatte mir vorgenommen, die obligatorischen drei Monate abzuwarten, bevor ich es ihr erzählte. Umso unvermittelter traf sie nun die Nachricht von der Fehlgeburt. Trotzdem erklärte sie sich sofort bereit, mich am nächsten Nachmittag aus der Klinik abzuholen, weil Benny einen geschäftlichen Termin hatte, den er nicht mehr absagen konnte.

Am nächsten Morgen fuhr er mich in die Klinik, dann musste er los. Ich kam in ein Zimmer, in dem bereits eine andere Patientin lag, der das gleiche Schicksal widerfahren war. Wir wechselten ein paar Worte, danach war jeder mit sich selbst beschäftigt. Ich bekam eine Beruhigungstablette und wurde auf die Operation vorbereitet. Kurz bevor ich in den OP geschoben wurde, kam eine Seelsorgerin. Ich will diesen Leuten nicht ihre Daseinsberechtigung absprechen. Aber mir spendeten ihre sicherlich gut gemeinten Worte keinen Trost – ich empfand sie vielmehr als Unverschämtheit. Vor allem, weil mir die Frau ein Infoblatt in die Hand drückte mit dem Hinweis auf einen Termin zur anonymen Gemeinschaftsbestattung. Was ich bis dahin nicht wusste: Die ausgeschabten Embryonen werden gesammelt und als sogenanntes Restmaterial beerdigt. »Vielleicht hilft es Ihnen beim Abschiednehmen«, sagte die Seelsorgerin. Wenn die Wirkung der Beruhigungstablette nicht schon eingesetzt hätte, hätte ich die Frau am liebsten angeschrien aus Wut über ihre Taktlosigkeit. So konnte ich wieder mal nur heulen.

Als ich aus der Narkose aufwachte, war meine Mutter da und kümmerte sich um mich, wie sie sich lange schon nicht mehr um mich gekümmert hatte. Sie brachte mich, den riesigen Haufen Elend, nach Hause. Und blieb, bis Benny von der Arbeit kam. Ihre Anwesenheit tat mir gut. Viel haben wir in dieser Zeit nicht miteinander geredet. Worüber auch? Wir waren beide sprachlos. Klar hört man immer wieder, dass es zu Fehlgeburten kommen kann. Statistisch gesehen bei jeder zweiten Frau, wenn auch oft unbemerkt, wie mir meine Ärztin gesagt hatte. Aber in meiner Welt gab es gar kein Bewusstsein für so was. Ich war eine gesunde junge Frau, Benny ein gesunder junger Mann: Warum sollten wir kein gesundes Kind hinbekommen? Es sprach doch eigentlich nichts dagegen.

Zwei Wochen war ich krankgeschrieben, danach nahm ich mir Sonderurlaub. Benny und meine Mutter befanden, dass ein Tapetenwechsel gut für mich wäre, und wollten mit mir an die Ostsee fahren. Ich hielt das für eine gute Idee. Denn tatsächlich hatte ich mich in unserer Wohnung verschanzt. Mir graute davor, auf die Straße zu gehen. Demografen bestreiten ja immer wieder, dass es einen Babyboom gibt, wahrscheinlich weil sie irgendwo in der Einöde wohnen. Da wo ich wohne, braucht man nur vor die Tür zu gehen und sieht ständig schwangere Frauen.

Fünf Tage nach der OP, kurz vor unserer Reise an die Ostsee, verließ ich zum ersten Mal die Wohnung, um Brötchen zu kaufen. Wohin ich auch sah: überall Babybäuche, Kinderwagen und herumtollende Kinder. Es war der Horror. Ich ertappte mich dabei, ungerecht zu werden, als mir ein Paar entgegenkam, das in einer Doku-Soap auf RTL2 gute Protagonisten abgegeben hätte. Beide solariumgebräunt und gepierct, in Cargo-Hosen und mit Basecaps. Eine ästhetische Zumutung mit Zigarette im Mund. Und trotzdem schoben sie in einem Buggy einen niedlichen Jungen vor sich her. Warum war es denen vergönnt, ein Kind zu haben, und mir nicht? Ich wusste keine Antwort auf diese Frage. Weil es keine Antwort auf diese Frage gibt.

Drei Wochen verbrachten wir an der Ostsee. Ich erholte mich körperlich und seelisch, so gut das eben geht nach einem solchen Erlebnis. Nach der Rückkehr fing ich wieder an zu arbeiten, das Eingespanntsein tat mir gut. Es ließ mir keine Zeit, trüben Gedanken nachzuhängen. Nur einmal erlebte ich einen Rückschlag: Beim gemeinsamen Mittagessen gratulierte mir ein Kollege zum bevorstehenden freudigen Ereignis. Er hatte es offenbar per Flüsterpost erfahren. »Es muss sich um ein Missverständnis handeln«, sagte ich, »ich bin nicht schwanger.« Er blickte mich irritiert an. Und ich verzog mich aufs Klo zum Heulen.

Benny und ich wollten uns nicht entmutigen lassen. Wir probierten erneut, ein Baby zu bekommen. Drei Monate später war ich wieder schwanger. Und diesmal verhaltener, was die Vorfreude betraf. Um die Geschichte abzukürzen: In der 13. Schwangerschaftswoche erlebte ich den ganzen Albtraum von Neuem. Wieder eine Fehlgeburt. Wieder eine Ausschabung. Wieder Fragen und Tränen und Selbstzweifel. Zu meinem Erstaunen stellte ich fest, dass ich es diesmal besser wegsteckte. Es war, als hätte ich ein Kettenhemd an, was mich einigermaßen schützte.

Diesmal wurde eine Laboranalyse vorgenommen, weil man abklären wollte, ob bei Benny und mir genetische Defekte vorliegen. Zum Glück war dem nicht so. Es lag also nicht an ihm und es lag nicht an mir. Ich wage mir gar nicht auszumalen, wie sich ein anderslautendes Ergebnis auf unsere Beziehung ausgewirkt hätte. Einen konkreten Effekt hatten die Erfahrungen der letzten Wochen jetzt schon: Wir beschlossen, die Planung des Nachwuchses vorerst auszusetzen. Eine weitere Fehlgeburt hätte ich so schnell nicht verkraftet.

Die Narben auf der Seele waren gerade am Verheilen, der Schorf kurz vor dem Abfallen, als ich knapp anderthalb Jahre später in einem Café zufällig einer Freundin begegnete. Wir kannten uns aus der Schule, hatten aber eine Weile keinen Kontakt mehr, weil wir uns wegen einer dummen Sache zerstritten hatten. Plötzlich stand sie vor mir. Auf dem Arm ein Baby, kein halbes Jahr alt. Mir wurde schlecht. Durch den Kopf schoss mir der Gedanke, dass das erste meiner Kinder jetzt im gleichen Alter sein würde, wenn ich die Fehlgeburt nicht erlitten hätte. Wir wechselten kurz ein paar Worte. Bevor sich unsere Wege trennten, rang ich mir einen »Herzlichen Glückwunsch« ab.

Heute haben wir wieder einen guten Kontakt zueinander – wir haben uns ausgesprochen. Kurz nach unserem Treffen im Café wurde ich schwanger. Diesmal ging alles gut. Meine Tochter ist knapp anderthalb Jahre jünger als ihre, wir treffen uns regelmäßig. Als sie mich einen Tag nach der Entbindung im Krankenhaus besuchte, sagte sie: »Willkommen im Club!« Es fühlte sich überwältigend an, endlich dazuzugehören.

In Florentines Wohnung hängen überall Fotos ihrer Tochter Maja, die mittlerweile sieben Monate alt ist. Maja auf dem Arm von Florentine, Maja auf dem Bauch von Benny. Maja beim Schlafen, Krabbeln, Trinken. Überall Maja. Als müsse sich Florentine immer wieder vergewissern, dass es dieses Kind, nach dem sie sich so lange gesehnt hat, tatsächlich gibt. Als müsse sie sich ihr Glück immer wieder vergegenwärtigen. Florentine zieht sich an, sie muss jetzt los. Benny war mit Maja auf dem Spielplatz, damit wir uns in Ruhe unterhalten konnten. Ein Stück des Weges laufen wir gemeinsam, dann biege ich ab. Und fange an zu heulen. Weil ich mich freue darüber, dass Florentines Traum doch noch in Erfüllung gegangen ist. Weil ich mich freue darüber, selbst Mutter eines großartigen Kindes geworden zu sein. Und das gleich beim ersten Versuch.

Sauer macht listig

Muttersein ist toll und aufregend und großartig. Doch irgendwann kommt man an den Punkt, an dem man es auch ein bisschen satt hat, dass sich das eigene Leben nur noch um Windeln, Babybrei und pädagogisch sinnvolles Spielzeug dreht – bevor der Nachwuchs da war, hat es das ja auch nicht. Insofern ist es nur verständlich, dass die meisten Mütter früher oder später in ihren Job zurückkehren wollen. Das wollte auch Miriam, 34, Altenpflegerin. Sie ist anstrengende Arbeit gewöhnt. Doch das, was sie dreimal die Woche leistet, ist nichts gegen den Spießroutenlauf, den sie erlebte, als sie einen Betreuungsplatz für ihren Sohn Friedrich suchte. Wir sind an einem diesigen Herbstnachmittag auf einem Spielplatz in Berlin-Mitte verabredet.

Als Friedrich auf die Welt kam, glaubte ich, die größte Herausforderung in Sachen Kind bereits hinter mir zu haben. Friedrich wog bei seiner Geburt etwas mehr als fünf Kilo, was eine normale Entbindung unmöglich machte. Nach zwanzig Stunden Wehen holten die Ärzte ihn schließlich per Kaiserschnitt. Glücklich und geschafft hielt ich den Brocken von einem Kind im Arm.

Was ich jedoch nicht ahnte: dass mir eine physisch wie psychisch kompliziertere Aufgabe noch bevorstehen würde. Weitaus schwieriger als die Entbindung eines Riesenbabys ist nämlich die Wahl des richtigen Kindergartens. Hier werden die Weichen für die charakterliche, soziale und geistige Entwicklung eines Kindes gestellt. Wer hier eine falsche Entscheidung trifft, wird sie später vielleicht bitter bereuen. Ganz zu schweigen von den Defiziten und Unzulänglichkeiten, die dann nur noch schwer wiedergutzumachen sind. Das waren zumindest die Ängste und Befürchtungen, die befreundete Eltern mit ihren Erzählungen in mir schürten.

Ob es von reiner Naivität oder schierer Unkenntnis zeugte, kann ich heute kaum noch sagen. Als Friedrich drei Monate alt war, dachten Johannes und ich, dass es langsam an der Zeit sei, sich nach einem Krippenplatz in einer Kindertageseinrichtung umzuschauen. Ein Jahr nach der Geburt wollte ich wieder zurück in meinen Job als Altenpflegerin. Im Internet informierte ich mich über Kitas in unserer Nähe. Womit ich nicht gerechnet hatte: dass es eine Vielzahl von Ausrichtungen, Betonungen, Konzepten und Trägern gab. Es gab staatliche Kitas und private, Kitas von kirchlichen Trägern, mit diversen Fremdsprachen oder musikpädagogischem Programm. Einrichtungen mit Schwerpunkt auf gesundheitlicher Erziehung und Einrichtungen mit waldorfpädagogischem Ansatz. Ich konnte entscheiden, ob Friedrich lieber Chinesisch lernen oder zweimal pro Woche am Yoga-Unterricht teilnehmen sollte, ob er konventionelle Mittagskost erhalten sollte oder doch lieber vegetarische aus Bio-Anbau. Dabei wäre ich schon zufrieden, wenn die Erzieher einfach liebevoll mit ihm umgehen würden. Noch glaubte ich, die Schwierigkeit läge darin, aus dem vielfältigen Angebot das geeignete für Friedrich herauszusuchen. Ich wurde bald eines Besseren belehrt. Die Schwierigkeit lag darin, überhaupt einen Platz zu bekommen.

Ich war auf eine Kita aufmerksam geworden, die sich ganz in Wohnnähe befand. So würden wir uns lange Anfahrtswege sparen und entspannter in den Tag starten. Denn Johannes neigt generell zum Trödeln und Zuspätkommen. Der Schaden würde sich somit in Grenzen halten. Ich wählte die Nummer der Einrichtung. Am anderen Ende der Leitung meldete sich eine Frau mit spröder Stimme. »Guten Tag, ich würde gerne mein Kind bei Ihnen anmelden«, sagte ich freundlich. »Wo muss ich mich hinwenden? Wie ist das Prozedere?« Die Frau antwortete barsch: »Wann soll Ihr Kind denn zur Welt kommen und ab wann suchen Sie einen Platz?« Ich sagte, dass Friedrich bereits drei Monate alt sei und ich in einem Dreivierteljahr wieder anfangen wolle zu arbeiten. Die Frau antwortete, dass Plätze erst wieder in zwei Jahren frei würden. Aber sie könne mich gerne auf eine Warteliste setzen. Ich malte mir aus, wie sie in diesem Moment ein höhnisches Lachen unterdrückte und mich als weltfremd abstempelte. Ich verabschiedete mich höflich und legte auf. Fünf weitere Anrufe in anderen Kitas verliefen ganz ähnlich. Ich beschloss, meine Strategie zu ändern.

Fortan würde ich mich nicht mehr am Telefon abwimmeln lassen, sondern persönlich vorbeigehen. Gleich heute noch, bei einer Kita nicht weit entfernt. Ich zog Friedrich seine schönsten Sachen an und machte mich ebenfalls nett zurecht. Als ich Johannes davon am Telefon erzählte, musste er lachen: »Hey, du willst doch nur ein Kind in einer Kita anmelden und dich nicht gleich persönlich um einen Job bewerben.« Aber was wusste er schon von der Realität? Er ging morgens ins Büro und kam abends wieder. Meist war er dann so geschafft, dass es nur noch für einen kurzen Small Talk mit mir reichte. Was in der Zwischenzeit passierte, kannte er nur aus meinen Erzählungen. Und denen lauschte er ohnehin nur mit einem Ohr, weil das andere bereits geräuschgedämpft auf dem Sofakissen lag und darauf wartete, bald ins Bett befördert zu werden. Ich versuchte, ihm am Hörer zu erklären, dass ich mich gewissermaßen um eine Art Job für Friedrich bewerben würde, weshalb der erste Eindruck wichtig sei. »Du wirst schon wissen, was richtig ist«, sagte Johannes. Er gab mir durch die Leitung einen Kuss und legte auf. Ich fühlte mich mit meinen Problemen nicht ernst genommen. Aber was brachte es, mich darüber weiter zu ärgern? Die Energie wollte ich lieber nutzen, um meinem Sohn einen Platz an dieser Kita zu erkämpfen.

Ich war etwas aufgeregt und nervös, als ich das Gebäude betrat. Eine rundliche Dame begrüßte mich vor ihrem Büro und wies mich an, in einem kleinen Aufenthaltsraum zu warten. Ich tat, wie mir geheißen. Unauffällig schaute ich mich nach einem dieser Automaten um, die es auf Behörden gab und an denen man eine Nummer ziehen musste. Der Raum war leer. Auch sonst war weit und breit niemand zu sehen. Ich wartete fast eine halbe Stunde. Dann wurde ich von der rundlichen Dame in ihr Zimmer gebeten. Dort standen meterlange Regale voll mit Aktenordnern und Fachliteratur. Sie stellte sich mir als Leiterin der Kita vor und bot mir den Stuhl vor ihrem Schreibtisch an. Sie selbst nahm dahinter Platz. Und war kaum noch zu sehen, weil sich vor ihr etliche Papierhaufen stapelten, die fast einen halben Meter in die Höhe ragten. Über diese Unterlagen hinweg unterhielten wir uns. Sie fragte nach meinem Kind, meinem Beruf und dem meines Mannes. Nebenher notierte sie etwas und sagte schließlich, dass ich mich auf einer Warteliste eintragen könne.

Für Friedrich schien das ein Reizwort zu sein. Bis dahin hatte er ruhig auf meinem Arm gelegen und mich angeschaut. Doch plötzlich fing er an zu schreien. Ich versuchte, ihn zu beruhigen. Und mich währenddessen in die Liste einzutragen. »Ich kann Ihnen aber nicht garantieren, dass Sie zum gewünschten Zeitpunkt tatsächlich einen Platz bekommen werden«, sagte die Leiterin. »Vor Ihnen stehen bereits fünfzig andere Interessenten auf der Liste.« Sie legte meinen ausgefüllten Fragebogen auf einem ihrer Papierstapel ab. Dabei warf sie mir einen Blick zu, der Überlegenheit demonstrierte. Ich fühlte mich klein und machtlos. Wie wir denn jetzt weiter verfahren sollten, wollte ich wissen. Sie empfahl mir, im Abstand von 14 Tagen vorbeizukommen und mich nach dem Stand der Dinge zu erkundigen. Es klang wie ein Befehl.

Daraufhin schlug ich alle zwei Wochen in der Kita auf. Einmal überredete ich Johannes, mich zu begleiten. Für den Heile-Familie-Eindruck. Und auch wenn ich nichts Neues erfuhr, so verwickelte ich die Leiterin jedes Mal in ein Gespräch – in der Hoffnung, so ihre Sympathie zu gewinnen. Bei einem dieser Besuche bemerkte ich, dass ein frisch gebackener Kuchen auf ihrem Schreibtisch stand. Beiläufig versuchte ich herauszufinden, ob es dafür einen Grund gab. Ob vielleicht in einer der Kita-Gruppen ein Geburtstag anstand. Nein, sagte die Kita-Leiterin, den Kuchen habe eine Mutter mitgebracht, die ebenfalls auf der Warteliste stehe. Es dämmerte mir, dass man sich Sympathien nicht nur mit netten Worten erschleichen musste, sondern auch mit kleinen Gesten der Aufmerksamkeit.

Bei einem der nächsten Male brachte ich eine Packung Pralinen mit, ein anderes Mal eine Box mit Gummibärchen. Eines Tages stand ich tatsächlich daheim in der Küche, um eine aufwendige Cremetorte zu backen. Objektiv gesehen vielleicht keine handwerkliche Meisterleistung, aber immerhin anspruchsvoller als ein einfacher Napfkuchen. Wenn sich Eltern schon so weit herabließen und mit unlauteren Mitteln um die Gunst der Kita-Leiterin kämpften, so war auch ich in der Wahl meiner Waffen frei. Eigentlich hätte ich mich etwas lächerlich fühlen müssen. Aber ich hatte nur eins vor Augen: für Friedrich einen Platz in dieser gottverdammten Kita zu bekommen.

Zwischendurch wähnte ich mich bereits am Ziel. Bei einem meiner Besuche versicherte mir die Leiterin, in der engeren Auswahl zu stehen. Sie würde Friedrich für eine der neuen Gruppen vormerken. Ich war glücklich. Und wurde nachlässig. Statt die Frau weiterhin mit Kleinigkeiten in ihrer Entscheidung zu bekräftigen, nahm ich mir die Freiheit, mich etwas zu entspannen. Als ich nach ein paar Wochen wieder in der Kita vorbeiging, um mich zu erkundigen, ab wann Friedrich zur Eingewöhnung kommen kann, guckte mich die Leiterin über ihre schmale Brille hinweg mitleidig an. »Oh, ich dachte, Sie hätten kein Interesse mehr, weil wir in den letzten Wochen nichts von Ihnen gehört haben. Tut mir leid. Der Platz ist nun anderweitig vergeben.« Ich war stinksauer. Am liebsten hätte ich ihr eine Backpfeife gegeben. Oder sie wenigstens angebrüllt, um meinem Unmut Luft zu machen. Aber ich entschied mich, Anstand zu wahren.

Ich wollte meinem Spiegelbild endlich wieder mit Selbstachtung gegenübertreten. Die hatte ich in den zurückliegenden Wochen und Monaten der Einschmeichelungsversuche fast schon verloren.

Wir haben Friedrich dann bei einer Tagesmutter in Wedding angemeldet, den Tipp gab uns eine Frau vom Bezirksamt. Sie sagte, dass dort das Betreuungsangebot ebenso gut sei wie andernorts, aber dass der Bezirk unter einem Imageproblem leide, weshalb ihn viele Eltern mieden. Sie hatte recht. Friedrichs Tagesmutter betreute insgesamt vier Kinder, für die sie ausgewogen kochte und mit denen sie viel unternahm. Vor allem aber war sie stets freundlich und umgänglich. Und nie gab sie uns das Gefühl, in einer Bittstellerposition zu sein, selbst bei den ersten Kennenlerngesprächen nicht. Während mir Freundinnen erzählten, dass ihre Kinder mittlerweile ein paar Worte Chinesisch gelernt hatten oder eine Minute in der Yoga-Position »Krokodil« verharren konnten, freute ich mich, dass Friedrich bei seiner Tagesmutter einfach nur Kind sein durfte – ohne überzogene Erwartungen seiner Eltern erfüllen zu müssen.

Gerade denken Johannes und ich über ein zweites Kind nach. Wahrscheinlich sollte ich mir jetzt schon mal überlegen, ob ich es in einer Kita anmelden will.

Friedrich schreit. Ein älteres Kind hat sein kunstvolles Sandbauwerk zerstört. Ich könnte auch schreien. Weil alles viel komplizierter ist, als es eigentlich sein müsste. Weil Frauen wie Miriam Steine nicht etwa aus dem Weg geräumt, sondern geradezu vor die Füße geworfen werden. Ob Ursula von der Leyen auch Kuchen backen musste, um für ihre Kinder Kita-Plätze zu bekommen? Ob sie ahnt, dass es diese Art der Schikane überhaupt gibt? Vielleicht müsste man sich mit ihr mal darüber unterhalten. Miriam wäre bei diesem Gespräch bestimmt gerne dabei.

Der Klettverschluss-Typ

Noch bevor Cornelia anfängt, ihre Geschichte zu erzählen, weist sie mich darauf hin, dass in dem Café in der Potsdamer Innenstadt, in dem wir sitzen, keine bunten Blumengebinde zu Dekorationszwecken herumstehen, und dass das doch auch mal ganz angenehm sei. »Blumen werden überschätzt«, sagt Cornelia, 32, Soziologin, Mutter von Ida, zwei Jahre. Komischer Gesprächseinstieg, denke ich. Doch im Laufe unserer Unterhaltung wird mir der Grund dafür klar.

Ich hoffe, dieses Buch wird kein Erfolg. Ich habe nämlich Angst, dass es sonst von den falschen Leuten gelesen wird, die sich dann ein falsches Bild von mir machen. Und am Ende steht eine Mitarbeiterin des Jugendamtes unangemeldet vor meiner Wohnungstür und nimmt meine Tochter mit, man hat von solchen Fällen ja oft genug gehört.

Objektiv gesehen hätte sie dazu vielleicht allen Grund. Denn bescheuerter als ich kann sich ein Mensch gar nicht anstellen im Umgang mit Kindern. Manchmal komme ich mir vor wie ein Einbeiniger beim Sackhüpfen. Die Rede ist hier nicht von Anfangsschwierigkeiten, von Problemen bei der Wahl der richtigen Bekleidung, des richtigen Spielzeugs, der richtigen Kita. Die Rede ist hier von einer latenten Grundunfähigkeit. Von immer wieder verkehrt herum angezogenen Windeln. Von zu tief ins Ohr eingeführten Wattestäbchen. Von zu viel Babymilchpulver im Wasser.

Die Rede ist von jemandem, der seine Schnürsenkel nicht richtig zubinden kann, und der dann immer über sie stolpert. Ich bin eher der Klettverschluss-Typ. Schon seit ich denken kann. Und das hat sich auch nicht geändert, als ich vor zwei Jahren Mutter geworden bin.

Neulich wurde mir das einmal mehr bewusst. Die Kita hatte für zwei Wochen geschlossen. Weihnachtsferien. Mein Freund Julius kam auf die Idee, für diese Zeit ein Haus an der Ostsee zu mieten. »Ist doch schön, wenn wir mal ein bisschen rauskommen«, sagte er. Im Internet zeigte er mir eine Seite, über die er eine Unterkunft gebucht hatte. Das Haus seiner Wahl trug den romantischen Namen »Windlicht«, und um diesem gerecht zu werden, verfügte es über einen Kamin im Wohnzimmer. Viel Wert legte Julius auf ein separates Kinderzimmer, damit wir nachts ungestört sein konnten, vor allem untenrum. Die Schlafzimmer befanden sich im Obergeschoss, von dort aus hatte man einen schönen Blick aufs Wasser.

Wir fuhren spät los in Potsdam. Kurz nach vier erreichten wir unseren Urlaubsort, die Dämmerung hatte bereits eingesetzt. Julius brachte das Gepäck ins Haus. Danach wollte er in den Supermarkt, Lebensmittel einkaufen. Ich beschloss, nicht mitzukommen und stattdessen mit Ida die Taschen auszupacken und anschließend vielleicht noch zu den Pferden zu gehen, die schräg gegenüber auf einer Koppel standen.

Der Inhalt unserer Reisetaschen war schnell in den Schränken verstaut. Das Reisebett stand ebenfalls schon. Nach der Pflicht konnte nun die Kür kommen: der Besuch bei den Pferden. Wir wollten gerade aus der Tür gehen, da bemerkte ich, dass ich meine Taschentücher vergessen hatte. Ich bat Ida, kurz auf mich zu warten. Während ich nach oben ging, um die Packung von meinem Nachttisch zu holen, stand sie unbeaufsichtigt im Flur. Ich schwöre, dass ich nicht mal eine Minute weg war. Als ich aus dem Schlafzimmer kam, sah ich, dass mir Ida gefolgt war. Sie hatte bereits ein paar Treppenstufen erklommen. »Bleib unten, ich komme runter!«, rief ich ihr von oben zu. Im selben Moment fiel sie auch schon rückwärts die Stufen hinunter. Sie landete mit dem Hinterkopf auf den Fliesen und blieb reglos liegen.

Noch bevor ich einen klaren Gedanken fassen konnte, schrie Ida los. Die Sekunden, die ich brauchte, um bei ihr zu sein, kamen mir vor wie eine Ewigkeit. Dass ich in meiner Panik nicht über meine eigenen Füße gestolpert und ebenfalls neben ihr zum Liegen gekommen bin, wundert mich heute noch. Es hätte ein typischer Schnürsenkel-Moment werden können. Zu meiner Beunruhigung hörte Ida schnell auf zu weinen, nachdem ich sie aufgehoben und ins Wohnzimmer gebracht hatte. Sie saß auf dem Sofa, war apathisch und kreidebleich. Auf ihrer Stirn bildete sich Schweiß, auf meiner auch, aber das tat nichts zur Sache. Ich wollte sie gerade auf meinen Schoß setzen, da übergab sie sich mit einem kräftigen Schwall.

In diesem Moment kam Julius zur Tür rein, in jeder Hand eine Einkaufstüte. »Was ist denn hier passiert?« Für große Erklärungen blieb keine Zeit. In einem Buch hatte ich gelesen, dass Erbrechen nach einem Sturz ein schlechtes Zeichen ist. Es deutet wohl auf eine Gehirnerschütterung hin. All das versuchte ich ihm zu erklären, als wir ins Auto stiegen und zu einem nahe gelegenen Arzt fuhren – immerhin funktionierten die Notfallreflexe bei mir.

Auf dem Weg dorthin kämpfte ich mit den Tränen. Und verfluchte den Vermieter, weil er das Haus als kindgerecht angepriesen, aber keine Schutzgitter an der Treppe angebracht hatte. Zur Erklärung: Schutzgitter sind meine Klettverschlüsse. Unsere Wohnung ist praktisch ein einziger Klettverschluss. An der Tür zum Balkon, am Herd, an den zwei kleinen Stufen zur Küche, am Kinderbett, an den Fenstern, am Bücherregal und am Fernseher – überall hatte Julius auf meine Bitte hin Schutzgitter angebracht. Es war, als müsste ich das Kind nicht nur vor den eigentlichen Gefahren schützen, sondern auch vor mir.

Während der Fahrt zum Arzt ärgerte ich mich über mich selbst. Weil ich durch einen kurzen Moment der Unachtsamkeit den Urlaub vermasselt hatte. Weil ich für Idas Sturz verantwortlich war. Der größte Fehler, den Eltern machen: Sie unterschätzen ihre Kinder. Offensichtlich konnte man eine Zweijährige noch nicht unbeaufsichtigt lassen, nicht mal für eine Minute.

Dabei erschien sie mir schon so klug, so umsichtig. Sogar beim Überqueren von Straßen hielt sie von alleine an und blieb so lange stehen, bis ich mich vergewissert hatte, dass kein Auto in Sicht war. Und als ich mir vor Kurzem einen Tee gemacht und zum Trinken angesetzt hatte, da warnte sie mich mit den Worten: »Vorsicht, heiß!« In diesem Augenblick glaubte ich, sie hätte die Welt in ihren physikalischen Zusammenhängen durchschaut. Es war ein Irrtum.

Der Arzt war ein zittriger alter Herr, der darauf spezialisiert war, zittrige alte Patienten zu behandeln. Mit einem Kleinkind war er überfordert. Er bat uns, einen Kinderchirurgen aufzusuchen. Ein guter Vorschlag. Nur leider hatten alle Kinderchirurgen in der näheren Umgebung wegen der Weihnachtsferien geschlossen. Der nächste, der geöffnet hatte, befand sich anderthalb Autostunden entfernt in einem Krankenhaus mit angeschlossener Kindernotaufnahme. Immerhin waren die Ärzte hier kompetent. Nachdem sie Ida untersucht hatten, versicherten sie uns, dass sie keine schwerwiegenden Verletzungen, sondern nur eine leichte Gehirnerschütterung erlitten hatte. Trotzdem sollte sie zur Beobachtung zwei Nächte dableiben. Bei derartigen Stürzen könne es nämlich zu spontanen Funktionsstörungen im Gehirn kommen. Sprich: zu Atemaussetzern. Um das zu überwachen und gegebenenfalls sofort zu behandeln, musste sie an ein Gerät angeschlossen werden, das Herz- und Atemfrequenz aufzeichnet.

Wenigstens durfte einer von uns bei Ida bleiben. Ich meldete mich freiwillig, schließlich hatte ich den ganzen Schlamassel zu verantworten. Statt Haus mit Meerblick, Kamin und Fußbodenheizung gab es nun ein dunkles Krankenzimmer mit einem schmalen Krankenbett und Blick auf eine Baustelle. Ida legten sie in ein Kinderbett, dessen Gitterstäbe ein ausgewachsener Mensch nicht ansatzweise überragt hätte, nicht mal auf Zehenspitzen. Wahrscheinlich sollte es ein Wink mit dem Zaunpfahl sein. Zur seelischen Folter kam die körperliche hinzu: Die

Krankenhauskost war alles andere als genießbar. Ich hatte es nicht besser verdient. Obwohl – eine Sache habe ich bis heute nicht ganz nachvollziehen können: warum uns die Schwestern kurz vor sechs aus dem Schlaf reißen mussten. Es war wahrscheinlich eine neue, ganzheitliche Genesungsstrategie.

Der Urlaub war gelaufen. Zwei Tage nach Idas Entlassung fuhren wir heim nach Potsdam. Julius hatte sich in der Zeit unseres Krankenhausaufenthalts eine Nasennebenhöhlenentzündung zugezogen, die Sache war kein Spaß. Hinzu kam, dass wir für den Rückweg fast sieben Stunden brauchten, weil es auf der Autobahn wegen Schneeglätte nur in Schrittgeschwindigkeit voranging. Meine erste Amtshandlung, nachdem wir zu Hause angekommen waren: Ich strich die Ostsee von meiner Liste mit Zielen für Kurztrips.

Der Schock der vergangenen Tage hatte gerade nachgelassen, als ich mich mit einer Freundin und deren Tochter zum Kaffeetrinken verabredete. Wir trafen uns in einem Café in der Altstadt. Die Kinder hatten sich eine Weile nicht gesehen und freuten sich über das Treffen. Ich tauschte mit meiner Freundin den neuesten Klatsch und Tratsch aus, gegenseitig brachten wir uns auf den Stand der Dinge: welche neuen Wörter, welche neuen Lieder unsere Kinder in der letzten Zeit gelernt hatten, wie viel sie gewachsen waren. Mommy Talk. Nach zwei entspannten Stunden brachen wir auf. Ich half Ida beim Anziehen ihrer Sachen. Dann ging ich zur Garderobe und holte meinen Mantel. Als ich zurückkam, sah ich, wie sich Ida Beeren in den Mund steckte – sie hatte sie von einem Strauß abgezupft, der in einer Vase auf dem Nachbartisch stand. Wenn ich jetzt wieder sage, dass ich nicht mal eine Minute weg war, glaubt mir das bestimmt kein Mensch, aber ich schwöre, es war so.

Die Frau hinterm Tresen hatte natürlich keine Ahnung, um was für Beeren es sich handelte. Warum auch? Sie war Kellnerin und keine Floristin. Ich packte Ida – und den Strauß. Und rannte zum Blumenladen zwei Straßen weiter. Die Verkäuferin inspizierte die Beeren kurz. Ihre Diagnose: »Ilex. Giftig.« Sie gab mir noch die Nummer des toxikologischen Notrufs, der mir am Handy riet, mich mit Ida ins Krankenhaus zu begeben. Zum Glück übergab sie sich auf dem Weg dorthin. Wahrscheinlich weil sie noch vom letzten Aufenthalt das überdimensionale Gitterbett und die ungenießbare Krankenhauskost in Erinnerung hatte. Am Ende des Tages war ich fertig mit den Nerven. Und sicher, dass ich eine ernst zu nehmende Gefahr für mein eigenes Kind darstellte.

Eine Woche nach diesem Vorfall erhielt ich eine Mail von einer Freundin. Sie berichtete mir, dass ihr Sohn kürzlich aufs Fensterbrett geklettert war, während sie in der Küche seinen auf den Boden gefallenen Nuckel abspülte. Als sie ins Wohnzimmer zurückkehrte, sah sie, wie er das Gleichgewicht verlor und aus dem Fenster fiel. Es war zum Glück eine Erdgeschosswohnung. Ihr Sohn trug nur ein paar Kratzer und Beulen davon. Mir hätte das nicht passieren können. Wir haben Schutzgitter vor den Fenstern.

Ich solle jetzt bitte keinen falschen Eindruck bekommen, sagt Cornelia: Nichts liege ihr ferner, als ihre Freundin anzuschwärzen oder sich gar an deren Unglück zu weiden. Nur sei ihr da eben klar geworden, dass selbst die perfekteste Mutter ihr Kind nicht vor allem und jedem beschützen könne, schon gar nicht vor sich selbst. Und dass sie sich nach dieser Mail ihrer Schwächen bewusst geworden sei, aber eben auch ihrer Stärken. Ich nicke: »Schon verstanden.«

Hush little baby, don't say a word

Nichts war einem früher so wichtig wie die Musik, die man gehört hat. Wobei früher auch bedeutet: vor ein paar Monaten. Als man noch keine Mutter war. Da war Musik – so wie Bücher, so wie Filme, so wie Kleidung – ein Unterscheidungskriterium: Sag mir, was du hörst, und ich sage dir alles über dich. Sicher war immer, dass der Tag, an dem man sich für Musik nicht mehr interessiert, der Tag sein würde, an dem man erwachsen geworden ist. Wenn man Mutter wird, dann bekommt Musik eine völlig neue Bedeutung, denn die Musik, die man hört, die sucht man nicht mehr selber aus. Ich bin mit Caroline, 33, Fotografin, verabredet. Wir wollen spazieren gehen, das war ihre Idee: Frische Luft und Ruhe, das sagte sie, deshalb treffen wir uns am Berliner Schlachtensee. Als Caroline kommt, nimmt sie die Kopfhörer ihres iPod aus den Ohren. Und lächelt.

Häftlinge in Guantanamo sollen mit Musik von Metallica, Eminem und Britney Spears gefoltert worden sein, das habe ich vor Kurzem im *Spiegel* gelesen. Ich würde mich freuen, wenn deren Lieder bei uns zu Hause liefen. Gerne auch in voller Lautstärke und Endlosschleife. Bei uns daheim tönt aus den Lautsprecherboxen tagein, tagaus die *Liederfibel zur Frühlings- und Sommerzeit*. Für mich ist das die schlimmste Form der Folter. Und ein Ende ist nicht absehbar. Dabei würde ich alles, wirklich alles gestehen, nur damit Mathilda nicht zum millionsten Mal die Play-Taste unserer Anlage drückt. Doch sie ist unerbittlich. Und ihre unbeholfenen Tanzbewegungen, ihre leuchtenden Augen lassen meine geistigen und körperlichen Qualen in den Hintergrund treten.

Hätte mir vor Mathildas Geburt einer gesagt, dass Musik tatsächlich wehtun kann – ich hätte ihm nicht geglaubt. »Wenn es unerträglich wird, dann schaltet man sie eben aus«, hätte ich erwidert. Aber da wusste ich noch nicht, was für einen starken Willen Kinder zu entwickeln in der Lage sind. Und wie schwach einen ihr bettelnder Blick machen kann. Verdammtes Kindchenschema! Verdammte Reiz-Reaktions-Mechanismen!

Ich hatte mir nichts Schlimmes gedacht, als ich die *Liederfibel* kurz nach Mathildas Geburt im Internet bestellte. »Du musst ihr viel vorsingen, damit sie mit deiner Stimme vertraut wird«, hatte meine Mutter gesagt. Es war der Moment, in dem mir auffiel, dass ich zwar mit der jüngeren Musikgeschichte gut vertraut war, aber kein einziges Kinderlied kannte – von *Alle meine Entchen* mal abgesehen. Das konnte, das durfte nicht sein. Wie würde ich denn vor meiner Familie oder vor meinen Freunden dastehen, wenn ich nicht mal in der Lage war, meinem eigenen Kind ein Lied vorzusingen? Ich wollte es mir nicht ausmalen.

Würde Muttersein als Stellenanzeige ausgeschrieben, wäre Vorsingen mit Sicherheit eine der Grundqualifikationen, gleich nach Windelwechseln, Stillen und Kinderwagenschieben. Man hat dieses romantisch-verklärte Bild einer singenden Mutter im Kopf, die ihr weinendes Kind mit einer sanften Melodie und ein paar warmen Worten in Rekordzeit zu beruhigen vermag. Sollte meine Tochter ewig schreien? Mir war eine Studie in Erinnerung, nach der Eltern ihren Kindern immer seltener vorlesen. Vermutlich verhielt es sich mit dem Vorsingen ähnlich. Und klar: Ich wollte keine dieser Kulturbanausenmütter sein.

Ich surfte eine Weile im Internet und las mich in die Beschreibungen zu den verschiedenen Kinder-CDs ein. Nachdem ich die Kundenrezensionen studiert hatte, fiel meine Wahl auf die *Liederfibel*. Die einzelnen Stücke seien liebevoll arrangiert und von Kindern eingesungen, war zu lesen. Damals war ich mit dem subtilen Frühwarnsystem noch nicht vertraut. Ich wusste noch nicht, dass man spätestens bei Wörtern wie »Kinderchor« oder »Dudelsack« hätte hellhörig werden müssen. Mag sein, dass der Dudelsack ein ehrenwertes Instrument ist – wenn er in den Weiten schottischer Landschaften von einsamen, Rock tragenden Männern gespielt wird. In den heimischen vier Wänden ist er eine Zumutung, die mit jedem Abspielen zunimmt.

Anfangs erschienen mir die Lieder noch harmlos. Mathilda war klein, ich spielte sie ihr gelegentlich vor und sang mit, so wie es meine Mutter mir geraten hatte. Mein Kind ließ den Gesang mit stoischem Gleichmut über sich ergehen – es gab weder Freude noch Ablehnung zu erkennen. Das änderte sich, als es ungefähr anderthalb war. Plötzlich fing Mathilda an, zu den Liedern in die Hände zu klatschen und durchs Wohnzimmer zu hopsen. Ich fragte meinen Freund Stefan um Rat, aber er war mit dem Verhalten völlig einverstanden – er macht sich aber auch nicht sonderlich viel aus Musik. Stefan vertritt den Standpunkt, dass alle Musiker dumm sind. So wie auch alle Schauspieler dumm sind. Musiker seien allerdings noch ein bisschen dümmer. Außer Bach. Bach sei ein Genie und habe die Musik persönlich von Gott erhalten.

Ich erinnere mich noch an den Nachmittag, als Stefan unserer einjährigen Tochter Johann Sebastian Bach erklärt hat. Erklären wollte. Ihr dann was vorgespielt hat. Vorspielen wollte. Mathilda ist aus dem Zimmer gerannt und hat geweint, und Stefan meinte nur: »Schau! Sie ist erschüttert von der Schönheit der Musik.«

Vor einigen Wochen waren wir auf einer Party, ein Freund von Stefan feierte seine bestandene Promotion in einer Bar. Um elf Uhr kam die Müdigkeit über uns, dummerweise hatten wir den Babysitter bis ein Uhr bezahlt, also waren wir plötzlich mitten in einem Gespräch, in dem einer der Gäste den Ton angab. Jaaaa – sein Sohn, der Konstantin, der sei ja noch keine vier, der könne aber trotzdem quasi schon zwanzig Beatles-Lieder mitsingen. Aber, Freunde, das ist ja längst noch nicht alles – neeee! – der kann auch unterscheiden, ob John singt oder Paul oder George. Die Lieblingsplatte vom Konstantin, die ist natürlich – schon ein Superbub – *Revolver*, ja was denn bitte schön sonst?! Nicht mehr lange, und der Konstantin würde in die

Welt von Radiohead und Oasis eingeführt. Der Mann schaute in die Runde, als erwarte er Beifall. Aber wofür? Wenn er erzählt hätte, sein Sohn sei schon ziemlich weit mit der Neuübersetzung des Alten Testaments und man könne bestimmt bald mit den Evangelien beginnen, allerdings nur in Altgriechisch, dann hätte ich mich vielleicht mal vorsichtig nach der Kita erkundigt – aber Beatles? Das scheint eh der kleinste gemeinsame Nenner aller Berliner Eltern zu sein. Egal, mit wem man sich unterhält: »Also große Erfolge haben wir ja mit den Beatles gefeiert!« Als ob das zum einen etwas über das musikalische Talent des Nachwuchses aussagen würde – und zum anderen noch mal unterstreichen würde, dass die Beatles halt diese komplett universelle Musik komponiert haben. Das sind übrigens immer die Momente, in denen ich davon überzeugt bin, dass Musik allgemein vollkommen überschätzt wird.

Einmal war ich bei einer Freundin, einer sogenannten »neuen Freundin«, einer, die man beim PEKiP kennengelernt hat. Meine Tochter war noch in der Kita, ihre war schon zu Hause, und wir saßen zu dritt im Wohnzimmer und im Hintergrund lief Kindermusik – aber irgendwie gut. Irgendwie interessant, irgendwie anders. Ich fragte, was das denn sei, und als ich nach Hause ging, kaufte ich vorher *Die schönsten Kinderlieder* von Heike Makatsch, zusammen eingespielt mit ihrem Freund Max Schröder. Heike singt ein bisschen wie Hildegard Knef – und Max arrangiert ein bisschen wie Arcade Fire. Musik zum Aushalten. Aber eben dann doch Kinderlieder – und zwar die Klassiker.

Ich kam heim, legte die CD in den Player, und während Heike Makatsch sang, erledigte ich das bisschen Haushalt und las noch Zeitung. Stefan kam mit Mathilda nach Hause, er hatte sie von der Kita abgeholt, die CD lief noch. Mathilda lief interessiert zur Stereoanlage. Es sah aus, als ob sie sehr konzentriert zuhören würde. Dann drehte sie sich um, sah uns an und sagte: »Nicht schön!«

Seit ein paar Tagen lesen wir Mathilda sehr viel vor.

Ein schöner Herbsttag, wir gehen noch ein paar Meter, ich erzähle von unserer Tochter, davon, dass sie mit einer Rassel am allerliebsten selbst Musik macht, und dazu den Kita-Hit »Alle Kinder machen Musik« singt. Den Hit kennt Caroline auch. Was sie denn gerade so auf dem iPod hört, frage ich sie zum Abschied. Sie sagt: »Ach, eigentlich nur noch Hörbücher. Zum Lesen komme ich auch nicht mehr.« Aber das, das ist dann wohl eine andere Geschichte.

Das Von-der-Leyen-Prinzip

Viel Zeit hat Anja natürlich nicht. Sie müsse spätestens in einer Stunde zurück in die Bibliothek, zurück zu ihren rechtswissenschaftlichen Büchern, zurück zur Vorbereitung auf ihr zweites Staatsexamen. Eigentlich könne sie sich dieses Gespräch gar nicht leisten, zeitmäßig, das sagt mir Anja am Telefon, denn sie müsse um vier Uhr ihre beiden Kinder aus der Kita abholen und ihr Mann, der auf das dritte, kleinste Kind aufpasse, der müsse dann auch noch abgelöst werden, schließlich müsse der in sein Architekturbüro, der Auftrag sei sehr wichtig. Anja ist 27 Jahre alt, verheiratet, drei Kinder – und in allem, was sie tut, in dem, wie sie lebt, erfolgreich. Sagt Anja. Und ich muss mich zwingen, sie nicht von Anfang an furchtbar unsympathisch zu finden, schon als ich auf dem Weg zu ihr nach Münster bin. Aber dann kommt alles ganz anders.

Wie ich als Kind war? Das ist die Frage, die ich mir in den vergangenen Jahren selber immer häufiger stelle, einfach um herauszufinden, wieso mich das Leben, das ich jetzt führe, und das ich ja auch immer haben wollte, eigentlich so glücklich macht. Und obwohl das ja ganz schwierig ist, sich im Rückblick selber objektiv zu bewerten, glaube ich schon, dass ich ein unglückliches Kind war. Ein trauriges Kind, auch das.

Es fehlte immer etwas, meine Kindheit scheint mir heute wie eine große Mangelverwahrstelle. Es fehlte mir an Liebe, an Zuspruch, aber auch an Freunden und an Heimat, denn ich zog mit meiner Familie oft um. Obwohl – Familie scheint mir immer mehr das falsche Wort zu sein, es gab halt meinen Vater und meine Mutter, und beide waren unglücklich miteinander, mit ihrem Leben und ich glaube, sie waren auch unglücklich mit mir. Es gibt da doch dieses Lied von Madonna, *Little Star*, über ihre Tochter. Darin singt Madonna: »Never forget where you come from – from love«; und das ist natürlich mit das Schönste, wo ein Kind herkommen kann – wenn es aus der Liebe kommt. Ich komme woandersher.

Zu irgendeiner Art von Liebe zog es mich immer hin, aber ich habe viel zu lange Liebe mit Aufmerksamkeit, mit Lob, mit Anerkennung verwechselt. Das begann damit, dass ich in der Schule natürlich immer die Beste sein wollte, egal in welchem Fach. Ich brachte nur gute Noten mit nach Hause, und meine Hoffnung war immer, dass das meine Eltern stolz macht. Dass ich sie damit etwas zufriedener machen kann. Aber die beiden steckten schon so tief drin in ihrem eigenen gemeinsamen Unglück, dass das nur sehr selten funktionierte.

Was bei mir gar nicht funktionierte, war das Finden von Freunden. Es klappte nicht, obwohl ich mich auch da bemühte. Ich war kurz in einem Handballverein, aber Mannschaftssport war nicht das Richtige für mich, abgesehen davon, dass ich auch überhaupt kein Talent hatte. Die anderen Mädchen in der Mannschaft mochten mich vom ersten Augenblick an nicht – Kinder spüren ja so etwas ganz genau.

Andere Mädchen haben mich eh nie sonderlich gemocht, wahrscheinlich hielten sie mich immer für eine Zicke – warum, das weiß ich allerdings auch nicht. Vielleicht habe ich etwas an mir, so eine Art Makel oder Kainsmal, jedenfalls gab es immer so eine Art Abgrund zwischen mir und anderen Mädchen. Und dieser Abgrund wurde tiefer und breiter in der Pubertät, denn zu allem Überfluss bin ich nicht gerade hässlich, und Jungs interessierten sich halt irgendwann für mich. Mehr für mich, als sie sich für die anderen interessierten. Das Problem war nur: Ich wollte mit alldem nichts zu tun haben, und zwar aus Angst. Ich glaube, man hat am meisten Angst vor den Dingen, nach denen man sich am meisten sehnt – und so sehr ich mich immer nach Liebe, Geborgenheit, Verständnis und Anerkennung gesehnt habe, so groß war auch meine Angst davor. Und diese Angst wurde mir dann immer als Arroganz ausgelegt, als Unnahbarkeit. Ist ja auch einfach, passt ja auch ins Bild: Die kluge, hübsche Anja ist sich zu fein für uns und für Jungs. Ein Teufelskreis, einer, aus dem man nicht rauskommt, aus dem es kein Entrinnen gibt. Das Resultat war eine Komplettablehnung – und zwar von beiden Seiten: Die anderen wollten mit mir nichts zu tun haben, ich wollte mit denen nichts zu tun haben.

Heute bin ich mir sicher, dass man nie wieder so stark und so tief leidet wie mit 15. Und ich bin mir auch sicher, dass dies der Zeitpunkt war, wo ich mir einen Weg da raus, eine Lösung erdacht habe: eine eigene Familie. Eben etwas, das nur mir gehört, das mich schon aus rein biologischen Gründen lieben und akzeptieren muss. Etwas, das immer für mich da ist. Etwas, für das ich immer da sein werde. Ich stellte es mir vor; und ich stellte es mir so vor: ein netter, lieber, kluger Mann, vier, fünf wunderbare Kinder, ein kleines Häuschen. Dazu noch ein Job, der meinen geistigen Fähigkeiten entspricht. Dieses Bild wurde mein Traum und meine Waffe – und zwar meine Waffe gegen all die Feindseligkeiten, unter denen ich litt. Irgendwann, war ich mir sicher, würde diese Waffe geladen sein und ich würde zielen – und alle anderen würde ich mitten ins Herz treffen mit meinem Traum, der sich erfüllen würde.

Und zwar so schnell wie möglich – ich wollte nicht warten, ich wollte nicht darauf warten, bis es passiert, ich wollte selber dafür sorgen. Ich machte ein sehr gutes Abitur, ging zum Studieren nach Münster – und während eines Auslandssemesters lernte ich dann Roland kennen, der zwölf Jahre älter war als ich. Wenn ich jetzt behaupten würde, ich erkannte in ihm sofort den Vater meiner Kinder, dann wäre das gelogen, aber ich erkannte in ihm sofort einen Mann, der mich versteht. Er wollte nicht mit mir ins Bett, er wollte mich kennenlernen, er wollte sich mit mir unterhalten und er wollte alles von mir wissen. Er interessierte sich für mich, ich interessierte mich für ihn – und ich musste 21 werden, um diese Erfahrung zu machen. Im Ausland wurden wir ein Paar; als wir zurückkamen, zog er nach Münster und begann hier, als Architekt zu arbeiten. Ein halbes Jahr nach unserem Kennenlernen wurde ich schwanger. Und was für andere Frauen ein großer, ein wichtiger Moment ist, war für mich nur eine Etappe auf der Reise zu meinem Glück. Die nächsten Etappen folgten.

Noch bevor Rosa geboren wurde, heirateten Roland und ich. Ganz schlicht, ganz leise, auf dem Standesamt. Ich wollte, dass er mein Mann wird, ich wollte keine Party, keine Geschenke, keine Kutsche. Er sah es Gott sei Dank genauso, außerdem hatten wir auch gar keine Zeit: Roland arbeitete viel, ich studierte viel, zudem mussten wir unsere Wohnung familientauglich gestalten, sie sollte perfekt sein, wenn unser Kind da sein würde. Rosa kam, die Wohnung war fertig, Roland und ich verheiratet – und alles funktionierte. Das klingt jetzt möglicherweise ein bisschen zu technisch, ein bisschen zu unromantisch, wenn ich »perfekt« sage und »funktionieren«. Aber es ist eben nicht unwichtig, wenn man wie ich diesen einen Plan verfolgt. Wenn der nicht scheitern darf. Und er scheiterte nicht. Rosa war zauberhaft, mir ging es gut, nach drei Monaten ging ich wieder an die Uni, denn wir fanden eine liebevolle Tagesmutter. Rolands Karriere ging voran – und trotzdem schaffte er es immer, zum Abendessen zu Hause zu sein. Es gab also keinen Grund, kein Hindernis, kein Argument gegen ein zweites Kind. Rosa war gerade ein halbes Jahr alt, da wurde ich wieder schwanger. Und so wie bei Rosa verlief auch diese Schwangerschaft ohne Komplikationen, fast pünktlich zum errechneten Termin kam unsere Tochter Lou zur Welt. Und unser Leben mit zwei Kindern wurde zwar etwas anstrengender, aber deutlich schöner. Ohne Zögern, ohne Zweifel nahmen wir das Projekt »Drittes Kind« in Angriff.

Oh je, ich weiß, das klingt alles schrecklich: Projekt drittes Kind. Aber wie soll ich es benennen? Ich verfolgte einen Plan, den Plan, der mich glücklich machen sollte. Den Plan, der die Geister der Vergangenheit endlich in eine große dunkle Kiste sperren würde, die dann für immer verschlossen bliebe. Und der Plan ging auf. Vor einem Jahr kam Josef zur Welt, jetzt haben wir drei wunderbare Kinder, ich stehe mit 27 Jahren kurz vor dem zweiten Staatsexamen. Roland hat sein eigenes Architekturbüro eröffnet und baut Häuser in ganz Europa. Wir leben in einem tollen Viertel, in einer 180-Quadratmeter-Wohnung – und es gibt nichts, wovor ich mich fürchte, nichts, wovor ich Angst hätte.

Vor allem aber gibt es auch nichts, wofür ich mich rechtfertigen muss, obwohl ich weiß, dass mit dem Leben, das ich führe, viele nicht zurechtkommen: Kommilitonen rümpfen die Nase; in der Kita denken manche, wir würden uns übernehmen; ich bin mir sicher, dass einige von Rolands Freunden Witze über uns machen und mich mit Ursula von der Leyen vergleichen. Aber ich glaube, dass hinter diesem Unverständnis vor allem auch die eigene Unfähigkeit steht, nämlich die Unfähigkeit, sich ein Bild von seinem Leben zu machen und dieses Bild auch fertig zu malen.

Ob mein Bild fertig ist? Nein, noch lange nicht. Ein, zwei Kinder hätte ich schon noch gerne, und dann irgendwann ein Haus, vielleicht auf dem Land. Für Roland hoffe ich, dass sein Büro weiterhin so gut läuft – und ich würde gerne als Richterin arbeiten. Und ich wüsste nicht, warum das alles nicht passieren sollte.

Nachdem wir uns verabschiedet haben, weiß ich plötzlich nicht, ob das nicht vielleicht die traurigste Geschichte ist, die ich von all den Mütter-Geschichten bisher gehört habe. Ich weiß nicht einmal, ob Anja überhaupt ihr Glück gefunden hat, oder ob all das nicht eher eine Flucht ist vor dem Unglück ihrer Kindheits- und Jugendtage. Soll ich Anja bedauern – auch wenn sie sagt, dass ihr Leben jetzt in Ordnung sei? Soll ich sie ein klein wenig verachten, weil sie natürlich alles, was sie jetzt ist, so wunderbar schlüssig begründen und erklären kann – was dann ja auch schon wieder zu perfekt erscheint? Oder soll ich vielleicht einfach mal mein jetziges Leben überprüfen, indem ich mir nicht die Frage stelle, wer ich bin, sondern wer ich war und welche Träume ich hatte? Ich werde drüber nachdenken.

Das Opfer

Ich bin auf dem Weg in eine Stadt, deren Namen ich nicht nennen kann. Ich treffe dort eine Frau, der ich den Namen Lara gebe. Lara ist nicht 31, aber für die Geschichte will sie es sein. Wo sie gearbeitet hat, den Namen ihres Kindes, ihres Mannes – all das darf ich nicht aufschreiben, sie möchte es nicht, und ich verstehe es. Denn Lara hat einen Fehler gemacht – einen riesengroßen Fehler, einen Fehler, der sie beinahe alles gekostet hätte: Sie hat ein Kind bekommen. Und ihren Job verloren. Und das ist ihre Geschichte.

Ich bin kein Einzelfall – vielleicht ist das ja das Schlimmste an dem, was mir passiert ist. Vor einigen Monaten las ich im *ZEITmagazin* die Geschichte einer erfolgreichen Managerin, die mit 47 schwanger und daraufhin gemobbt wurde. Als ich das las, dachte ich, es wäre meine eigene Geschichte. Die gleichen Muster, die gleichen Abläufe, das gleiche Ergebnis. Vor zwei Jahren noch hätte ich gedacht: eine unglaubliche Geschichte. Kann so nicht passieren. Nicht heute. Nicht hier. Aber vor zwei Jahren hatte ich auch ein anderes Leben. Ein falsches Leben.

Vor zwei Jahren war ich Abteilungsleiterin eines gut laufenden mittelständischen Unternehmens. Meine Arbeit stellte mich zufrieden, sie erfüllte mich mit Stolz, schließlich hatte ich es zu etwas gebracht, wie die Menschen da, wo ich herkomme, so sagen.

Ich war die Chefin von sechs Mitarbeitern, meine Zukunftsaussichten waren gut, das Gehalt üppig. Obwohl ich viel arbeitete, hatte ich ein funktionierendes Privatleben. Mein Mann ist Beamter, wir gingen ins Kino, ins Theater, trafen uns mit Freunden beim Italiener. Wir reisten viel, trieben Sport. »Heile Welt« wäre eine Untertreibung für den Ort, an dem ich lebte.

Denn wenn etwas heil ist, dann muss es auch das Gegenteil geben. Aber »kaputt« schien nichts zu sein.

Als ich schwanger wurde, freuten sich die Kollegen mit mir. Der Geschäftsführer war geradezu euphorisch. Jeder behandelte mich noch ein wenig zuvorkommender. Und als mein Bauch schon recht groß war, trugen mir die Kollegen in der Kantine das Tablett. Dabei wäre all das nicht nötig gewesen. Ich hatte eine Bilderbuchschwangerschaft, die üblichen Beschwerden kannte ich nur aus den Ratgeberbüchern, die ich in großer Zahl geschenkt bekam.

Zur Geburt unserer Tochter bekam ich einen großen Blumenstrauß von der Firma, auf der beigefügten Karte hatten alle unterschrieben. Zwei Tage später rief mich der Geschäftsführer an, um mir persönlich zu gratulieren. Wir sprachen auch bei dieser Gelegenheit nicht über meine Rückkehr.

Warum auch? Ich befand mich im gesetzlichen Mutterschutz. Sechs Monate nach der Geburt wollte ich wieder arbeiten gehen. Ab da hatte ich eine Tagesmutter, die mein Mann und ich mit Bedacht und Geduld ausgesucht hatten. Aber je näher dieser Tag kam, desto schwerer fiel es mir, mich auf ihn zu freuen. Irgendwas in mir weigerte sich zurückzukehren. Irgendwas in mir sagte, ich solle bei meinem Kind bleiben, das sei besser, wichtiger. Natürlich gab es in diesen sechs Monaten harte Phasen. Momente der vollkommenen Leere und Sinnlosigkeit. Vormittage, an denen mein Mann auf der Arbeit war, unsere Tochter schrie und ich nicht wusste, was ich tun sollte. Eine Art von Hilflosigkeit, wie ich sie davor noch nie erlebt hatte. Eine Lähmung, die allumfassend war, nicht nur die bestimmte Situation betraf, sondern auf eine gewisse Art die gesamte Existenz. Leider lernte ich bald darauf eine andere Art der Hilflosigkeit kennen. Aber da kannte ich wenigstens den Feind.

Der Feind gab sich zu erkennen, als ich an einem Tag während meiner Elternzeit in die Firma fuhr. Ich nahm meine Tochter mit, ich wollte sie den Kollegen zeigen. Gleichzeitig wollte ich natürlich auch schauen, was in der Zwischenzeit passiert war und was mich möglicherweise nach meiner Rückkehr erwartete. Aber es war, als würde ich in eine andere Firma kommen, eine Firma in einer Art Paralleluniversum: Alles war vertraut, alles war so, wie ich es verlassen hatte, und doch schien alles komplett anders. Die Kollegen wirkten auf mich kühl, distanziert. Meine Anwesenheit schien sie zu stören, es schien irgendwas ins Ungleichgewicht zu bringen. Mütter – heißt es ja – haben so ein komisches Gespür. Und das hatte ich auch, als ich sah, wie die Kollegen auf mein Kind reagierten: bemüht. Ohne Wärme. Als ich wieder nach Hause fuhr, war ich völlig durcheinander.

Meinem Mann erzählte ich nichts davon. Tatsächlich suchte ich den Fehler bei mir, redete mir ein, dass ich die Dinge ein wenig zu sensibel betrachten würde.

Ungefähr einen Monat vor meiner Rückkehr hatte ich einen Termin mit dem Geschäftsführer. Ich wurde für ein Uhr einbestellt, ich ging davon aus, dass es sich um ein Lunch handeln würde, bei dem es um die nahe Zukunft der Firma geht. Ich dachte, er wolle mich auf den Stand der Dinge bringen. Das tat er auch. Nur anders. Ich saß in seinem Büro, er blätterte in einer Akte, er wirkte auf mich ein wenig fahrig, unsicher. Dann sagte er: »Wir haben entschieden, Sie bei Ihrer Rückkehr in eine andere Abteilung zu versetzen. In die Buchhaltung. Wo es etwas ruhiger ist, was Ihrer derzeitigen Lebenssituation bestimmt entgegenkommt. Wir glauben, dass das besser ist. Für alle Beteiligten.« Es kann sein, dass er es anders formulierte. Freundlicher. Geschickter. Aber so ist es in meiner Erinnerung gespeichert. Als Schlag ins Gesicht. Was davon tatsächlich gut gemeint war und was in böser Absicht geschah, lässt sich schwer bestimmen. Wo das eine aufhört und das andere beginnt, ist wohl eine Frage des Standpunktes.

Ich nahm es hin. Was sollte ich auch tun? Versetzungen innerhalb der Firma sind nichts Ungewöhnliches. Als ich am Abend meinem Mann von dem Gespräch erzählte, da versuchte er, dem Ganzen etwas Positives abzugewinnen. »Sieh es doch mal so: Sie wollen dir entgegenkommen, dich entlasten. Weniger Arbeit, weniger Druck. Also ich finde das anständig.« Und so, wie er es sagte, klang es fast vernünftig.

Ich fing also wieder an zu arbeiten. Oder anders: Ich versuchte, wieder zu arbeiten, aber es gelang mir nicht. Ich stellte mir vor, dass ich lediglich aus einem etwas längeren Urlaub zurückgekommen war. Doch ich wurde das Gefühl nicht los, dass es für meine Kollegen eher so war, dass ich eine schwere Krankheit hatte, die immer noch nicht auskuriert war. Ich wurde im Prinzip von allem ferngehalten: Sitzungen fanden ohne mich statt, in Entscheidungsprozesse wurde ich nicht eingebunden. Ich war da, anwesend, aber niemanden interessierte es. Mag sein, dass manche Rücksicht nehmen wollten – nur worauf? Ich arbeitete in einem Zustand permanenter Unterforderung. Genau genommen hatte ich überhaupt nichts zu tun. Tag für Tag kam ich lustloser zur Arbeit.

Und ich ging lustloser nach Hause. Schlecht gelaunt. Es gelang mir nicht, diese schlechte Laune an der Wohnungstür abzustreifen. Ich schleppte sie mit rein, zu meinem Kind, zu meinem Mann. Ich wurde zu einer Belastung. Ich war keine gute Mutter. Ich war keine gute Ehefrau – und ich war auch keine gute Arbeitnehmerin mehr.

Nach zwei Monaten musste ich zum Personalchef. Er sagte mir relativ unverblümt, dass »man« mit meiner Arbeit im Moment nicht sehr zufrieden sei. Wer sich hinter dem »man« verbarg, erfuhr ich nicht. Er fragte, ob ich »familiäre Probleme« hätte – die ich ja auch durchaus hatte. Aber wie sollte ich ihm erklären, dass es sich um einen klassischen Teufelskreis handelte? Ich verneinte, sagte ihm, dass zu Hause alles in Ordnung sei. »Trotzdem«, sagte er darauf, »wir glauben, dass es zum Wohle aller wäre, wenn Sie stundenmäßig etwas kürzertreten. Wir können Ihnen unter den gegebenen Umständen eine Halbtagsstelle anbieten.«

Halbtagsstelle. Allein dieses Wort. Klingt fast wie Haltestelle. Und so kam ich mir auch vor: wie jemand, der auf einen Bus wartet, der nicht kommt. Ich nahm das sogenannte Angebot an. Ich spürte, dass die einzige Alternative die sofortige Kündigung war. Meine Laune wurde schlechter. Zu Hause ließ ich meinen Mann nicht mehr an mich ran. Ich kapselte mich ab. Ich fühlte mich minderwertig. Wie eine Versagerin. Obwohl mein Mann mir nur helfen wollte, nervte er mich mit seiner Art des Gutzuredens. Unbewusst, ohne dass ich das je gewollt hätte, gab ich meinem Kind die Schuld für das, was gerade passierte. Und dass ich das tat, erzeugte in mir ein Gefühl des Selbstekels.

Aber ich will kein Mitleid. Ich möchte nicht die Rolle der armen gebeutelten Frau spielen, die nicht ahnte, was auf sie zukommt, wenn sie Mutter wird. Ich kann die Geschichte auch abkürzen: In einem Moment der Selbsterkenntnis ging ich zum Arzt, denn ich merkte, wie sich die Situation langsam auf meine Gesundheit auswirkte. Der Arzt sah, was los war, ich erzählte ihm die ganze Geschichte, er überwies mich zu einem Therapeuten. Und es tat gut. Es half. Ich begann, Entschlüsse zu fassen.

Ich kündigte meinen Job. Es war mir egal, ob ich damit »verloren« hatte, ob ich ihnen damit genau das gegeben hatte, was sie wollten. Ich entschied mich dagegen, mir einen Anwalt zu nehmen, vors Arbeitsgericht zu ziehen. Ich wollte es hinter mir lassen, so gut und so schnell es ging.

Ich suchte mir eine neue Rolle, die ich gestalten und ausfüllen konnte: die Rolle einer Mutter, einer Hausfrau.

Ob ich damit glücklich bin? Ja. Bin ich. Heute geht es mir gut, abgesehen von den Momenten, in denen ich mich an die Demütigungen erinnere, die mir von einer Welt zugefügt wurden, von der ich immer dachte, dass es sie nicht gibt. Das ist vielleicht der einzige Fehler, den ich gemacht habe.

Kein Mitleid. Das sagt mir Lara immer wieder während unseres Gesprächs. Als ich wieder zu Hause bin, lese ich die Geschichte im »ZEITmagazin«. Sie ist im Februar 2009 erschienen und von Barbara Nolte aufgeschrieben. Ähnliche Mechanismen – fast so, als ob mit erfolgreichen Frauen, die Kinder kriegen, nur auf eine Art und Weise umgegangen werden kann. In der Reportage geht es um eine 47-jährige Managerin, die nach ihrer Rückkehr aus der Elternzeit Stück für Stück degradiert wird. Barbara Nolte schreibt: »Im vergangenen halben Jahr hat sie ihren Sitz im Management verloren, ihren Titel General Counsel: Chefsyndikus, ihre Sekretärin, den Manager-Parkplatz und fast ihre gesamte tägliche Arbeit. Immer wenn sie glaubt, das muss es gewesen sein, ihr ist nichts mehr zu nehmen, passiert das Nächste.« Das Gespräch mit Lara, das Lesen des Textes, Kleinigkeiten, die ich selbst gehört habe – all das lässt eine diffuse Wut in mir hochkommen. Eine Ahnung von Ausgeliefertsein.

Vielleicht ist all das eine Form von Abhängigkeit, in der sich Mütter im Jahre 2010 noch immer befinden – auch eine Abhängigkeit von Rollenmustern. Die Autorin des »ZEITmagazins« hat für ihren Text mit einer Expertin gesprochen. »Bei erfolgreichen Frauen ist die Arbeitsrolle doch die viel bestimmendere als die Mutterrolle«, sagt die Münchner Professorin Barbara Vinken, die den deutschen Muttermythos untersucht hat. Mit ihrer Arbeit hätten sich die Frauen über die Jahre selbst entworfen – sie kommen nicht ohne sie aus. Deshalb ist es heute fatal, wenn eine Mutter aus dem Job gedrängt wird: »Dann führt der Glücksfall, der jede Geburt ist, letztlich zur Zerstörung ihrer Existenz: nicht unbedingt finanziell, aber psychisch.« Der Text zitiert auch eine Umfrage der Bundesanstalt für Arbeit: »Darin bezeichneten sich ein Sechstel der Frauen nach drei Jahren Elternzeit als arbeitssuchend, die zuvor Arbeit hatten. Dabei ist eine Kündigung in der Zwischenzeit eigentlich verboten.«

Mein Buch hat den Untertitel »Die neue Lust am Mutter-sein«. Es sind solche Geschichten, die diese Aussage wie Hohn erscheinen lassen.

Guter Rat ist ... billig!

Mein Physiklehrer war ein sehr sympathischer Mann und sein Lieblingsspruch lautete: »Man muss nicht alles wissen – man muss nur wissen, wo es steht.« Dieser Satz könnte auch von Katja stammen. Sie ist dreißig, Versicherungsmaklerin, Mutter einer zweijährigen Tochter. Wie viele jungen Mütter war auch sie anfangs unsicher im Umgang mit ihrem Nachwuchs. Man kann es ihr nicht verübeln. Woher soll man wissen, wie man ein Kind wettergerecht kleidet, altersgerecht ernährt und entwicklungsgerecht fördert? Wer kann sich schon daran erinnern, wie das in der eigenen Kindheit war? Vermutlich keiner. Falls doch, wäre demjenigen ein TV-Auftritt bei »The next Uri Geller« sicher. Ich treffe Katja nicht im Fernsehstudio, sondern in ihrer Wohnung in Berlin-Friedrichshain. Wir sitzen erst gemeinsam in der Küche und trinken Tee. Dann gehen wir hinüber ins Arbeitszimmer und bleiben vor dem Bücherregal stehen. Es geht bis hoch an die Decke, die Bücherrücken stehen dicht an dicht. Nur ganz unten sind zwei Fächer frei. Bis vor Kurzem waren sie noch voll. Voll mit Ratgebern zum Thema Kind.

Was mich dieser ganze Wahnsinn gekostet hat, kann ich gar nicht sagen. Ich möchte es auch gar nicht wissen. Wenn ich heute darüber nachdenke, wie viel Geld, Zeit und Nerven ich in diese ganze Ratgeberliteratur investiert habe, dann komme ich mir manchmal ziemlich dumm und bescheuert vor. Und dabei sollten all die Bücher doch genau das Gegenteil bewirken. Die Sucht schlich sich unmerklich in mein Leben, kurz nachdem ich von meiner Schwangerschaft erfahren hatte. »Herzlichen Glückwunsch«, sagte meine Ärztin und drückte mir beim Verlassen des Untersuchungsraumes eine Tüte mit allerlei Produktproben und Broschüren in die Hand. »Hurra, ich werde Mama!«, stand auf der Tüte drauf, und es muss wohl am Zustand hormoneller Umnachtung gelegen haben, dass ich mit diesem Teil tatsächlich die Straße betrat.

Zu Hause angekommen, kippte ich den Inhalt auf mein Bett. Die kleinen Fläschchen mit dem Öl gegen Schwangerschaftsstreifen und dem Saft mit extra Eisenzusatz packte ich beiseite, nur um gleich interessiert in den Broschüren zu blättern. Sie trugen Titel wie *Schwangerschaft Woche für Woche* oder *Alles, was Sie über die Geburt wissen müssen*. Wenn ich mich richtig erinnere, dauerte es knapp eine halbe Stunde, bis ich sie durchgelesen hatte. Bei Heftchen von wenigen Dutzend Seitenumfang liegt das in der Natur der Sache. Und obwohl ich mich nach der Lektüre eigentlich schlauer hätte fühlen müssen, traf genau das Gegenteil zu: Es blieben mehr Fragen offen, als beantwortet wurden. Und ich erlag dem Irrglauben, mich sicherer zu fühlen, wenn ich über die Vorgänge in meinem Körper bestens Bescheid wüsste. Als ob mich allein das Wissen darum von jeder weiteren Eigenverantwortung entbinden würde.

Also rief ich Sascha an und fragte ihn, ob er nicht eher von der Arbeit nach Hause kommen könnte. Damit wir gemeinsam in eine Buchhandlung gehen und uns mit Literatur eindecken könnten. »Muss das denn unbedingt heute sein?«, fragte er. »Wir haben doch noch 35 Wochen Zeit.« Ich war empört. So unsensibel und kalt kann nur ein Mann reagieren, dachte ich. Ich nörgelte ungefähr fünf Minuten am Telefon. Dabei fiel unter anderem der K.-o.-Satz »Einer Schwangeren kann man doch keinen Wunsch verwehren«. Sascha erklärte sich widerwillig einverstanden. Ich sollte ihn von der Arbeit abholen. Gleich um die Ecke sei doch die nette kleine Buchhandlung, in der er auch sonst so gerne Bücher kaufe.

Um 17 Uhr wartete ich vor seinem Büro. Die Zeit bis dahin hatte ich auf einschlägigen Internetseiten verbracht, auf Portalen wie *Eltern*, *Babycenter* oder *Schwangerundkind*. Ich wusste bereits, dass das Gehirn unseres Kindes derzeit etwa hunderttausend neue Nervenzellen pro Minute bildete, dass es etwa zwei Zentimer groß war, Hände und Füße besaß. Ich hatte Begriffe gelernt, die ich in meinem Leben noch nie gehört hatte und die ich ganz sicher nicht dem menschlichen Körper zugeordnet hätte. Welcher biologisch unterdurchschnittlich interessierte Mensch weiß schon, dass sich das Neuralrohr im Gehirn befindet und nicht unterm Waschbecken. Oder dass es sich bei einer Blastozyste um das spätere Menschenkind handelt und nicht um ein krebsartiges Geschwür. Doch statt mich zu fragen, was mir dieses Wissen überhaupt nutzt, nahm ich nur schnell Sascha bei der Hand und zerrte ihn hinter mir her. »Wo willst du denn überhaupt hin?«, fragte er mich, als ich Richtung U-Bahnhaltestelle lief und nicht, wie er es erwartet hatte, um die Ecke zu dem kleinen Buchladen. »Wir müssen zu Dussmann, dort ist die Auswahl viel größer«, antwortete ich. Mit einem entschlossenen Gesichtsausdruck stellte ich klar, dass ich keinen Widerspruch duldete. Sascha ergab sich in sein Schicksal.

Wir standen also in der entsprechenden Abteilung vor dem entsprechenden Regal. Es war mehrere Meter breit und bis unter die Decke mit Ratgebern zu verschiedenen Aspekten gefüllt: Babynamen, Schwangerschaft und Geburt, Rückbildungsgymnastik, Stillen, Kinderkrankheiten, Entwicklung des Kindes, Erziehungsfragen, Kinderernährung, Babygymnastik. Für jedes noch so kleine Problem fand sich ein Buch. Wir zogen verschiedene Werke aus dem Regal und blätterten sie durch. Befanden sie hier zu undetailliert und da zu wenig bebildert. Schließlich begaben wir uns mit acht Büchern an die Kasse. Die Kassiererin, eine Dame Ende vierzig, blickte uns amüsiert an: »Na hoffentlich schaffen Sie es, die alle zu lesen, bis das Kind auf der Welt ist.« Ich fand den Spruch nicht annähernd so witzig wie sie und lächelte noch nicht mal aus Höflichkeit. Sie bemerkte es und legte mir schnell den Kreditkartenbeleg zum

Unterschreiben hin. Ich verspürte ein erhebendes Gefühl, als wir den Laden mit zwei schweren Tüten verließen.

Nachdem wir zu Hause angekommen waren, setzte ich mich gleich aufs Sofa und fing an zu lesen. Ich las den ganzen Abend. Auf dem Sofa, im Bad, im Bett. Nach dem Aufwachen und auf dem Weg zur Arbeit. In der Mittagspause saßen die Kollegen beieinander und unterhielten sich. Ich nahm mit einem Buch ein paar Stühle entfernt Platz und verschlang Seite für Seite. Es dauerte zwar noch mehrere Monate, bis mein Kind auf der Welt sein würde, aber in der Literatur war ich um einiges weiter und hatte schon *Babys erstes Jahr*, *Jedes Kind kann schlafen lernen* und *300 Fragen zur Erziehung* hinter mir. Ich hatte das Gefühl, jetzt schon möglichst viele Informationen auf meine Festplatte laden zu müssen, um sie später in den entsprechenden Situationen abrufbereit zu haben. Wer weiß, ob ich dann noch dazu käme, all das nachzulesen. Der ersten großen Fuhre an Büchern folgte bald eine zweite und dritte. Das Lesen der Ratgeber wurde regelrecht zur Sucht. Und zum Selbstzweck. Mit jedem abgeschlossenen Buch glaubte ich, besser auf meine Rolle als Mutter vorbereitet zu sein. Jeder neue Ratgeber war eine Art Versicherung, dass ich alles richtig machen würde.

Meine Umgebung nahm meinen Lesewahn amüsiert bis verwundert zur Kenntnis. Meine Mutter drehte sich während eines Besuches wortlos auf dem Absatz zum Schlafzimmer um, als sie den riesigen Bücherstapel auf meinem Nachttisch sah. Mir war's egal, dass mich meine Mitmenschen gelegentlich für verschroben hielten. Ein Freund witzelte bei einem Treffen in einem Café: »Gibt es auch Ratgeber zum richtigen Einfädeln von Schnürsenkeln in Kinderschuhen?« Ich hielt ihn für einen dummen Ignoranten und antwortete, er solle besser abwarten, bis er eines Tages Nachwuchs haben würde. Und auch im Geburtsvorbereitungskurs vier Wochen vor dem errechneten Termin fühlte ich mich überlegen. Es war einer dieser Wochenendkurse für Paare, bei denen man an zwei Tagen lernen sollte, richtig zu hecheln und im entscheidenden Moment zu pressen. Neben Sascha und mir saßen noch sieben weitere Paare auf roten Sportmatten. Sie hielten Tassen mit ayurvedischem Tee in der Hand, knabberten Amarant-Gebäck und stellten zu Beginn des Kurses Fragen, die selbst die Hebamme zum Teil nur unzureichend beantworten konnte. Aber weil ich mich nicht als Klugscheißerin hervorheben wollte, behielt ich mein Wissen für mich. Und bedauerte die Kinder dieser Eltern, die mir so unvorbereitet auf ihre Aufgabe schienen.

Was mir mein ganzes Wissen in der Praxis nützte, merkte ich erst nach der Geburt von Maria: nichts. Wenn sie schrie, wusste ich, dass es an Choliken oder dem Einschießen der Zähne liegen könnte. Und trotzdem schrie sie. Als sie eines Tages merkwürdig verdreht wie ein Bogen in ihrem Bettchen lag, da ahnte ich, dass sie sich bald auf den Bauch drehen würde, befürchtete aber, dass es vielleicht doch eine Blockade in der Halswirbelsäule sein könnte und ging zum Arzt. Und als ich anfing, Brei zu füttern, stellte ich mich an wie der erste Mensch und nervte meine Hebamme mit täglichen Anrufen. Obwohl ich doch wusste, dass man schrittweise jede Milchmahlzeit durch feste Nahrung ersetzen sollte. Der einzige Verunsicherungsfaktor in meinen Augen war Maria. Sie hielt sich nicht an die in den Büchern prophezeiten Aktions-Reaktions-Schemen. In schwachen Momenten dachte ich sogar, sie macht es absichtlich. Um mich aufzuziehen. Aber das war natürlich Quatsch.

Welch absurde Züge mein Verhalten mittlerweile angenommen hatte, bemerkte ich erst bei einem Arztbesuch. Maria erwachte eines Morgens mit Fieber, das ich – wie mir per Ratgeber befohlen – mit kalten Wadenwickeln zu senken versuchte. Als es drei Stunden später immer noch nicht gesunken war, zog ich sie an und brachte sie zum Arzt. Der Doktor besah sich Maria, horchte sie mit dem Stethoskop ab und kitzelte sie an den Füßen, woraufhin sie lächelte. »Ihrem Kind fehlt nichts«, sagte der Arzt, »es hat halt nur etwas erhöhte Temperatur.« Aber das sei doch ein Indiz für einen Infekt, konterte ich, so stehe es doch in den Büchern. Und wenn es schon nicht stimme, was in meinen Ratgebern daheim stehe, ob er mir dann nicht ein anderes, ein besseres Buch empfehlen könne. Oder eine Internetseite. Oder eine Hotline-Nummer. Der Arzt blickte mich entgeistert an. »Verlassen Sie sich künftig einfach auf Ihr Bauchgefühl«, sagte er. »Und wenn das nicht hilft: Fragen Sie ihre Mutter, die hat Sie doch schließlich auch groß bekommen.« Dann sagte er noch, dass ein Kind kein Auto sei, bei dem man in einer Bedienungsanleitung nachschlage, sobald irgendetwas nicht funktioniere. Dann schob er mich freundlich, aber bestimmt aus dem Behandlungszimmer.

Auf dem Weg nach Hause ließ ich seine Worte sacken. Im Grunde war mir klar, dass er recht hatte. Ich musste an meine eigenen Eltern denken, die bei Weitem nicht so viel Literatur zur Verfügung hatten, als ich klein war. Sie habe sich immer an die Tipps und Ratschläge meiner Oma gehalten, hatte mir meine Mutter mal erklärt, um mich vom Kauf des x-ten Buches abzuhalten.

Als ich zu Hause ankam, sortierte ich sämtliche Ratgeber in einen Karton, den ich in den Keller brachte. Komplett trennen wollte ich mich von den Büchern nicht, aber ich wollte sie wenigstens aus meiner Wohnung verbannen. Wer weiß, ob ich nicht doch noch mal etwas nachschlagen wollen würde. Das wichtigste Buch, so mein Fazit an diesem Tag, musste offenbar erst noch geschrieben werden: wie man sich seine Gelassenheit bewahrt, trotz der ganzen Ratgeber – oder gerade deswegen.

Kurz bevor ich mich von Katja verabschieden will, fragt sie mich, ob wir gemeinsam in den Keller gehen wollen, sie könnte mir die Kiste mal zeigen. Ich lehne dankend ab. Ich will nicht ebenfalls süchtig werden. Die Gefahr ist zu groß, wenn ich erst einmal angefangen habe, in den Büchern zu blättern. Ich weiß es aus eigener Erfahrung.

Das Leben danach

Tanja lebt hier nicht mehr. Sie ist weggezogen, weg aus Berlin, zurück zu ihren Eltern in die ostwestfälische Provinz. Weil es nicht mehr anders ging, weil es keinen anderen Weg gab. Sie, Tanja, war glücklich in Berlin, dann wurde sie schwanger und unglücklich, denn der Vater wollte nicht: weder Tanja, noch das Kind und schon gar kein gemeinsames Leben. Jetzt ist Tanja, 29, wieder an dem Ort, von dem sie dachte, sie hätte ihn vor über zehn Jahren für immer verlassen. Dort treffe ich sie. Wir machen einen Herbstspaziergang. Durch eine Moorlandschaft in der Nähe der Kleinstadt Espelkamp. Es ist nass, kalt, ungemütlich.

Wann es schiefgelaufen ist? Das weiß ich auch nicht so genau, und manchmal weiß ich nicht einmal, ob es tatsächlich schiefgelaufen ist, oder ob es nicht doch richtig ist, wie alles gekommen ist. Und ich meine jetzt nicht, dass ich mir etwas schönrede, um damit leben zu können. Ich meine, das alles hätte auch in einer Katastrophe enden können.

Ich wollte immer raus hier, weg von diesem Kaff, von meinen Eltern, von dem Einfamilienhaus, das immer noch nicht abbezahlt ist.

Ich wollte weg von den Familienfeiern, den freundlichen Nachbarn und von diesen Jungs, die sich bei der Freiwilligen Feuerwehr oder in ihrem Fußballverein betrinken, um dann nachts auf der Wiese Kühe umzuschmeißen. Wenn sie genug Kühe umgeworfen hatten, dann klopften sie manchmal an mein Fenster, betrunken standen sie dann im Vorgarten, manchmal wollten sie knutschen und manchmal waren sie auch dazu nicht mehr in der Lage, sondern schliefen im Rosenbeet ein. Für ein 16-jähriges Mädchen kann das natürlich auch ein Kompliment sein – für mich waren es damals aber nur Schubser, die mich Stück für Stück von hier wegtrieben.

Zuerst nach Bielefeld und nach Hannover, zum Ausgehen, in richtige Clubs, wo jung sein besser aussah als ins Espelkamp. Mit einer älteren Freundin, die einen Führerschein hatte, bin ich an den Wochenenden dorthin gefahren. Wir haben gefeiert, getrunken, Drogen genommen. Und ich schlief mit Männern, die mich auf einen Drink einluden, mir zuhörten und mir sagten, wie hübsch ich sei. Aber als ich dann mein Abitur gemacht hatte, reichte mir auch das nicht mehr, Bielefeld, Hannover, BWL-Studenten. Ich ging nach Berlin, schrieb mich an der Uni ein, Germanistik und Philosophie, Schnullifächer halt. Geld bekam ich von meinen Eltern, es reichte für ein kleines Zimmer, für Klamotten und für das Nachtleben, in das ich eintauchte, wie ein Verdurstender in einen klaren, kalten Bergbach.

Ich war 19 Jahre alt und führte das Leben, das ich immer haben wollte und das bis zu diesem Zeitpunkt unmöglich schien. In die Uni ging ich eher weniger, dafür schlief ich länger und die Nächte gehörten mir. Und in diesen Nächten gab es Drogen und Männer und das Glück. Und dieses Glück kam auch einmal am Tag vorbei. Ich ging die Straße entlang, wollte mir einen Kaffee holen, da sprach mich eine Frau an und fragte, ob ich nicht Lust hätte, als Model zu arbeiten. Sie gab mir ihre Karte, eine seriöse Agentur, ein Fotograf machte von mir Bilder, ich bekam eine Sedcard und wurde für Kataloge und Videos gebucht. Ich verdiente Geld, ich zog in eine größere Wohnung und irgendwann schmiss ich die Uni, was mir herzlich wenig ausmachte. Ich war jung, lebte in Berlin, arbeitete als Model, kam in jeden Club und kriegte alle Drogen und Männer, die ich wollte.

Mit meinen Eltern zerstritt ich mich, als ich ihnen sagte, dass ich nicht mehr studiere, dass ich darin keinen Sinn sehen würde. Ich bekam kein Geld mehr von ihnen und sie machten mir klar, dass ich doch bitte zur Besinnung kommen solle. Ich fragte mich nur, warum, denn alles lief rund, alles lief glatt. Für mich war das ein Aufstieg, eine Karriere, ein steiler Weg nach oben. Raus aus dem Provinztal der Tränen. Ich war 21 Jahre alt und nichts auf der Welt konnte mir etwas anhaben.

Mein altes Leben hatte ich aus eigener Kraft hinter mir gelassen – und mein neues Leben sah aus wie ich: fantastisch. Ich lebte in einer Dachgeschosswohnung in Prenzlauer Berg, ich musste nicht mehr bei H&M einkaufen, Geld verdiente ich damit, mich fotografieren zu lassen, ich kannte Clubbetreiber, Designer, Werber. Wenn man so will, dann lebte ich den westdeutschen Provinzmädchentraum. Aber Westdeutschland, die Provinz und das Mädchen – all das gab es nun nicht mehr. Dummerweise gab es aber auch keine Träume mehr, alles war hier und jetzt und sofort. Ich spürte keine Sehnsucht nach irgendwas, ich hoffte auf nichts. Dann wurde ich schwanger.

Heute weiß ich nicht, wann und wo es passiert ist. Das ist, was ich weiß: Ich hatte in dieser Zeit, in der es passiert sein muss, eine Affäre mit einem Barkeeper, ein Bild von einem Mann! Groß, dunkel, charmant. Eine Nachtlebenbekanntschaft, jemand, mit dem man sich morgens um vier prächtig auf der Toilette amüsieren kann. Manchmal nahm ich ihn mit zu mir, manchmal ging ich mit zu ihm. Ehrlich gesagt, hatten wir tagsüber nicht wirklich etwas miteinander zu tun – sexuell war er aber der einzige Mann, mit dem ich in dieser Zeit etwas hatte. Kondome benutzten wir nicht, Kondome sind auch im Berliner Nachtleben nicht unbedingt überrepräsentiert, aber immerhin nahm ich die Pille, und ich dachte, dass das mein Sicherheitsbedürfnis ausreichend befriedigt.

Vielleicht ging ich auch deshalb erst zum Frauenarzt, als ich bereits am Ende des dritten Monats war. Ich hatte es einfach nicht bemerkt, und natürlich lebte ich in diesen drei Monaten mein Leben weiter wie bisher. Nachdem ich also erfahren hatte, dass ich schwanger war, brach ich auf der Straße vor der Praxis heulend zusammen. Dann ging ich heulend in meine Wohnung, legte mich heulend ins Bett und wachte irgendwann heulend wieder auf. Aber während ich schlief, muss etwas passiert sein, von dem ich nicht sagen kann, was es genau war. Jedenfalls war mir eines klar, als ich aufwachte: Ich werde dieses Kind bekommen. Das stand fest. Das musste ich nicht diskutieren, mit niemandem, nicht einmal mit mir. Es war ausgemacht, es war wie ein Deal, den ich unbewusst mit dem kleinen Geschöpf in meinem Bauch schloss. Und dieser Deal fühlte sich gut und richtig an.

Allerdings nur für mich. Ich rief den Vater an und bat ihn, mich am Abend zu treffen. Er musste arbeiten, wir verabredeten uns in einer kleinen Bar in der Nähe des Clubs. Als ich ihm sagte, dass ich schwanger sei, stand er auf, nahm seine Jacke und sagte: »Um das Problem kannst du dich mal schön alleine kümmern.« Dann ging er. Seinen Satz höre ich heute noch, vier Jahre danach, laut und deutlich. So als sei es kein Satz, sondern das schlimmste Geräusch der Welt. Um das Problem kannst du dich mal schön alleine kümmern.

Und das war nicht nur ein Satz. Es war ein Fluch, eine Prophezeiung. Und diese Prophezeiung erfüllte sich von dem Moment an, an dem er sie ausgesprochen hatte. Nachdem er aus der Bar verschwunden war, war ich tatsächlich allein.

Als ich zwei Tage später in meiner Agentur war, sagte man mir, dass man mich dann ja aus der Kartei rausnehmen könne, Schwangere und Mütter würden sie nicht vermitteln. Sie würden mir aber für mein weiteres Leben alles Gute wünschen. Von diesem Tag an war ich ein schwangeres Ex-Model, und ein schwangeres Ex-Model bekommt nicht nur keine Jobs mehr, es bekommt überhaupt nichts mehr: keine Anrufe, keine Einladungen. Es war, als würde es mich nicht mehr geben. Beim nächsten Termin bei meinem Frauenarzt wurde ein Ultraschall gemacht von dem kleinen Geschöpf in meinem Bauch, und dann sagte der Arzt: »Schauen Sie mal! Das ist der Piephahn! Sie bekommen einen Jungen!« Ich weinte wieder, diesmal allerdings vor Freude, vor Glück.

Ich wollte dieses Glück mit jemandem teilen, mit den Ultraschallbildern ging ich in den Club, ich wollte dem Vater sein Kind zeigen, in der irren Hoffnung, es würde etwas ändern. Als ich an der Bar vor ihm stand, sagte er: »Na? Problem gelöst?« Ich drehte mich um und ging, und das war das letzte Mal, dass ich ihn gesehen habe.

In den nächsten Tagen versuchte ich mir eine Vorstellung davon zu machen, wie mein Leben weitergehen könnte. Zurück an die Uni? Geld verdienen? Aber wie? Die Wohnung würde ich mir nicht mehr leisten können – könnte ich mich und das Kind überhaupt ernähren? Wer würde bei mir sein? Wer würde mich unterstützen? Könnte ich es nicht vielleicht auch alleine schaffen? Nach einer Woche stieg ich in den Zug.

Als meine Mutter die Tür öffnete, nahm sie mich sofort in die Arme und schon wieder fing ich an zu heulen. Sie führte mich ins Wohnzimmer, ich setzte mich auf die Couch, sie ging in die Küche und kam mit Tee zurück. Bis dahin hatte sie kein Wort gesagt, dann sagte sie: »Du bist also schwanger«, und dabei lächelte sie, wie ich sie noch nie habe lächeln sehen oder habe sehen wollen – das Lächeln einer Mutter. Und dann erzählte ich ihr die ganze Geschichte, ich ließ nichts aus, auch nicht die Drogen, ich redete zwei Stunden, und als ich fertig war, fragte ich: »Kann ich bei euch bleiben?« Und meine Mutter sagte: »Ja.«

Als an diesem Abend mein Vater nach Hause kam und von meiner Mutter alles erfuhr, gab er mir einen Kuss, dann schenkte er sich einen Schnaps ein. »Es ist gut«, sagte er.

Ich schlief in dieser Nacht in meinem Kinderzimmer, es war so, wie ich es verlassen hatte, und vielleicht habe ich es nur geträumt, vielleicht bilde ich es mir ein, aber ich hatte das Gefühl, dass sich das kleine Geschöpf in meinem Bauch in dieser Nacht zum ersten Mal bewegte.

Eine Woche später fuhr ich mit meinem Vater und meinem Onkel nach Berlin, um die Sachen aus meiner Wohnung zu holen, die ich bereits gekündigt hatte. Sonst hatte ich nichts mehr zu tun. Während mein Vater und mein Onkel die Sachen in den Anhänger verluden, ging ich spazieren durch Prenzlauer Berg, die Oderberger Straße entlang, die Schwedter Straße, dann zum Arkonaplatz in Mitte. Ich sah Frauen in meinem Alter, mit Kinderwagen, mit Männern an ihrer Seite, sie lächelten, schienen sich über irgendwas zu freuen. Ich gehöre nicht zu euch, dachte ich. Die Autofahrt heim nach Espelkamp dauerte fünf Stunden.

Ich bekam mein Kind in dem Krankenhaus, in dem auch ich zur Welt gekommen war. Meine Eltern waren dabei. Ich habe meinen Sohn Christoph genannt, nach meinem Großvater. Wir haben das Gästezimmer meiner Eltern zum Kinderzimmer ausgebaut. Und mein altes Zimmer haben wir renoviert, einiges aus meinem Berliner Leben hat dort jetzt seinen Platz, aber vieles ist auch so geblieben, wie es vorher war, wie es die ganze Zeit schon war. Meine Mutter hilft mir jeden Tag, jede Stunde, jede Minute, Christoph ist jetzt dreieinhalb, er geht in den Kindergarten, in dem ich auch war, ich habe eine Lehre als Bürokauffrau angefangen. Im Supermarkt treffe ich manchmal Jungs von früher, dann reden wir, lachen über Geschichten aus der Vergangenheit. Im Sommer war ich auf dem Schützenfest, nicht lange, aber ich habe getanzt, mit Ralf und mit Marc, beide lagen schon einmal betrunken bei mir im Vorgarten. Ralf ist verheiratet, Marc ist sehr nett.

Nachdem mir Tanja ihre Geschichte erzählt hat, frage ich sie, ob sie eine Ahnung davon habe, wie ihr Leben weitergehen könnte. Oder sogar einen Wunsch. Tanja sagt, dass die letzten Jahre ihr gezeigt hätten, dass sie nicht gerade gut im Wünschen sei. Aber wenn sie etwas hoffen dürfe, dann solle Christoph das gesunde und fröhliche Kind bleiben, das er sei. Dann fragt sie mich, ob ich ihre Geschichte für eine Geschichte des Scheiterns halten würde. Ich sage ihr, dass eine Mutter, die bei ihrem Kind bliebe, es liebe und beschütze, niemals scheitern könnte.

Die Frau des Offiziers

Während der Recherchen zu diesem Buch habe ich Frauen getroffen, die mit den Vätern ihrer Kinder zusammenleben, und Frauen, die von den Vätern ihrer Kinder getrennt sind. An einem zaghaft verschneiten Wintertag bin ich verabredet mit Juliane, dreißig, freie Journalistin. Sie ist Mutter eines knapp zweijährigen Sohnes und kennt beides: die Zeit des Zusammenseins und die Zeit der Trennung vom Vater ihres Kindes. Was nach einer turbulenten Beziehung klingt, ist alles andere als das – es ist ihre Form eines geregelten Familienlebens. Während unseres Gesprächs in einem Café am Leipziger Hauptbahnhof wirkt Juliane glücklich, viel glücklicher sogar als manche andere Mutter, mit der ich gesprochen habe.

Ich will mich nicht beschweren – warum auch? Ich habe es mir schließlich selbst ausgesucht, wobei das natürlich nicht ganz stimmt, denn wo die Liebe hinfällt, das kann man sich nicht aussuchen: Das passiert einfach. Bei mir fiel die Liebe auf das Deck eines Schiffes, bald zehn Jahre ist das nun her. Ich hatte mein Abitur ein Jahr zuvor gemacht und als Flugbegleiterin gejobbt. Demnächst wollte ich mit einem Journalistik-Studium beginnen.

Doch bevor es damit losging, überredete mich eine Freundin, im Sommer noch einmal etwas Ungewöhnliches zu machen, etwas, wozu einem später die Zeit fehlen würde. Sie überzeugte mich, mit ihr gemeinsam mehrere Wochen auf einem Segelschiff der ukrainischen Handelsflotte zu verbringen. »Hand gegen Koje« heißen solche Programme, bei denen Laien auf einem Schiff bei den anfallenden Arbeiten helfen und dafür gegen ein geringes Entgelt mitreisen dürfen. Es klang zu verrückt, um es nicht zu machen.

Wir flogen nach Brest in Frankreich, dort gingen wir an Bord der »Khersones«. Außer meiner Freundin und mir gab es auf dem Schiff nur wenige junge Frauen. Klar, dass wir vom ersten Tag an von den Matrosen gemustert und beobachtet wurden. Ich ignorierte das. An die Möglichkeit, bei einer solchen Gelegenheit der großen Liebe zu begegnen, dachte ich nicht. Aber dann kam ich mit Dima ins Gespräch, einem gebürtigen Russen, der gerade ein Praktikum auf dem Schiff absolvierte, im Rahmen seines Navigationsstudiums. Anfangs erklärte er mir die Arbeitsabläufe und wies mich in die hohe Kunst des Deckschrubbens ein. Später unterhielten wir uns auch privat, zunächst nur auf Englisch. Ich sprach damals noch kein Wort Russisch und er kein Wort Deutsch – das kam erst im Laufe der Jahre. Und irgendwann bemerkte ich, dass ich mich in seine grün-grauen Augen und sein warmes, tiefes Lachen verliebt hatte. Ich hatte ein ganz eigenartiges Gefühl im Bauch, das nichts mit dem Wellengang zu tun hatte. Doch die gemeinsamen Wochen mit Dima vergingen viel zu schnell. Wegen unseres unterschiedlichen Schlaf-wach-Rhythmus blieb ohnehin nicht genügend Zeit, uns gegenseitig besser kennenzulernen. Bevor ich überhaupt realisieren konnte, was mit mir geschah, musste ich auch schon wieder von Bord und zurück nach Deutschland – nach Leipzig, wo ich mein Studium begann.

Bei unserem Abschied hatten wir aber auch ohne Worte gewusst, dass wir zu viel füreinander empfanden, um es nicht miteinander zu versuchen. Gleichzeitig hatten wir aber auch Angst, uns in etwas Aussichtsloses zu verrennen. Wir schrieben uns monatelang Mails und SMS, im Dezember 2001 besuchte ich ihn das erste Mal in seiner Heimatstadt Sevastopol und lernte seine Familie kennen, die mich herzlich empfing. In den Jahren darauf flog oder fuhr ich immer mal wieder für ein paar Tage in die Häfen, wo Dimas Schiff lag. Wenn Dima Urlaub hatte, kam er immer zu mir nach Leipzig. Mein Leben pendelte sich allmählich auf seinen Rhythmus ein. Wenn er weg war, konzentrierte ich mich auf mein Studium, in der restlichen Zeit gab es nur ihn. Auf vier Monate des Wartens folgten zwei Monate der Nähe und Innigkeit. So ging das über mehrere Jahre. So geht das bis heute.

Doch ganz so leicht, wie es in dieser Zusammenfassung klingt, war es nicht. Die Trennungen waren für mich immer wieder schmerzhaft, obwohl ich mir darüber im Klaren war, dass Dima wieder auf sein Schiff musste, um Geld zu verdienen. Schließlich ist es ja sein Beruf zur See zu fahren und kein Hobby. Ich traf immer wieder auf Menschen, die keinen Hehl daraus machten, dass sie unsere Beziehung nur als Illusion betrachteten. Wie oft hörte ich die Frage, ob ich mir nicht lieber jemand suchen wollte, der einen weniger exotischen Beruf hat, und der nicht über die Hälfte des Jahres weg war. Ein Klassiker war auch der Kommentar, Matrosen hätten doch in jedem Hafen eine andere Braut – ich konnte diesen Satz irgendwann nicht mehr ertragen. Anfangs verteidigte ich Dima. Später versuchte ich, einfach darüber hinwegzuhören. Doch im Inneren war ich verunsichert. Hinzu kamen sprachliche und kulturell bedingte Missverständnisse zwischen uns. Und dann gab es immer wieder diese langen Zeiten, in denen wir uns nicht richtig aussprechen konnten. Das alles zusammen bescherte uns so manche Krise. Die letzten Zweifel verschwanden erst, als Dima und ich im Februar 2006 Mann und Frau wurden. Es war, als habe die Heirat uns erst den Halt gegeben, den wir beide gebraucht haben, um an ein gemeinsames Happy End zu glauben. Die eigentliche Zeremonie im kleinen Kreis war wunderbar entspannt. Nur einen Wermutstropfen gab es: Es waren fast nur meine Verwandten und Freunde anwesend, Dimas Familie war nicht dabei. Das lag daran, dass wir die Erlaubnis zur Eheschließung erst kurz vor Dimas nächster Abreise bekommen hatten. Seine Familie hatte keine Zeit mehr, um ein Visum zu beantragen. Wir haben aber später in Sevastopol noch einmal nachgefeiert, ich im Brautkleid und Dima im Anzug.

Knapp anderthalb Jahre nach unserer Hochzeit wurde ich dann schwanger; es war ein Wunschkind. Den Großteil der Schwangerschaft konnte Dima leider nicht miterleben, er war unterwegs. Dafür war er im letzten Monat vor der Geburt bei mir. All die Gefühle, Ängste, Freuden, die Paare während einer Schwangerschaft durchmachen, erlebten wir im Zeitraffer. Gemeinsam richteten wir uns eine kleine Wohnung ein und absolvierten einen Geburtsvorbereitungskurs, sozusagen auf den letzten Drücker. Wirklich genutzt hat er uns nicht. Das bisschen Synchronhecheln kann einen nicht wirklich darauf vorbereiten, was während der Geburt mit einem passiert. Nach 17 Stunden Wehen fielen die Herztöne unseres Babys ab und ich wurde für einen Notkaiserschnitt in den OP geschoben. Weil alles sehr schnell gehen musste, bekam ich eine Vollnarkose. Nachdem ich wieder erwacht war und Maksim endlich im Arm hielt, fühlte ich mich vollkommen erschöpft, aber unendlich glücklich. Leider hatte ich mir im OP eine schwere bakterielle Infektion eingehandelt, das sogenannte Kindbettfieber. Ich bekam Antibiotika und musste noch fast zwei Wochen im Krankenhaus bleiben. Dima kümmerte sich in dieser Zeit rührend, nicht nur um mich, sondern auch um Maksim.

Sechs Wochen blieben uns nach der Geburt, dann musste Dima wieder auf sein Schiff. Ich erinnere mich noch genau an unsere letzte Nacht. Ich konnte kaum schlafen, war nervös, angespannt und auch traurig wegen des bevorstehenden Abschieds. Ich hatte Angst vor dem Alleinsein mit Maksim, vor der Verantwortung, die nun auf mir lasten würde. Um fünf Uhr früh kam ein Taxi, das Dima zum Flughafen bringen sollte. Er warf noch einen Blick in den Stubenwagen, in dem Maksim ahnungslos schlief. Dann küssten und umarmten wir uns ein letztes Mal – obwohl ich es nicht wollte, flossen mir Tränen über die Wangen. Kaum war Dima zur Tür raus, wachte Maksim auf. Ich wollte ihm die Windel wechseln, da geschah es: Er fiel vom Wickeltisch. Ein dumpfer Schlag im Halbdunkeln, eine Sekunde der Stille. Dann schrie er wie verrückt. Ich hatte mich nur für einen Wimpernschlag zur Seite gebeugt, um die dreckige Windel in den Eimer zu werfen. Dabei muss er sich aus der Bauchlage mit den Armen hochgestützt haben und dabei zur Seite gekullert sein. Ich hatte nicht damit gerechnet, dass das mit sechs Wochen passieren könnte. Vor Schreck zitterte ich am ganzen Körper. Ich beugte mich zu Maksim, nahm ihn in den Arm und betrachtete ihn aufmerksam. Äußerlich war ihm nichts anzumerken, nur sein Gesicht war vom Schreien rot angelaufen. Ich beruhigte ihn, so gut ich konnte, und wickelte ihn. Dann griff ich zum Telefon und rief Dima auf seinem Handy an. Er saß immer noch im Taxi. Allein schon seine Stimme zu hören, beruhigte mich. »Soll ich zurückkommen?«, fragte er, nachdem ich ihm erzählt hatte, was passiert war. Am liebsten hätte ich Ja gesagt. Weil ich ihm jedoch keinen zusätzlichen Stress bereiten wollte, lehnte ich ab. »Ich schaffe das schon«, sagte ich.

Das war natürlich übertrieben, denn in diesem Moment schaffte ich überhaupt nichts. Maksim lag fix und fertig in seinem Stubenwagen, und ich fühlte mich als komplette Versagerin, kaum dass mein Mann zur Tür raus war. Für einen Moment überlegte ich, ins Krankenhaus zu fahren. Aber dann beschloss ich zu warten, bis die Kinderarztpraxis in knapp zwei Stunden aufmachte – Maksim zeigte keine akuten Symptome. Bis dahin blieb ich wach und ließ ihn nicht mehr aus den Augen. Es passierte zum Glück nichts weiter. Und so machte ich mich kurz vor acht fertig, um mit ihm zum Arzt zu fahren. Das war bereits die nächste Herausforderung an diesem Tag. Seit meiner Führerscheinprüfung zwei Jahre zuvor war ich nicht mehr selber Auto gefahren. Eigentlich hatte ich mir vorgenommen, ein Sicherheitsfahrtraining für Eltern zu absolvieren, um fit für den Großstadtverkehr zu sein. Dafür war es nun zu spät. Ich legte Maksim in die Babyschale, setzte mich ins Auto und fuhr los. Die Straßen waren an diesem diesigen Frühjahrsmorgen wenig befahren. Und wir kamen heil in der Praxis an. Maksim fehlte nichts. Der Arzt untersuchte ihn und konnte nichts feststellen. In solchen Situationen müsse man sich meist mehr um die besorgten Mütter kümmern als um die Kinder, sagte er. Erleichtert fuhr ich wieder heim. Ich wusste: Nach einem Tag wie diesem würde mich nichts mehr so schnell aus der Fassung bringen.

Nach seiner Abreise schrieb ich Dima täglich – die Technik ist heutzutage schon so weit, dass Internetempfang auch auf dem Meer möglich ist, wenn auch in Dimas Fall mit 24 Stunden Verzögerung. Manchmal telefonierten wir, aber das war ziemlich teuer. Außerdem konnte Dima nicht frei reden, weil sich das Schiffstelefon auf der Kapitänsbrücke befindet und bei unseren Telefonaten immer jemand mithörte. Er klang dann oft etwas förmlich und distanziert. Doch dank meiner Mails war er über jede Bewegung, jeden neuen Laut, jedes neue Erlebnis genau informiert. Faktisch verpasste er nichts. Ich wollte ihn so intensiv wie möglich an Maksims Entwicklung teilhaben lassen. Unterbewusst trieb mich wohl die Sorge, dass die Bindung zwischen beiden leiden könnte.

Diese Befürchtung war unbegründet, wie sich vier Monate später bei Dimas Rückkehr herausstellte. Er kam mitten in der Nacht, Maksim schlief längst. Dima legte sich zu mir, kurz darauf wurde Maksim wach. Ich wollte ihn wie gewohnt neben mich legen, war aber verunsichert: Vielleicht würde er erschrecken, weil sich da plötzlich noch jemand im Bett befand. Doch Maksim hob bloß neugierig den Kopf. »Hallo Söhnchen«, sagte Dima auf Russisch zu ihm. Ich musste lachen. Vor Erleichterung, vor Freude. Und weil es sich gut anfühlte, endlich wieder zu dritt zu sein.

Dima blieb wie immer zwei Monate. Vom ersten Tag an spannte ich ihn in den Alltag ein – ich wollte ihm nicht das Gefühl geben, ein Freizeitvater zu sein. Allerdings mussten wir uns erst einspielen. In der Zwischenzeit hatte ich mich daran gewöhnt, alle Entscheidungen selbst zu treffen. Und auch Dima verstand sich als Erster Offizier an Deck seines Schiffes als Wortführer. An Land fiel es ihm schwer, diese Rolle abzulegen. Das Windelwechseln hatte er trotzdem nicht verlernt und auch das Fläschchengeben klappte auf Anhieb – in seiner Abwesenheit hatte ich abgestillt. Zur nächsten Vorsorgeuntersuchung ging er mit Maksim alleine. Dima erlebte gerade noch mit, wie er zu krabbeln begann. Dann musste er wieder fort.

Mittlerweile habe ich mich an die Phasen des Alleinseins mit Maksim gewöhnt. Für vier Monate sind wir zu zweit, dann zwei Monate zu dritt. Ich bedaure es manchmal, dass Dima einen Großteil der Entwicklung unseres Sohnes nur indirekt mitbekommt. Schwer fällt mir auch zu erleben, dass Maksim unter den Abschieden zunehmend leidet, weil er sie bewusster mitbekommt. Deshalb habe ich daheim einen Kalender mit dem Foto eines Schiffes aufgehängt. Das gucken wir uns jeden Tag an, und manchmal steht er davor und winkt in der Hoffnung, sein Vater würde ihn sehen.

Da ich als Freiberuflerin arbeite, kann ich mir meine Zeit gut einteilen. Wenn Dima bei uns ist, unternehmen wir viel, gehen zusammen in den Zoo oder verreisen. Dima kann sich dann intensiver um seinen Sohn kümmern als andere berufstätige Väter. Quality time. Wir sind uns einig, dass sich an unserem Rhythmus in absehbarer Zeit nichts ändern soll. Warum auch? Es klappt alles gut, auch wenn Außenstehende das mitunter nicht glauben wollen. Ab dem nächsten Jahr soll Dima sogar familienfreundlichere Einsatzzeiten bekommen. Er wird dann drei Monate unterwegs sein und drei bei uns. Ich kann mich wirklich nicht beschweren.

Und sie beschwert sich nicht, drei Stunden lang, nicht einmal. Nachdem wir uns verabschiedet haben und ich im Zug zurück nach Berlin sitze, denke ich: Es zählt eben nie die Quantität, sondern immer die Qualität. Und niemand hat das Recht, Juliane zu bedauern – für was auch immer. Da gibt es nichts. Das Einzige, was ein wenig bedauerlich ist, ist die allgemei-

ne Definition des Wortes »Elternzeit«. Wer sie nimmt – und wann – und wie viel davon. Denn eigentlich ist es doch ganz einfach: Elternzeit ist quality time. Das habe ich in dem Gespräch mit Juliane gelernt.

One-Life-Stand

Ich habe Sonja, 33, auch von meinem Sexleben erzählt, aber in diesem Buch geht es nicht um mich, sondern um die anderen. Die mehr als 600 000 Frauen in Deutschland, die ein Kind kriegen, und dafür, in der Regel, Sex hatten. Vorher. Hatte ich auch. Und dann gibt es das Währenddessen und das Hinterher, und auch darüber gibt es Bücher, die aber dann aus dem ganzen Thema ein Riesenthema machen, dabei ist es ein kleines Thema, dafür aber wichtig. Ungefähr so, wie Sex für uns Frauen eigentlich nie ein Riesenthema war, dafür aber immer wichtig. Ich treffe Sonja, die in der Senatsverwaltung arbeitet, an einem Augustabend in Berlin, im »Florian« in der Grolmannstraße in Charlottenburg.

Der Körper funktioniert nach eigenen Mechanismen, die man nicht immer nachvollziehen kann. Vor allem dann nicht, wenn er sich in einem hormonellen Ausnahmezustand befindet. Das fängt bei so einfachen Dingen wie Hunger an und hört bei komplizierten Dingen wie Sex auf. Vor allem am Anfang meiner Schwangerschaft konnte ich es kaum abwarten, mit den Kollegen mittags in die Kantine zu gehen, so sehr plagten mich Hunger und Appetit. Für mich war das ein ungewohntes Gefühl. Früher reichte mir morgens ein großer Milchkaffee und ich war satt bis zum Nachmittag. Nun aber zählte ich die Minuten, bis die Kollegin aus dem Büro nebenan zu mir kam und fragte, ob wir gemeinsam essen gehen wollten.

Ich erinnere mich an einen Besuch in der Kantine, bei dem wir mit fünf Kollegen am Tisch saßen. Vor mir auf dem Teller befand sich ein Berg Spaghetti mit Pesto, der vielversprechend dampfte. Mir gegenüber saß Frank, dessen Frau gerade das zweite Kind bekam. Das Gespräch mit den Kollegen plätscherte so vor sich hin, jeder war mehr oder weniger mit seinem Essen beschäftigt, als es plötzlich aus Frank herausplatzte: »Langsam wird mir das alles zu viel.« Ein derartiger Gefühlsausbruch war ungewöhnlich für ihn, denn Frank ist sonst ein ziemlich ruhiger Typ. Katrin, die neben mir saß und sich gerade ein Stück Schnitzel in den Mund schieben wollte, setzte unverzüglich ein besorgtes Gesicht auf. »Wie meinst du das?«, fragte sie. Erst druckste Frank ein wenig herum, dann rückte er mit der Sprache raus: Seit Wochen schon sei seine Frau extrem liebesbedürftig – ja, er sagte tatsächlich »liebesbedürftig«, er war halt etwas verklemmt. Jedenfalls übersteige ihr Bedürfnis langsam seine Kräfte. Er habe auch schon versucht, ihr das behutsam beizubringen, aber sie wolle einfach nicht von ihm lassen. »Einmal am Tag wäre ja noch okay«, sagte Frank, »aber sie will am liebsten morgens, mittags, abends.« Wenn man genau hinschaute, war es ihm auch anzusehen. Sein Gesicht schien schmaler, als es ohnehin schon war, unter den Augen zeichneten sich deutliche Schatten ab. Und auch sonst wirkte sein drahtiger Körper schlanker als früher. Jan, der neben ihm saß und selbst bereits drei Kinder hatte, presste ein mitfühlendes »Hm!« hervor. Ich blickte konzentriert auf meinen Teller und versuchte, ein paar Spaghetti um die Gabel zu wickeln.

Insgeheim beneidete ich Franks Frau. Einmal Sex am Tag würde mir schon reichen, dachte ich, zumindest für den Anfang. Doch seit ich schwanger war, lief zwischen mir und Robert kaum noch was. Zu Beginn der Schwangerschaft war mir die meiste Zeit übel. Der Sinn stand mir überhaupt nicht nach Küssen und Anfassen und Aneinanderreiben. Einmal versuchte ich, mich zu überwinden, denn aus irgendeinem mir heute nicht mehr nachvollziehbaren Grund glaubte ich, mich Robert nicht verwehren zu dürfen: Das bisschen Schwangersein durfte mich doch nicht davon abhalten, ein erfülltes Liebesleben mit meinem Freund zu haben. Er war gerade dabei, mich am Hals zu küssen und weiter abwärts zu wandern, als ich ihn stoppte. Das Abendessen hatte sich soeben überlegt, meinen Magen wieder verlassen zu wollen und dafür den Ausgang über die Speiseröhre zu nehmen. Ich schaffte es gerade noch rechtzeitig bis zur Toilette. Robert lief mir besorgt hinterher und zweifelte in diesem Moment vermutlich an seinen Liebhaberqualitäten. Das Einzige, was an diesem Abend noch zwischen uns lief, war sein Streicheln über meinen Rücken, während ich mich an einer Tasse Kamillentee festhielt.

Als die ersten drei Monate vorbei waren und damit die ständige Übelkeit, verspürte ich endlich wieder Lust auf Sex. Dafür war sie Robert auf einmal abhanden gekommen. Vielleicht lag es an der kleinen Wölbung, die langsam unterhalb meines Bauchnabels zu erkennen war. Sie war zwar noch nicht so groß, dass ich mich dick und unattraktiv fühlte, aber zu übersehen war sie beim besten Willen nicht mehr. Außerdem zeichnete sich auf meinem Bauch der Länge nach eine schmale dunkle Linie ab, die bei allen Schwangeren zu sehen ist. Sie soll wohl irgendwas mit Hormonen und Hautpigmenten zu tun haben. Robert nannte mich deshalb manchmal Streifenhörnchen. Anfangs fand ich das noch niedlich. Irgendwann nervte es mich.

Ebenso nervten mich seine Ausflüchte, sobald ich zur Sache kommen wollte. Beim Zubettgehen zum Beispiel. Ich erinnere mich an einen Abend, Robert lag neben mir im Bett, schob seine warme Hand unter mein Nachthemd und legte sie auf meinen Bauch. Ich stellte mir vor, wie sich die Höhle des kleinen Menschenkindes plötzlich verdunkelte. Das war natürlich Blödsinn. Aber ein guter Grund, um seine Hand tiefer zu schieben. Doch wie immer kam etwas dazwischen. »Ich muss noch mal schnell aufs Klo«, sagte Robert. Er stand auf und blieb eine Viertelstunde weg. Als er ins Schlafzimmer zurückkam, hatte er ein Buch in der Hand. Er kroch unter die Decke, legte sich auf den Bauch und begann zu lesen. Das Buch schien eine Art Schutzschild für ihn zu sein.

So ging das mehrere Male. Bis ich mir nach einer erneuten Abfuhr ein Herz fasste und ihn auf sein Verhalten ansprach.

Erst druckste er herum, meine Verdächtigungen seien doch Unsinn. Natürlich sei er noch scharf auf mich. Aber eben oft auch müde. Er stammelte und stotterte vor sich hin, bis es ihm endlich rausrutschte: »Ich will nicht, dass unser Kind als Erstes Bekanntschaft mit meinem Schwanz macht – ich kann das nicht.« Als er den Satz ausgespuckt hatte wie einen alten Kaugummi, atmete er heftig, so als sei er gerade einen Marathon gelaufen.

Das saß. Dagegen kam ich nicht an. Nicht mal mit Argumenten aus der Eltern-Zeitschrift, die ich gekauft hatte. Das Schlimmste an der ganzen Situation war, dass Robert in diesem Moment extrem verzweifelt aussah. Seine Unlust war nicht gespielt oder vorgeschoben, sie war echt – wen interessieren da die Ratschläge aus irgendwelchen Zeitschriften? Ich lief ins Wohnzimmer und ließ mich aufs Sofa fallen. Ich griff zur Fernbedienung, zappte ziellos durchs TV-Programm. Tausend Gedanken gingen mir durch den Kopf. Es gelang mir nicht, einen von ihnen festzuhalten. Als das Wirrwarr sich nach einiger Zeit beruhigt hatte und die Schmach der Zurückweisung nachließ, musste ich an unsere großartigen Sexerlebnisse denken.

Ich musste an einen Abend vor zwei Jahren denken. Es war Sommer, Robert und ich waren gerade erst ein paar Monate zusammen. Der Stress der Arbeit lag an diesem Samstag hinter uns und das Wochenende wie ein Versprechen vor uns. Wir waren für den Abend verabredet, wollten erst mit Freunden in einer Bar was trinken und später noch tanzen gehen. Schon zur Begrüßung küsste mich Robert heftig, seine Hände umfassten meinen Po. Vermutlich spürte er durch den dünnen Stoff meines Rockes, dass ich keinen Slip trug. Bevor wir die Bar betraten, überlegte ich einen Moment, ob wir uns nicht eine Ausrede einfallen lassen und lieber nach Hause gehen sollten. Aber Patrick und Elisabeth waren bereits da, an einen Rückzieher war nicht mehr zu denken.

Wir setzten uns an einen kleinen Tisch in der hinteren Ecke der Bar und gaben unsere Getränkebestellung auf. Ich spürte

Roberts Hand auf meinem Knie. Sie schob sich unter meinen Rock und von da aus zielstrebig nach oben. Ich wurde ganz hibbelig, versuchte aber trotzdem, dem Gespräch zu folgen und ein möglichst entspanntes Gesicht zu bewahren. Nachdem ich meinen Sekt mit Aperol ausgetrunken hatte, verabschiedete ich mich in Richtung Toilette. Welche Ausrede sich Robert einfallen ließ, um mir zu folgen, habe ich bis heute nicht erfahren. Als ich die Tür zum Klo öffnete, stand er jedenfalls hinter mir und schob mich schnell in eine der Kabinen. Wir waren kaum drin, da drückte er mich auch schon gegen die Wand, öffnete seine Hose und schob meinen Rock hoch. Ich drehte mich um und spürte kurz darauf seinen harten Schwanz in mir. Er nahm mich wild und hemmungslos, so hatte ich ihn bis dahin noch nicht erlebt. Es machte mich an. Dass andere sein heftiges Atmen hören könnten, schien Robert total egal zu sein. Im Hintergrund plätscherte unbedarfte Musik. In einer der anderen Kabinen glaubte ich, zwei Mädchen kichern zu hören.

Als wir an unseren Tisch zurückkehrten, schauten uns Patrick und Elisabeth vorwurfsvoll an. »Wir dachten schon, ihr hättet uns vergessen«, sagte Elisabeth mit leicht gereizter Stimme. Patrick sagte, dass sie nach Hause gehen wollten, weil Elisabeth Kopfschmerzen habe. Uns war es recht. Wir verabschiedeten uns von ihnen und spazierten händchenhaltend heim. Zwischendurch hielten wir immer wieder an, um uns zu küssen. Es war fast ein bisschen wie in einem dieser kitschigen Liebesfilme.

Diese Erinnerung lag nun nur noch wie ein schwacher Schatten hinter mir. Mehr als Küssen war die letzten sechs Monate meiner Schwangerschaft nicht mehr drin. Alle weiteren Annäherungsversuche wehrte Robert immer wieder ab. Bald ließ ich sie ganz bleiben. Einmal beobachtete ich ihn heimlich, wie er im Arbeitszimmer vor seinem Laptop saß, Pornos guckte und sich dabei einen runterholte. Ich sprach ihn nicht darauf an, denn irgendwie war mir das Ganze selbst peinlich.

Kurz vor Beginn des Mutterschutzes, sechs Wochen vor dem errechneten Geburtstermin, gab ich auf der Arbeit eine kleine Abschiedsfeier. Ein letztes Mal zusammenstehen mit den Kollegen in geselliger Runde. Ich war gerade dabei, die leeren Schüsseln und Flaschen wegzuräumen, als Harald vor mir stehen blieb. Vom ersten Arbeitstag an kamen wir gut miteinander klar. Ich muss gestehen, dass ich eine Weile sogar heimlich für ihn geschwärmt, aber von Annäherungsversuchen abgesehen hatte. Never fuck the company. Jetzt stand er vor mir und sah mich an. Bildete ich es mir bloß ein, oder war das zwischen uns gerade eine dieser berühmten Mann-Frau-Situationen, in denen die Beteiligten sich einen letzten Ruck geben mussten, um ihre Lippen in einem leidenschaftlichen Kuss zu vereinen? Leider waren die Begleitumstände alles andere als ideal für einen One-Night-Stand, auch wenn der sexuelle Leidensdruck groß war. Mir fiel der Spruch einer Kollegin ein: Ein Babybauch sei wie ein Schild, auf dem »Reserviert!« steht. Mit einem festen Händedruck verabschiedete ich mich von Harald. »Wir sehen uns in einem Jahr wieder.«

Ich fand mich damit ab, bis zur Geburt keinen Sex mehr zu haben. Um ehrlich zu sein, hatte ich noch nie einen One-Night-Stand. Warum jetzt damit anfangen? Kinder bringen Entbehrungen mit sich, heißt es. Ich ließ es zu und verzichtete auf eine schnelle Nummer. Sie hätte mir ohnehin vermutlich nur Ärger und Probleme bereitet. Die Vorfreude auf meinen Sohn erleichterte mir den Verzicht. Die Natur arbeitet eben mit ihren ganz eigenen Tricks.

Nach der Geburt dauerte es noch eine Weile, bis das Liebesleben zwischen mir und Robert wieder in Gang kam. Um genau zu sein: drei Monate. Eines Abends standen wir im Schlafzimmer vor der Babywiege neben unserem Bett. Louis lag friedlich da und schlief. Ein Schauer des Glücks durchfuhr meinen Körper. Unser Sohn schien so vollkommen, so perfekt. Wahrscheinlich waren es die Hormone, die mich gefühlsduselig werden ließen.

»Den haben wir gut hinbekommen«, sagte ich zu Robert. Und legte einen Arm um seine Hüfte, ohne dabei irgendwelche Absichten zu verfolgen. Zumal ich mich in diesem Augenblick nicht sonderlich attraktiv fühlte. Ich trug T-Shirt, Jogginghose und Pantoffeln. Wer beabsichtigt, einen Mann zu verführen, wählt dafür mit Sicherheit ein anderes Outfit. Deshalb war es mir fast schon etwas unangenehm, als mich Robert an sich zog und küsste. Doch weil es mich so sehr überraschte, ließ ich es zu. Kurz darauf landeten wir im Bett. Was dann folgte, war zwar kein Feuerwerk, aber immerhin ein erstes schwaches Licht. Wir stellten uns beide etwas unbeholfen an, so als würden wir uns zum ersten Mal entdecken. Ein bisschen traf das ja auch zu.

Nach dem Gespräch mit Sonja denke ich dann doch: Wow. Und zwar nicht wegen der Toiletten-Geschichte, sondern wegen des ersten schwachen Lichts. Und wegen der Normalität, mit der Sonja mit mir darüber gesprochen hat. Es war ihr kein Bedürfnis, sie redete sich hier nichts von der Seele – ich ersetzte sicherlich nicht den Therapeuten. Sie sprach einfach von einer Sache, die ihr nicht völlig egal ist – aber auch nicht das Wichtigste auf der Welt. Sie sprach mit mir, einer Fremden, über etwas, das normal war und wieder normal sein wird, aber im Moment eher schwierig ist. Muss man halt mal sagen können. Unter Frauen.

Das Leben auf Kurs bringen

Was haben unsere Mütter eigentlich gemacht, wenn sie es daheim, allein mit dem Kind, nicht mehr aushielten? Vermutlich sind sie spazieren gegangen, stundenlang, bis sich der Tag dem Abend neigte. Und sie jede Straße ihres Viertels abgelaufen waren, jedes Schaufenster kannten, jeden Pflasterstein gezählt hatten. Nicht gerade eine tolle Vorstellung. Vielleicht müssten wir deshalb unseren Müttern gegenüber ein schlechtes Gewissen haben. Nur leider kommen wir nicht dazu, wir schaffen es zeitlich nicht. Babymassage, Babyschwimmen, Babyturnen – Kinder von heute haben ein straffes Programm. Aber nur, weil ihre Mütter nichts so sehr fürchten wie die Langeweile. So wie Saskia, 31, Modedesignerin. Ich bin mit ihr in ihrem Atelier in Friedrichshain verabredet. An dessen Fensterscheibe hätten sich unsere Mütter früher beim Spazierengehen vermutlich die Nasen plattgedrückt. Kämen sie heute, würden sie Saskias Sohn Fritz, zehn Monate, sehen, wie er zwischen Stoffresten am Boden umherkrabbelt.

Für mich war dieser Kurs die Rettung. Eine Art Therapie. Eine Selbsthilfegruppe, zu der man Woche für Woche ging in dem beruhigenden Gefühl, unter seinesgleichen zu sein. Mit den anderen Teilnehmern die gleichen Probleme und Sorgen zu teilen. Nur dass es hierbei nicht um krankhaften Alkoholkonsum, Gewalt in der Partnerschaft oder Drogenmissbrauch ging, sondern um Blähungen, Komplikationen beim Stillen und die Konsistenz von Stuhlgängen.

Ich hatte mich mit Fritz für einen sogenannten PEKiP-Kurs angemeldet. Für Laien mag das nach therapeutischem Töpfern klingen, aber Insider wissen, dass es sich bei dem Wort um eine Abkürzung für »Prager Eltern-Kind-Programm« handelt. Was dabei Programm ist und worin dessen Sinn bestehen soll, hat sich mir bis heute nicht erschlossen. Ich war nur froh darüber, dass es ein Angebot wie dieses überhaupt gab. Es ist doch so: In den ersten Wochen nach der Geburt eines Kindes ist alles großartig und rosafarben und zuckerwatteluftig. Man selbst findet alles spannend, beeindruckend, aufregend. Freunde kommen vorbei, um den Nachwuchs zu bestaunen. Verwandte sind kaum noch zum Gehen zu bewegen, weil sie keinen Moment mit dem neuen Familienzuwachs verpassen wollen. Doch nach etwa zwei Monaten lässt das Interesse rapide nach – vielleicht ist das ja auch biologisch begründet: Das Umfeld hat sich vergewissert, dass die Mutter mit dem Kind gut zurechtkommt und kann sich wieder auf sein eigenes Leben, seinen eigenen Alltag konzentrieren. Zurück bleiben Frauen, die sich in der Zeit bis zur nächsten Fütterung langweilen und denen daheim die Decke auf den Kopf fällt.

Sandra, eine Freundin, erzählte mir von diesen PEKiP-Kursen. Sie hatte einen mit ihrer Tochter besucht. Was man dort mit den Kindern macht, versuchte sie mir zwar zu erklären, ein genaues Bild konnte sie mir jedoch nicht vermitteln. Ich stellte mir das Ganze als eine Art Krabbelgruppe für Mütter mit Anspruch vor. In Erinnerung geblieben ist mir von ihrer Beschreibung lediglich, dass die Kleinen in einem überheizten Raum nackt herumliegen und man sie währenddessen mit verschiedenen Fingerspielen unterhält. Ich bedauerte es, dass ich den Kurs nicht mit Sandra besuchen konnte. Während meiner Schwangerschaft hatte ich mir ausgemalt, dass ich mit ihr viel gemeinsam unternehmen würde, sobald mein Sohn geboren war. Doch ihr Kind ist elf Monate älter als meins. Gerade am Anfang sind das gefühlte Jahre. Während Fritz bei unseren gelegentlichen Treffen noch friedlich auf der Babydecke lag und hin und wieder die Augen öffnete, lief ihre Tochter schon umher und wollte die Welt entdecken. Außerdem fing Sandra wieder an zu arbeiten. Meine Vorstellung, dass wir viel Zeit gemeinsam verbringen würden, zerschlug sich. Ich musste mich nach Alternativen umgucken.

Per Zufall wurde ich auf einen Kurs ganz in der Nähe aufmerksam. Gregor hatte mir einen Gutschein für eine Entspannungsmassage in einem Wellness-Salon am Kollwitzplatz geschenkt. Vermutlich plagte ihn das schlechte Gewissen, weil er mich die ganze Woche über mit Fritz alleine ließ, morgens ins Büro ging, abends spät nach Hause kam – das ganze Kinderding hatte ich am Hacken. Die zwei Stunden Zeit ganz allein für mich hatte ich mir daher redlich verdient. Schon als ich den Salon betrat, löste sich in mir die aufgestaute Angespanntheit der letzten Monate. Im Empfangsbereich duftete es süßlich-herb, der abgezogene Holzfußboden und die exotischen Blumenarrangements hatten auf mich eine beruhigende Wirkung. Im Behandlungsraum lief esoterische Musik. Unter normalen Umständen wäre sie mir auf den Geist gegangen. Aber weil Fritz die vergangenen Tage viel geschrien hatte, fand ich Gefallen an ihr. Sie war Wohlklang in meinen Ohren. Während mich die Masseurin mit ihren kräftigen Händen bearbeitete, befand sich mein Körper in einem Zustand zwischen Tiefenentspannung und Schlaf. Gut durchgeknetet und eingeölt verließ ich den Salon. An der Tür drückte mir ein freundlicher Mitarbeiter noch eine Broschüre mit dem Überblick über die verschiedenen Angebote in die Hand. So erfuhr ich, dass auch PEKiP-Kurse angeboten wurden. Es machte Sinn. Erst kamen die Frauen hierher, um ihren Körper pflegen zu lassen. Später, wenn sie Kinder hatten, war dann die Seele dran.

Fritz war etwa vier Monate alt, als der Kurs anfing. Er fand einmal wöchentlich statt, donnerstags ab 13 Uhr. Schon montags fieberte ich dem Termin entgegen. Er gab meinem neuen Leben mit Kind wenigstens ein bisschen Struktur. Früher musste ich morgens halb zehn auf der Arbeit sein, jetzt donnerstags um 13 Uhr beim PEKiP. So war wenigstens einmal die Woche sichergestellt, dass ich um diese Uhrzeit nicht mehr im Schlafanzug durch die Wohnung laufen würde, weil ich mit Fritz den Tag vertrödelte.

Insgesamt zehn Frauen nahmen an dem Kurs teil, sie alle hatten Kinder in Fritz' Alter. Zwischen dem ältesten und dem jüngsten lagen sechs Wochen Unterschied. Bei unserem ersten Treffen saßen wir uns anfangs unsicher gegenüber. Es fand in einem größeren Raum im Untergeschoss des Salons statt. In den Ecken standen Radiatoren, die die Zimmertemperatur innerhalb weniger Minuten in tropische Höhe trieben. Um die Unsicherheit der ersten Minuten zu überspielen, beschäftigte sich jede Teilnehmerin zunächst angestrengt mit ihrem Baby. Natürlich musterte man sich dabei unauffällig. Ich stellte fest, dass alle ungefähr in meinem Alter waren, Ende zwanzig, Anfang dreißig. Das beruhigte mich. Kurz zuvor hatte ich noch befürchtet, mit lauter Spätgebärenden in einem Kurs zu sein. Frauen, die die vierzig schon seit einiger Zeit hinter sich gelassen hatten und in verzweifelter Weise froh darüber waren, dass ihnen die Natur oder der Fertilitätsarzt doch noch Nachwuchs gegönnt hatte.

Die Kursleiterin, eine freundliche Frau mittleren Alters mit angenehmem Singsang in der Stimme, stellte sich uns vor. Danach waren die Mütter dran. Diese Runde erinnerte tatsächlich ein bisschen an eine Sitzung der Anonymen Alkoholiker. Nicht dass ich an einer solchen schon mal teilgenommen hätte, aber so stellte ich sie mir zumindest vor. Wir saßen beieinander und unterhielten uns darüber, was wann schieflief, vor, während und nach der Geburt. Eine Teilnehmerin erzählte von entzündeten Brustwarzen, die andere von ihrer schmerzenden Kaiserschnittnarbe, die dritte von Stillproblemen. Jede hatte ihre eigenen Sorgen, ihre eigene Geschichte. Dabei ging es nicht darum, praktische Tipps von den anderen zu bekommen. Es war vielmehr eine Art Rückversicherung. Ein »Aha, ich bin also nicht die Einzige«-Erlebnis. Allein das Gefühl, mit »Betroffenen« zu sprechen, war beruhigend. Im Grunde waren die Kinder nebensächlich. Man kam hierher, um sich ein tröstendes Schulterklopfen abzuholen, ein aufmunterndes »Wird schon«.

Die Treffen liefen immer nach dem gleichen Ritual ab. Zu Beginn des Kurses erzählte jede Teilnehmerin, wie die vergangene Woche war. Dann zog man die Babys aus und legte sie in einem Kreis in der Mitte des Raumes zusammen. Unter Anleitung der Kursleiterin massierten wir synchron ihre Bäuche oder sangen merkwürdige Abzählreime zu der Melodie von *Bruder Jakob*. Der Nachwuchs ließ die Prozedur über sich ergehen. Nur ab und zu äußerte er seinen Unmut durch Wasserlassen. Bei Jungs ist das deshalb unangenehmer, weil sie im Liegen im hohen Bogen pinkeln. Man konnte sie gar nicht so schnell mit einem Tuch bedecken, wie sie einen nass machten. Die Kursleiterin empfahl uns aus diesem Grund, Wechselwäsche mitzubringen. Ich fand das jedoch ein bisschen albern und beließ es fortan dabei, Fritz nur bis auf die Windel zu entkleiden. Ob das mit den PEKiP-Grundsätzen vereinbar war, wusste ich nicht. Es war mir aber auch egal.

Ich hatte mich an die Treffen gewöhnt. Sie gingen nun schon fast drei Monate. Ich bildete mir ein, dass Fritz die anderen Kinder mittlerweile wiedererkannte und Spaß an den Spielchen fand. Manchmal glaubte ich, ein Lächeln auf seinem Gesicht zu bemerken, sobald er eines der anderen Babys sah. Nach dem gut einstündigen Programm war er immer so müde, dass er zufrieden in seinem Kinderwagen schlief. In dieser Zeit konnte ich mich mit den anderen Müttern in Ruhe in eines der vielen Cafés am Platz setzen. Gesprächsstoff war immer genügend vorhanden. Die ersten Zähne, Umstellung von Milch- auf Breikost, das erste Mal verreisen mit Nachwuchs. Alles wurde detailliert besprochen, verglichen und ausgewertet. Als ich noch kein Kind hatte, fragte ich mich immer, warum Mütter gern im Rudel durch die Straßen laufen. Nun wusste ich die Antwort darauf. Was hätte ich auch anderes tun sollen? Mit den meisten meiner langjährigen Freunde konnte ich mich erst am frühen

Abend verabreden – in der Zeitrechnung werktätiger kinderloser Großstädter ist das gefühlter Nachmittag. Für mich war es jedoch schwierig, weil ich Fritz bereits um sieben ins Bett brachte. Außerdem wollte ich meine Freunde nicht mit Baby-Gesprächen nerven. Ich war sogar froh, dass ich mich mit ihnen über Dinge unterhalten konnte, die nichts mit dem Nachwuchs zu tun hatten. Es war, als ob ich zwei Beziehungen parallel führte: die zu den Müttern und die zu meinen kinderlosen Freunden.

Es traf mich wie aus heiterem Himmel, als die PEKiP-Leiterin eines Tages erklärte, sie werde den Kurs aus persönlichen Gründen nicht weiterführen können. Noch schlimmer war, dass kein Ersatz für sie organisiert werden konnte. Es gab nur wenige dieser speziell ausgebildeten Trainer, und diese wenigen waren bereits anderweitig engagiert. Mir war klar, dass ich nun auf eigenen Beinen stehen musste. Keine PEKiP-Donnerstage, die mich zu Disziplin und Pünktlichkeit zwangen. Keine Treffen mehr in überhitzten Räumen mit verzweifelten Geständnissen und leisen Hilferufen. Es war, als hätte man einem Alkoholiker ein paar grundsätzliche Verhaltensregeln mit auf den Weg gegeben, an die er sich künftig halten musste, um nicht wieder rückfällig zu werden.

Zu einigen Müttern habe ich heute noch Kontakt, zu manchen engen, zu manchen weniger engen. Alle paar Monate trifft sich unsere ehemalige Gruppe im Café, im Park. Dann führen wir einander gegenseitig unsere Kinder vor, halten uns auf dem Laufenden. Und vergewissern uns gegenseitig, dass es auch ohne Kurs geht.

Saskia muss los. Sie will Fritz nach Hause bringen. Gregor soll heute auf ihn aufpassen, denn Saskia will ins Kino. Mit einer Freundin, die sie beim PEKiP kennengelernt hat. Mit der sie sich mittlerweile nicht mehr nur über das Babyding unterhält. Die ihr schon heute fast so viel bedeutet wie ihre alten Freunde.

Die Mütter der Mütter

Oma. Allein schon das Wort. Meine Mutter will es nicht hören, meine Tochter hat einen Kosenamen für sie, denselben, den ich benutze, um meiner Mutter einen originelleren Namen als Mama zu geben. Aber Namen ändern nicht das Wesen einer Sache, und die Sache ist nun mal die, dass die Mütter der neuen Mütter ihre Rolle genauso finden müssen wie ihre Töchter. Henriette, 33, Eventmanagerin, ist so eine Tochter. Als sie Mutter wurde, wollte sie die Fehler nicht wiederholen, von denen sie glaubte, sie hätten ihr geschadet. Sie ist sich sicher, dass das große, unübersichtliche Feld der Erziehungswissenschaften heute ähnliche Fortschritte gemacht hat wie die Computerindustrie in den vergangenen dreißig Jahren. Ich treffe sie zum Abendessen im Berliner Restaurant »Brot und Rosen«: Pizza, Wein – und Girl Talk.

Wenn ich sehe, wie meine Eltern manchmal mit meinem Sohn Janek umgehen, frage ich mich, wie ich älter als ein Jahr werden konnte. Nicht dass ich im Nachhinein an ihrer elterlichen Liebe und Fürsorge zweifele, ganz und gar nicht. Aber ihre Erziehungsmethoden, überhaupt ihr ganzer Umgang mit Janek sind mehr als fragwürdig. Ich meine: Gab es in den Siebzigern noch keine Jugendämter oder andere Instanzen, die darauf geachtet haben, wie ein Kind aufwächst? Gab es damals keine Erziehungsratgeber? Steckte der wissenschaftliche Forschungsstand über die Entwicklung von Babys noch in den – Achtung, Wortspiel! – Kinderschuhen? Ich weiß es nicht. Und manchmal glaube ich, es ist auch besser, es nicht zu wissen. Es würde mich wohl nur unnötig verunsichern.

Damit hier keine Missverständnisse aufkommen: Meine Eltern lieben Janek, fast abgöttisch. Er ist ihr erster Enkel. Als

Niklas und ich ihnen von meiner Schwangerschaft erzählten, sind sie schier ausgeflippt. Sie waren »over the moon«, wie die Amerikaner es zu nennen pflegen. Mein Vater ging in die Küche und kam mit einer Flasche Wacholderlikör zurück. »Ich brauche jetzt erst mal einen Schnaps«, sagte er und hätte mir im Überschwang fast auch ein Glas eingeschenkt. Meine Mutter war den Tränen nahe. »Ich habe es doch gewusst«, sagte sie. Tatsächlich hatte sie mich bereits etliche Wochen zuvor gefragt, ob ich schwanger sei. Zu dem Zeitpunkt wusste ich noch gar nichts von meinem Glück, blickte sie verwundert an. Ich beschloss, das mit den Hängerkleidchen künftig besser sein zu lassen. Es sorgte offenbar nur für Verwirrung. Doch genau diese Kleider trug ich bald schon nicht mehr nur aus modischen Gründen. Über die Intuition meiner Mutter wundere ich mich noch heute.

So sensibel sie damals gewesen war, so unsensibel – oder besser: ignorant – verhielt sie sich bereits während meiner Schwangerschaft. Es waren Kleinigkeiten, die mich in ihrer Summe rasend machten. Als ich bei meinem Gynäkologen saß und er mir das Ergebnis meines Heimtests bestätigte, belehrte er mich zugleich über eine Reihe von Dingen, auf die ich in den nächsten Monaten achten sollte. Offensichtliches wie absolutes Alkohol- und Rauchverbot. Aber auch Ernährungshinweise. Wenn man schwanger ist, soll man zum Beispiel nicht mehr als zwei Tassen Kaffee oder schwarzen Tee am Tag trinken. Wegen des Koffeins. Und außerdem auf rohen Fisch, rohes Fleisch und Rohmilchkäse verzichten, wegen irgendwelcher Bakterien, die irgendwelche schlimmen Infektionen verursachen können – ganz genau bekomme ich das jetzt nicht mehr zusammen.

Damals hatte ich diese Hinweise jedoch verinnerlicht. Ich vergegenwärtigte sie mir jeden Morgen wie ein Mantra. Nur meine Eltern hielten mich plötzlich für eine Spinnerin. »Iss doch«, sagte meine Mutter zu mir, als Niklas und ich bei ihnen zum Frühstück eingeladen waren. Dabei schob sie mir eine Platte mit Schwarzwälder Schinken unter die Nase. »Den hast du doch früher so gerne gegessen, den habe ich extra frisch für dich gekauft.« Mein Vater verdrehte währenddessen die Augen und warf ein, dass der Schinken gut durchgeräuchert sei – und demzufolge wohl frei von bedenklichen Bakterien. Ich blieb jedoch standhaft. Auch wenn mir das Wasser im Mund zusammenlief, was ich natürlich nicht zugeben durfte. Ich wäre auch gar nicht dazu gekommen. Denn bereits in der nächsten Sekunde reichte mir meine Mutter die Käseplatte mit Camembert und Roquefort: »Probier doch mal, die sind aus Frankreich.« Es folgte erneut eine Diskussion, in deren Verlauf mein Vater die »sogenannten Wissenschaftler« verfluchte, die nichts als Unsinn verbreiten würden. Er ging in die Küche und bereitete eine neue Kanne Tee. Als er zurückkam und mir eingießen wollte, lehnte ich ab – ich hatte bereits zwei Tassen getrunken …

Es war ein nervenaufreibender Vormittag. Und ein kleiner Vorgeschmack auf das, was noch kommen würde. Dabei waren Kommentare zu meinem Bauchumfang (»Werden es wirklich keine Zwillinge?«) noch das geringste Übel. In ihrer Mischung aus Skepsis und Sorge waren meine Eltern fast schon amüsant. Weniger lustig fanden wir es hingegen, dass sie während der Geburt vor dem Kreißsaal standen. Als meine Fruchtblase platzte, informierte Niklas sie wie vereinbart darüber, dass es nun losging und wir gleich ins Krankenhaus fahren würden. Es war nachts, kurz nach zwei. Am Nachmittag, gegen drei, kam eine Hebamme zu mir und sagte, ich hätte Besuch. Während ich versuchte, meine Wehen zu veratmen, sah ich durch den Türspalt meine Eltern, die sich in diesem Moment auch schon in den Raum drängten. »Ist es immer noch nicht da?«, fragte mein Vater. Seine Stimme überschlug sich. »Wir haben uns schon Sorgen gemacht, weil wir nichts mehr von euch gehört haben.« Im nächsten Moment erkundigte er sich bei der Hebamme, ob es normal sei, dass eine Geburt so lange dauere. Als ob er keine eigenen Kinder hätte. Ich wäre vor lauter Scham am liebsten im Boden versunken, war aber gerade anderweitig beschäftigt. Zum Glück war Niklas noch fit genug, um meine Eltern freundlich, aber bestimmt aus der Tür zu schieben. »Wir melden uns.« Einmal mehr war er mein Held.

Sie standen dann natürlich wieder ungebeten auf der Matte, abends gegen zehn. Ich bekam es nicht mal richtig mit, weil ich am Ende per Kaiserschnitt entbunden hatte und von der Narkose noch ganz benommen war. Das Nächste, woran ich mich klar und deutlich erinnern kann, war ein Fachgespräch meines Vaters mit der Stillberaterin, die die Wöchnerinnen betreute. Ob man die Milchproduktion nicht routinemäßig durch Einreibungen und Kräutertees anregen sollte, er habe den Eindruck, sein Enkel sei sehr schmächtig. Die Stillberaterin blickte mich an, ich bildete mir ein, sie würde mitleidig lächeln. Dann sagte sie zu meinen Eltern, dass Ruhe und Entspannung das Beste für Mutter und Kind seien – alles andere würde sich schon einspielen. Ich weiß nicht, ob es die Hormone waren, aber in diesem Moment empfand ich unfassbar viel Sympathie für diese Frau mit dem unfassbar unsympathischen Namen Gislind.

Zwei Tage, nachdem wir aus dem Krankenhaus entlassen wurden, meldeten sich meine Eltern zum Besuch an. »Ich habe große Sehnsucht nach meinem Enkelkind«, sagte meine Mutter am Telefon. Als sie kamen, brachten sie eine große Tüte voller Geschenke mit. Unter anderem einen Strampelanzug aus hundert Prozent Polyester, bedruckt mit Dutzenden dämlich grinsenden Bärchen. Des Weiteren: eine Plastikrassel made in China, Kinderschaumbad und Babypuder von Schlecker sowie eine schwarze Samtfliege. »Ich fand die so niedlich und musste sie unbedingt kaufen«, sagte mein Vater. Ich malte mir in Gedanken aus, welchen seelischen Schaden ich Janek zufügen würde, sollte ich ihm tatsächlich je den Bärchenstrampler und die Fliege anziehen. Die Sachen landeten erst im untersten Schubfach der Wickelkommode, später spendete ich sie einem Verein, der sich um sozial schwache Familien kümmert.

Mit der Zeit ist es besser geworden, zumindest ein bisschen. Mittlerweile bekomme ich keine Anziehsachen mehr für Janek geschenkt (»Du ziehst sie ihm ja sowieso nicht an!«). Und auch die Diskussionen um seine Ernährung haben nachgelassen. Sechs Monate lang habe ich ihn voll gestillt, so wie es die Gesundheitsorganisation WHO empfiehlt. Trotzdem wollte mir meine Mutter zwischendurch immer wieder reinreden: Sie hätte mich bereits im Alter von drei Monaten mit Brei gefüttert. Als ich eines Tages zu ihr kam, konnte ich das Schlimmste gerade noch verhindern. Janek war knapp fünf Monate alt, und ich hatte ihn wegen eines Arztbesuchs für zwei Stunden bei ihr gelassen. Bei meiner Rückkehr saß er auf ihrem Schoß und sie führte einen Löffel zermatschter Banane zu seinem Mund. Banane!!! Dabei steht doch in jedem Ratgeber, dass die zu Verstopfungen führen kann. Ich musste mich stark beherrschen, nicht ausfallend zu werden. Ein anderes Mal erwischte ich meinen Vater dabei, wie er Janek ein Vanillekipferl hinhielt. Wo doch jeder inzwischen weiß, wie schädlich Zucker gerade im ersten Lebensjahr für Kinder ist. Für die Geschmacksbildung und insbesondere für ihre – wenn auch noch spärlich vorhandenen – Zähne.

Janek ist mittlerweile zweieinhalb. Er ist bei bester Gesundheit, wächst altersgerecht, es geht ihm gut. Trotz regelmäßiger Besuche bei seinen Großeltern. Und trotz der eigenartigen Anwandlungen, die sie immer wieder haben. Einmal ließen sie den armen Jungen fast eine Stunde auf dem Topf sitzen. Er sei doch schon groß und müsse endlich begreifen, dass er aufs Töpfchen gehen soll. Ich zweifle noch immer daran, dass ein vom vielen Sitzen geröteter Po ein Kind davon überzeugen kann. »Du hast dir bereits mit anderthalb die Windeln vom Hintern gerissen und wolltest sie nicht mehr tragen«, sagte meine Mutter vorwurfsvoll. Während mein Vater darauf hinwies, dass es früher undenkbar gewesen sei, dass ein Kind mit zweieinhalb nicht trocken ist. Es muss einen Grund haben, warum meine frühesten Kindheitserinnerungen erst ab einem Alter von drei Jahren beginnen. Ich möchte nicht wissen, wie viele Stunden ich mit durchgesessenem Hintern auf dem Topf verbracht habe.

Vor Kurzem kam ich auf dem Spielplatz mit einer anderen Mutter ins Gespräch. Sie hatte gerade ihr drittes Kind bekommen und beneidete mich darum, dass ich meine Eltern zur Unterstützung habe – ihre Familie wohnt vier Autostunden entfernt. Ich klagte ihr mein Leid. Sie lächelte. »Mit der Zeit wird man diesbezüglich gelassener«, sagte sie.

Ich glaube, sie hat recht. In den letzten Wochen hat Janek schlecht geschlafen, ist nachts immer wieder aufgewacht. Niklas und ich waren ziemlich fertig, körperlich und geistig. Meine Mutter bot deshalb an, zu uns zu kommen, um auf ihn aufzupassen. »Geht doch mal wieder nett essen. Und anschließend ins Kino.« Wie lange hatten wir das schon nicht mehr gemacht? Gefühlte Jahrzehnte. Wir nahmen ihr Angebot dankbar an. Sie steckte uns beim Gehen sogar noch Geld zu. Davon führte mich Niklas zu unserem einstigen Lieblingsitaliener aus. Danach gingen wir ins Kino und sahen uns *Avatar* an. Popcorn-Kino gegen den zwischenzeitlichen Kleinkind-Blues. Und weil wir anschließend gut drauf waren, wurden wir übermütig – und nahmen noch einen Cocktail in einer Bar.

Wir kamen spät heim, es muss gegen zwei gewesen sein, ich war angenehm betrunken. Die Tür zum Wohnzimmer war einen Spalt breit offen, dahinter flackerte ein schwaches Licht. Ich trat ein. Der Fernseher lief. Und auf dem Sofa lagen meine Mutter und Janek. Sie schliefen. Auf dem Couchtisch lag eine leere Pralinenschachtel. Ich musste grinsen. Ich deckte sie zu und verlor am nächsten Morgen beim Frühstück keinen Ton darüber. Es wird schon seine Richtigkeit gehabt haben.

Die Rechnung bitte. Alles ist gesagt, nichts ist wahrer als der letzte Satz. Er ist wahrer als »Blut ist dicker als Wasser« oder andere dumme Sätze, die Familie als etwas charakterisieren, was sie nicht ist. Ich gehe zu Fuß nach Hause. Ich denke da-

rüber nach, mit welcher Geschwindigkeit sich die Dinge und die Ansichten ändern, und mir fällt ein, dass sich eine Sache nicht ändert, sondern bleibt, eine Sache, der wir – egal wie schwierig und nervig und dumm alles manchmal scheint – den Namen Liebe geben. In guter Tradition.

Auslandssemester mit Folgen

Ich bin mit Claudia, 26, in der »Diva Babylounge« verabredet, einem Café im Schanzenviertel in Hamburg. Alle Tische sind besetzt, als ich den Laden betrete. Wohin man auch sieht: Menschen mit Kindern – lauten, überdrehten, wuseligen Kindern. Claudia, Studentin, Mutter einer dreijährigen Tochter, ist hier eine unter vielen. Und doch fällt sie auf. Weil sie geschätzte zehn Jahre jünger aussieht als die anderen Besucher. Weil die Bezeichnung »junge Mutter« auf sie tatsächlich zutrifft. Aber darum soll es nicht gehen in ihrer Geschichte.

Ich bin mir nicht sicher, zu welchem Zweck Austauschstudenten eigentlich nach Deutschland kommen. Zum Studieren jedenfalls nicht. Eher zum Frauenkennenlernen. Klingt jetzt vielleicht ziemlich abgeschmackt und pauschal, ist aber so. Ich kann mir dieses Urteil erlauben, denn ich bin eine von denen, die sich hat kennenlernen lassen. Von Andrea, einem Germanistikstudenten. Wobei ich gleich zugeben muss, dass ich mich von ihm gerne habe kennenlernen lassen.

Es war gleich in der ersten Woche des neuen Wintersemesters. Es sollte mein letztes vor dem Abschluss des Grundstudiums werden, ich brauchte noch zwei Scheine und wollte mich danach für die Prüfungen anmelden. Die Stunde begann mit dem üblichen Trott der ersten Sitzung. Der Prof begrüßte uns Studenten mit krampfhaft unverkrampft daherkommenden Floskeln: »Ich hoffe, Sie haben die Semesterferien gut überstanden. Jeden Morgen einen Joint und der Tag ist dein Freund – das ist nun vorbei.« Er lachte als Einziger über seinen Spruch. Um den peinlichen Moment zu überspielen, ließ er eine Liste herumgehen, in der sich die Teilnehmer eintragen sollten. Ich selbst war nur physisch anwesend, mein Geist befand sich noch im Stand-by-Modus.

Ich stützte meinen Kopf in die Hände und schaute in den Raum. Die Tische waren in U-Form aufgebaut, mir gegenüber saß ein Junge, den ich zuvor noch nie gesehen hatte. Er kippelte unbeholfen auf seinem Stuhl. Als besagte Liste bei ihm ankam, wäre er beinahe nach hinten umgekippt, weil er sich zu seinem auf dem Boden stehenden Rucksack hinabbeugte, um nach einem Stift zu suchen. Neben ihm saß ein unscheinbares Mädchen, das ihn anzischte. Was sie sagte, konnte ich nicht verstehen. Als die Teilnehmerliste kurz darauf vor meiner Nase landete, wusste ich auch, warum: Beide hatten höchst komplizierte Nachnamen, ich war mir nicht sicher, tippte aber auf Italienisch. Offenbar waren sie Austauschstudenten.

Zufällig kam ich mit ihnen in der Mensa ins Gespräch, wir unterhielten uns eine Weile, und tatsächlich bestätigte sich mein Verdacht: Sie stammten aus Italien. Der Junge kam aus Neapel, das Mädchen aus Sizilien. Ihren Namen habe ich mittlerweile vergessen, was mir fast ein bisschen peinlich ist, denn sie war mir nicht unsympathisch, aber viel gemein hatte ich mit ihr nicht. Trotzdem lud ich sie nach ein paar Wochen ein, gemeinsam mit mir auf eine Party von Freunden zu gehen. Es war mein Helfersyndrom, denn sie wurde von den anderen Kommilitonen kaum beachtet. Ich tat es im Dienste der Völkerfreundschaft. Aber nicht ganz uneigennützig. Ich hoffte, sie würde Andrea mitbringen. Seinen Namen zu merken fiel mir weitaus leichter, gleich bei unserem ersten Gespräch in der Mensa. Wegen seines schüchtern verwegenen Grinsens und der lockigen dunklen Haare, die sein schmales Gesicht einrahmten.

Meine Rechnung ging auf: Sie kamen tatsächlich gemeinsam. Die Party war eine dieser typischen privaten Studentenpartys, bei denen man in der Küche des Gastgebers beisammensteht, sich an seinem Bier- oder Weinglas festhält und über Gott und die Welt redet. Ich finde solche Gespräche immer etwas anstrengend, deshalb verzog ich mich zum Buffet im Wohnzimmer, also zu den Schüsseln mit Chips und Erdnussflips. Auf einmal stand Andrea neben mir, das erste Mal ohne seine ständige Begleiterin. Ich verwickelte ihn in eine Unterhaltung über seine Heimatstadt und darüber, wie es ihm hier in Hamburg gefällt. Ein besseres Gesprächsthema fiel mir spontan nicht ein, trotzdem wollte ich mir die Chance nicht entgehen lassen, ihn etwas näher kennenzulernen. Außerdem konnte ich nebenbei ein paar meiner Neapel-Kenntnisse einfließen lassen, denn zwei Jahre zuvor hatte ich dort einen Sommerurlaub verbracht. Dass mir die Stadt aber nicht gefallen hatte, weil ich sie zu laut und dreckig und hektisch fand, habe ich Andrea natürlich nicht gesagt.

Wie er im Verlauf des Abends seine Begleiterin loswurde und wir dann zu mir gelangt sind, daran kann ich mich nicht mehr erinnern. Auf jeden Fall hatten wir an diesem Abend Sex miteinander – ich wollte es, und Andrea ließ sich auch nicht groß bitten. Aus dieser Nacht entwickelte sich erst eine Affäre, dann eine Beziehung, deren Ausgang in den Sternen stand, weil er am Ende des Semesters ja wieder heimfahren musste. Als ich ihn zum Flughafen brachte, wurde mir schwer ums Herz, weil ungewiss war, wie es mit uns weitergehen würde. Auf jeden Fall wollte ich so schnell wie möglich meine Prüfungen hinter mich bringen und mich danach um ein Auslandssemester kümmern.

Es klappte alles wie geplant, und ich setzte mein Studium in Neapel fort, in der Stadt, die ich eigentlich nicht mochte, der ich aber Andrea zuliebe eine neue Chance gab. Zuerst wohnte ich in einer WG, später zog ich zu ihm, weil sein Mitbewohner für ein Austauschjahr in die USA gegangen war. Zwischen uns lief alles perfekt. Bis meine Tage ausblieben und ein Gynäkologe mir bestätigte, schwanger zu sein. Wahrscheinlich klinge ich jetzt wie eine dieser Frauen, die sich bei Oliver Geißen ausheulen: Mir war völlig unklar, wie das passieren konnte. Ich nahm die Pille und hatte sie nie, nie, nie vergessen. Wenn ich es genau bedachte, konnte es nur an den Medikamenten gelegen haben, die ich ein paar Wochen zuvor wegen einer nervigen Erkältung eingenommen und deren Beipackzettel ich mir, ehrlich gesagt, nicht richtig durchgelesen hatte. Aber mir darüber den Kopf zu zerbrechen brachte jetzt nichts. Es war geschehen und ließ sich nicht mehr rückgängig machen. Oder vielleicht doch?

Zwei Tage lang dachte ich über eine Abtreibung nach. Ich war 23, mitten im Studium und mit Andrea gerade mal ein knappes Jahr zusammen. Für ihn kam die Nachricht ebenso überraschend wie für mich. Nachdem sich der erste Schock gelegt hatte, sprachen wir ernsthaft miteinander. Wir gingen alle Optionen durch. Am Ende dieses Gesprächs drängte er mich zu nichts. »Es ist deine Entscheidung«, sagte er. Ich war froh, dass er mich nicht unter Druck setzte. Und beschloss, das Kind zu bekommen. Von da an freuten wir uns jeden Tag ein bisschen mehr über meinen wachsenden Bauch. Heute können wir ohne schlechtes Gewissen sagen: Emiliana war zwar nicht geplant, aber absolut gewollt.

Natürlich waren unsere Familien nicht gerade erfreut, als wir ihnen von meiner Schwangerschaft erzählten – meine vielleicht sogar etwas weniger als Andreas. Aber nach kurzer Zeit gewöhnten sie sich an den Gedanken. Andreas Eltern, die in einem Vorort von Neapel wohnen, boten uns an, zu ihnen ins Haus zu ziehen, um uns bei der Erziehung des Kindes zu unterstützen und uns gleichzeitig finanziell zu entlasten, damit wir beide unser Studium beenden konnten.

Ich brachte Emiliana in Neapel zur Welt. Andrea war bei der Geburt dabei, zumindest behauptet er das, und in seiner Heimat ist es nicht mal gelogen: Er saß draußen auf dem Gang und wartete, so wie es sich für italienische Männer gehört. Als alles vorbei war, brachte ihm meine Mutter, die extra aus Hamburg gekommen und während der Geburt bei mir war, unsere Tochter. Nicht einen Fuß hatte Andrea in den Kreißsaal gesetzt. Als ich ihn im sechsten Monate fragte, ob er dabei sein wolle, wusste er gar nicht, wie ich das meinte. Dass Männer ihren Frauen während der Niederkunft mit einem feuchten Waschlappen übers Gesicht wischen oder sich bereitwillig beim Veratmen einer Wehe die Hand zerquetschen lassen, ist in Italien kein Beweis für väterliche Qualitäten, sondern schlichtweg undenkbar. Und auch sogenannte Familienzimmer gibt es auf der Wochenbettstation nicht, jedenfalls nicht dort, wo ich Emiliana zur Welt gebracht hatte. In Deutschland hingegen machen sich Väter, die nicht von der ersten Stunde an ununterbrochen bei Frau und Kind sind, regelrecht verdächtig.

Ohnehin ist hier vieles anders, vor allem was die Arbeitsaufteilung zwischen Mann und Frau betrifft. Das habe ich seit Emilianas Geburt gelernt. Kindererziehung ist in Italien ganz klar Frauenangelegenheit, Sache der Mütter und Großmütter, zumindest habe ich es so erlebt. Andrea zierte sich sogar, Emiliana im Babytuch zu tragen. »Ich mache mich doch nicht freiwillig lächerlich«, sagte er, als ich es ihm einmal vorschlug. In Deutschland hingegen bekämen Väter vermutlich Post vom Familienministerium, wenn sie sich weigerten, sich das Baby vor den Bauch zu schnallen. Das ist fast ebenso schlimm, wie ein Kind in der Babyklappe abzulegen.

Drei Monate nach Emilianas Geburt flogen wir zu dritt nach Hamburg, zum ersten Mal. Wir gingen im Schanzenviertel spazieren, und wie das so ist, wenn man ein Kind hat: Man nimmt die Umgebung plötzlich ganz anders wahr. Wie durch eine Brille. Und durch meine Brille sah ich nur schwangere Frauen oder Menschen mit Babys, vor allem Väter, die ihre Kinder voller Stolz und Selbstbewusstsein im Tuch oder Babybjörn trugen. Andrea wunderte sich – und nannte sie spöttisch »Kängurus«. Noch vor Kurzem hatte ich einen Bogen um diese Gegend gemacht, weil es mir hier einfach zu viel von alldem gab, womit ich bis dahin nichts anfangen konnte: zu viele portugiesische Stehcafés, zu viele hippe Menschen, zu viele Kinder, zu viele Schanzen-Mamis. An diesem Nachmittag fand ich das Viertel jedoch ganz entspannt, vielleicht auch gerade wegen der vielen Kängurus.

Mittlerweile pendeln wir zwischen Neapel und Hamburg. Nach der Geburt legte ich ein Urlaubssemester ein, danach ging ich wieder zur Uni. Das Studium hat durch das Kind insgesamt etwas länger gedauert, aber ich bin jetzt dabei, mich auf meine Abschlussprüfungen vorzubereiten. Mit zwölf Semestern liege ich durchaus noch im Schnitt. Ich habe von Kommilitonen gehört, die doppelt so lange studiert haben, und das ohne Kind.

Gerade ist Andreas Mutter nach Hamburg gekommen, um sich um Emiliana zu kümmern. Damit ich in Ruhe an meiner Magisterarbeit schreiben und für die Prüfungen lernen kann. Nachdem sie neulich vom Spielplatz heimkam, sagte sie: »Toll, wie intensiv sich hierzulande die Väter um ihre Kinder kümmern. Ich hoffe für dich, dass sich Andrea von denen noch was abguckt.« Ich lächelte. Und fragte sie, ob sie an die Packung Milch gedacht habe, um die ich sie gebeten hatte. Sie stellte einen dieser ganz normalen Tetrapaks auf den Küchentisch. Ganz normale Milch. Nicht die Bio-Milch, die ich sonst immer für Emiliana kaufe. Mir entfuhr ein ungewolltes »Oh!«. Andreas Mutter fragte mich, ob etwas nicht stimme. Was soll man da sagen? Dass sie die falsche Milch gekauft habe? Falsche Milch? Wie hört sich denn das an? Falsche Milch?

»Nein. Alles in Ordnung – danke für die Milch.«

Eine Stunde ist vergangen, ein vielleicht vierjähriger Junge kommt zu uns an den Tisch und zeigt auf mein Diktiergerät. »Was ist das?« Gleich bin ich in eines dieser typischen Warum-Gespräche verwickelt, die nie ein Ende nehmen, wenn man freundlich bleiben möchte. Der Vater des Jungen kommt zu uns herüber, nimmt den Jungen an der Hand und kehrt zurück an seinen Tisch. Claudia sagt, dass das ja tatsächlich der größte Unterschied zwischen Deutschland und Italien sei bezüglich Kindern: Dort werde nicht über die Mitwirkungspflicht von Vätern diskutiert und auch nicht über ökologisch korrekte Nahrungsmittel; es gebe dort auch keine Kindercafés und diesen ganzen Befindlichkeitsquatsch – aber dafür seien die Menschen Kindern gegenüber grundsätzlich aufgeschlos-

sener. Restaurants bräuchten dort beispielsweise keine Alibi-Spielecken, um als kinderfreundlich zu gelten. Sie sind es einfach. Weil sich dort niemand an Kinderlärm stört. Weil man dort nicht schief angesehen wird, wenn man abends um acht mit Baby kommt. Aus deutscher Sicht sei Italien vielleicht tiefstes Mittelalter, was die Kindererziehung betrifft, vor allem seit man sich hier auf die Einführung von Elterngeld und Vätermonaten berufen kann. Aber dort denke man genau andersrum.

Krampf der Geschlechter

Ich habe eine Tochter, sowohl ich als auch mein Mann haben das stets als Vorteil empfunden. Zu Recht. In den USA sind seit Bill Clinton nur Männer an der Macht, die Väter von Töchtern sind. Ob das was zu bedeuten hat? Ich weiß es nicht. Ich weiß nur, dass mein Mann niemals amerikanischer Präsident werden wird, denn dazu hätte er in den USA geboren sein müssen. Dass unsere Tochter aber eines Tages deutsche Bundeskanzlerin werden könnte, ist durchaus möglich. Ich treffe Hanna, 34, Grafikdesignerin, im »Milchbart«, einem Kindercafé in Berlin-Prenzlauer Berg. Sie ist Mutter eines mittlerweile vierjährigen Sohnes. Manchmal wünscht sie sich insgeheim, es wäre anders gekommen.

Schon lange bevor unser Kind auch nur ansatzweise in unser Leben trat, wussten wir, was es werden wird: ein Junge. Zumindest in der Vorstellung von Tobias. »Ich werde später bestimmt einen Sohn haben«, sagte er eines Tages zu mir. Dieser Satz überraschte mich wie Besuch, der unangemeldet vor der Tür steht: Er kam aus dem Nichts. Zu diesem Zeitpunkt waren Tobias und ich erst ein paar Monate zusammen. Nachwuchs stand noch nicht auf dem Plan, wenigstens bei mir nicht. Ich hatte mich gerade erst selbstständig gemacht und mit einer Freundin ein Grafikbüro eröffnet. Und auch Tobias war mit seinem Studium eben erst fertig geworden. Nicht unbedingt die günstigsten Voraussetzungen, um ein Kind in die Welt zu setzen.

Zwei Jahre später sah die Situation ganz anders aus. Unser Grafikbüro bekam genügend Aufträge – wir konnten mit Stolz von uns behaupten, die Unsicherheit der Anfangszeit hinter uns gelassen zu haben. Mittlerweile hatte auch Tobias als Drehbuchschreiber Fuß gefasst. Er arbeitete für eine TV-Produktionsfirma. Außerdem schaffte er es nebenbei, sein erstes eigenes Drehbuch fertigzustellen – und zu verkaufen. An dem Tag, an dem er den Deal perfekt machte, lud er mich am Abend in ein Restaurant ein. Wir saßen bei seinem Lieblingsitaliener und stießen mit Wein auf den Erfolg an. Nach dem zweiten Glas drehte sich das Gespräch, und wir unterhielten uns über unsere Zukunft. »Wir könnten doch endlich zusammenziehen«, sagte Tobias. Ich war überrumpelt. Insgeheim hatte ich mir das schon seit Längerem gewünscht. Weil ich jedoch nicht sicher war, wie Tobias auf einen solchen Vorschlag reagieren würde, hatte ich bislang keinen Vorstoß in diese Richtung gewagt. Und als ob das noch nicht reichte, erklärte er, dass es doch an der Zeit sei, konkret über Kinder nachzudenken. Viele seiner Freunde hätten schon Nachwuchs, und langsam verspüre er ebenfalls den Wunsch nach einer eigenen kleinen Familie. Auch ich konnte mich mit diesem Gedanken nun anfreunden.

Kurz darauf fingen wir mit der Wohnungssuche an. Und ich setzte die Pille ab. Ob es nicht besser sei, damit noch ein bisschen zu warten, fragte Tobias, als ich ihm davon erzählte. Ich war irritiert. »Warum denn?«, fragte ich zurück. »Weil wir doch erst mal eine geeignete Wohnung finden und uns einleben müssen.« Komisch. Erst hatte er konkrete Pläne geschmiedet, nun schien er einen Rückzieher machen zu wollen. Ob er es sich mit dem Kinderkriegen doch anders überlegt habe, wollte ich von ihm wissen. Nein, antwortete er, gar nicht. Er habe jedoch vor Kurzem einen Artikel über eine wissenschaftliche Studie gelesen. Demnach steige die Wahrscheinlichkeit, einen Jungen zu zeugen, bei Paaren, die in einem gemeinsamen Haushalt leben. Ich musste prusten vor Lachen. Und hielt das für einen Scherz. Ich ahnte nicht, wie ernst es Tobias damit war. Wie auch? Ich hatte ihn bislang als absolut rationalen Menschen kennengelernt. Als jemanden, dem es egal ist, ob einem eine schwarze Katze von rechts nach links über den Weg läuft oder umgekehrt. Der sich eine ausgefallene Wimper einfach aus dem Gesicht wischt und sie nicht wegpustet in der Hoffnung, dass sich ein Wunsch erfüllen wird. Dieser Tobias sollte plötzlich so was wie abergläubisch sein? Ich konnte ihm das nicht abnehmen. Stattdessen fand ich es putzig. Ich gab ihm einen Kuss, drehte mich um und versuchte, die Episode zu vergessen.

Wir fanden schließlich eine nette Wohnung. Drei Zimmer mit Stuck, Dielen und Balkon. Nach und nach richteten wir uns ein. Aus zwei Haushalten einen zu machen, klingt einfacher, als man denkt. Unwesentliche Sachen wie Pizzaroller, Fußmatten oder Pfannen hat man plötzlich doppelt; einen zweiten, vom Stil her zum Bett passenden Nachttisch leider nicht. Außerdem tat sich das antike dunkle Schränkchen, das mir meine Eltern vermacht hatten, schwer mit Tobias' Vitra-Sofa – sie wollten nicht recht miteinander harmonieren. Tobias und ich dafür umso mehr. Obwohl er zuvor noch nie mit einer Frau zusammengewohnt hatte, klappte der Alltag mit ihm sehr gut. Wir stritten nicht über wild zerdrückte Zahnpastatuben oder unaufgewaschenes Geschirr. »Warum sind wir eigentlich nicht schon viel eher zusammengezogen?«, fragte er mich eines Abends, als wir vor dem Fernseher saßen. Ich wusste es nicht.

Die Idylle wurde kurz darauf getrübt, als ich Tobias erwischte, wie er vor seinem Laptop saß und sich dubiose Internetseiten anschaute. Keine Porno-Seiten. Sondern Seiten, auf denen ernsthaft darüber diskutiert wurde, wie man das Geschlecht eines Kindes bei der Zeugung beeinflussen kann. Angefangen mit einer speziellen Ernährung, über jahreszeitliche Einflüsse und Scheidenspülungen, bis hin zu bestimmten Sexpositionen. Am schmerzhaftesten klang für mich die Empfehlung, einen Hoden abzubinden – dazu hatte Hippokrates angeblich vor zweitausend Jahren geraten, um die Wahrscheinlichkeit der Zeugung eines Jungen zu steigern. Männer, die so etwas tatsächlich in Betracht ziehen, sind für mich keine. Am skurrilsten aber fand ich eine sogenannte Spermiensortiermaschine, die in den USA erfunden wurde. Mit ihrer Hilfe soll ein belgischer Arzt einem

Mann zur ersehnten Tochter verholfen haben. Die Vorstellung, die Zeugung eines Kindes durch einen solchen Apparat zu technisieren, hatte für mich etwas Abstoßendes.

Tobias zuckte zusammen, als ich ihn darauf ansprach. Als hätte ich ihn beim heimlichen Masturbieren ertappt. »Man kann es doch wenigstens versuchen«, sagte er, »also nicht die Spermiensortiermaschine, aber zum Beispiel das mit den Stellungen.« Ich wurde wütend. Und traurig. Taugt so jemand überhaupt zum Vater? Als ob Tobias meine Gedanken erahnt hätte, nahm er mich in den Arm. Er blickte mich an wie ein ausgesetzter Hund – mit einer Mischung aus Angst und Demut. »Ein Mädchen würde ich natürlich ebenso lieben wie einen Jungen«, beteuerte er. Ich wusste nicht, ob ich ihm das wirklich abnehmen sollte. Dann versuchte er, sich zu erklären. Dass er eben eine sehr enge Bindung zu seinen zwei Brüdern und seinem Vater habe. Dass er unter anderem deshalb fast jedes zweite Wochenende zu Besuch zu seinen Eltern nach Niedersachsen fahre, um für Großstädter so eigenartig klingende Sachen wie Pilzesammeln zu unternehmen. Nicht dass das Verhältnis zu seiner Mutter schlecht sei – ihn verbinde nur einfach mehr mit seinen Brüdern und seinem Vater. Eine Art sehr gute Männerfreundschaft. Nur dass die Involvierten zufällig aus ein und derselben Familie stammten.

Fortan behelligte mich Tobias nicht mehr mit dem Thema. Kann sein, dass er heimlich kalt duschte, weil er irgendwo gelesen hatte, dass heißes Wasser von Nachteil sein soll, wenn man sich einen Jungen wünscht. Er verschonte mich jedenfalls mit kuriosen Ideen und Vorschlägen. Im Bett verhielt er sich ebenfalls unauffällig. Rückblickend kann ich gar nicht mehr sagen, ob wir es häufiger in der Missionarsstellung taten oder von hinten. Als ich nach ein paar Monaten schließlich schwanger wurde, gab sich Tobias betont gelassen. Er bewahrte selbst dann die Fassung, als wir gemeinsam bei einer der Routineuntersuchungen waren und mein Gynäkologe sagte: »Sieht aus, als bekämen Sie ein Mädchen.« Tobias schwieg, versuchte aber trotzdem zu lächeln.

Kurz vor dem Entbindungstermin revidierte der Arzt sein Urteil und verkündete, dass das Kind in meinem Bauch doch ein Junge sei. Tobias schien insgeheim erleichtert. Den – wenn auch schwer zu erkennenden – Beweis in Form eines Ultraschallbilds nahm er sofort an sich und studierte ihn ausführlich. »Mein Sohn!«, sagte er und schob einen Seufzer hinterher. Den ganzen Weg nach Hause hielt er meine Hand. Mir kam es vor, als hielte er sie ein bisschen fester als sonst. Ich war froh, dass wir die Erstausstattung für das Kind in geschlechtsneutralen Farben gekauft hatten.

Bruno kam an einem warmen Maitag zur Welt. Ein strammer Junge mit schwarzen Haaren und einem Grübchen am Kinn. Er ist ein sehr aufgewecktes Kind. Schon in den ersten Wochen hielt er uns mächtig auf Trab. Alle zwei Stunden musste ich ihn stillen. Fürs Schlafen war er nicht sehr zu begeistern. Als ob er nichts verpassen wollte. Bald kam ich mir vor wie ein Zombie. Tobias sah auch nicht viel besser aus. Er übernahm das Windelwechseln, was bei zwölf Mahlzeiten am Tag ein Fließbandjob ist. Neben dem Maximum an Nahrung und Windeln verlangte uns Bruno viel Aufmerksamkeit und Zuwendung ab. Ständig wollte er bespaßt werden. »So ist das bei Jungs eben – die sind lebhafter«, sagte meine Mutter, als sie uns einmal besuchte. Tobias blickte verlegen zur Seite. Wenn unser Sohn schon als Säugling so kraftraubend war, wollte ich mir nicht ausmalen, wie es erst später sein würde.

Meine Befürchtungen wurden bestätigt. Mit zwei Monaten drehte sich Bruno das erste Mal vom Rücken auf den Bauch – es soll Babys geben, die zu diesem Zeitpunkt gerade mal den Kopf von links nach rechts bewegen. Während andere Kinder mit einem Dreivierteljahr noch krabbelten, lief er bereits ziemlich sicher, als sei es das Selbstverständlichste der Welt. Manchmal wünschte ich mir, wir hätten eines dieser lethargischen Kinder, die man drei Stunden in ihrem Laufstall ablegen und sich selbst überlassen kann. Die ein bisschen auf ihr Babybuch sabbern. Oder fasziniert mit der Rassel klappern. Bruno fand Rasseln immer öde. Dafür schob er mit Begeisterung den Küchenstuhl durch die Gegend. Überhaupt war er ständig in Bewegung. Er konnte kaum ruhig sitzen. Sobald es das Wetter zuließ, mussten wir mit ihm auf den Spielplatz oder in den Park gehen. Er war noch keine zwei Jahre alt, spielte aber bereits Fußball wie ein Großer. »Ganz schön anstrengend«, stöhnte Tobias, als wir nach einem Nachmittag im Volkspark Friedrichshain nach Hause kamen. Zuvor hatte er zwei Stunden lang versucht, Bruno den Ball abzuluchsen. Vergeblich.

Gerade suchen wir eine neue Wohnung. Was Größeres. Gerne auch mit eigenem Garten. Ich bin wieder schwanger. Im fünften Monat. Bislang hat das Kind bei den Vorsorgeuntersuchungen immer so ungünstig gelegen, dass man das Geschlecht nicht erkennen konnte. Ich habe das Gefühl, dass Tobias gegen ein Mädchen nichts einzuwenden hätte. Neulich hat er so was in einem Nebensatz angedeutet.

Wir hören aus dem Nebenzimmer laute Stimmen. Hanna sagt, sie will lieber mal hinübergehen und nachgucken. Zur Sicherheit. Ich folge ihr. Bruno streitet mit einem anderen Jungen gerade darüber, wer als Erster mit dem Bobbycar fahren darf. Seine Hände verleihen seinen Argumenten Nachdruck und schubsen das Kind zur Seite. »Ich finde es gut, dass Bruno so charakterstark ist«, sage ich. Hanna schaut mich an und antwortet: »Du hast ihn auch nicht 24 Stunden am Tag.«

Die Null-Summen-Rechnung

Kurz vor dem vereinbarten Termin piept mein Handy, eine SMS: »Verspäte mich leider in Jung-Mutter-Manier. Bin jetzt aber auf dem Weg.« Ich bin überrascht. Weil sich heutzutage kaum noch jemand fürs Zuspätkommen entschuldigt, junge Eltern am allerwenigsten. Aber noch überraschter bin ich über mich selbst: weil ich gar nicht davon ausgegangen war, dass eine junge Mutter überhaupt pünktlich sein würde. Ich ertappe mich bei dem Gedanken, die Entschuldigung auf eine angenehme Art altmodisch zu finden. Zwanzig Minuten nach der SMS klingelt es an der Tür. Josefine, 34, Werbetexterin, kommt mit ihrem fünf Monate alten Sohn Nick.

Wie ich mir ein Leben mit Kind früher vorgestellt habe, kann ich heute gar nicht sagen. Ich weiß nur, dass ich nie eine von diesen furchtbar unentspannten, furchtbar angestrengten Müttern werden wollte. Eine von denen, die nach der Geburt erst mal für Wochen untertauchen, um eins zu werden mit sich und dem Nachwuchs. Eine von denen, die dann unvermittelt wieder auftauchen und über nichts anderes mehr reden als über Geburtstraumata, Babykoliken und Stillprobleme. Als eine Freundin von mir ein Baby bekam, war sie monatelang nicht zu erreichen, so als hätte sie sich verabschiedet von ihrem alten Leben, mit dem sie nun nichts mehr zu tun haben wollte, mit dem sie nicht mehr konfrontiert werden wollte. So etwas sollte mir niemand nachsagen.

Heute weiß ich: Meine Ansprüche und Erwartungen an mich und mein Leben mit Kind waren zu hoch, viel zu hoch.

Ich wollte natürlich alles anders, alles besser machen, als ich erfuhr, dass ich schwanger war. Mit mehr Lässigkeit. Mit mehr Coolness. Nachdem wir die freudige Nachricht erhalten hatten, flogen mein Mann Daniel und ich erst mal für einen sechswöchigen Urlaub in die USA. Einen Großteil verbrachten wir in New York, der Stadt, von der es heißt, sie sei ihrer Zeit voraus und würde nie schlafen, und das taten wir dort auch kaum. Es war, als würden wir dieses Lebensgefühl aufsaugen, uns einen Vorrat anlegen, von dem wir später zehren konnten. Außerdem wollten wir noch einmal das Alleinsein zu zweit genießen, denn wer wusste schon, wann wir wieder dazu kommen würden.

Nach unserer Rückkehr stürzte ich mich in die Arbeit. Das Wort »Mutterschutz« hatte ich aus meinem Wortschatz gestrichen. Vor was sollte ich auch geschützt werden? Am Abend bevor die Wehen einsetzten, beendete ich eine Präsentation für einen großen Werbekunden – mir ist heute noch rätselhaft, was ich mir damit beweisen wollte. Bei uns in der Agentur ist es üblich, auf das erfolgreiche Ende solcher Projekte in kleiner Runde anzustoßen. Dass ich diesmal nicht dabei sein konnte, war mir fast etwas unangenehm. Aber mir blieb keine Zeit, darüber nachzudenken, ob die Kollegen mir das übel nehmen würden. Ich war zu sehr damit beschäftigt, die Wehenschmerzen zu veratmen, wie es im Hebammenjargon so schön heißt. Irgendwann hechelte ich wie ein durstiger Hund, den man in der Wüste ausgesetzt hatte. Die Hebamme redete währenddessen auf mich ein: Ich müsse die Schmerzen durchstehen, um mental eingestimmt zu sein auf die Aufgaben, die mich nach der Geburt erwarten.

Wäre es nach mir gegangen, hätte ich auf diese entwürdigende Prozedur verzichtet. Aber wer heutzutage freiwillig, ohne medizinische Indikation, per Kaiserschnitt entbinden will, macht sich ungefähr so beliebt wie ein Kleinkrimineller, der einer gebrechlichen Oma die Handtasche klaut. Diesbezüglich sind uns die USA einmal mehr um einiges voraus. Dort ist es nicht unüblich, nach dem »too posh to push«-Prinzip zu entbinden: Gerade sogenannten Promi-Müttern wird nachgesagt, sie seien sich zu fein zum Pressen – und entschieden sich deshalb für einen geplanten Kaiserschnitt. Die Wahrheit ist doch, dass man nicht automatisch eine bessere Mutter wird, nur weil man unter Höllenqualen ein Kind zur Welt gebracht hat. Ich zog mir jedenfalls schon den Unmut der Hebamme zu, als ich eine Rückenmarksbetäubung verlangte. Drei Mal setzte der Anästhesist an, bis er die Kanüle richtig platziert hatte. Ich will nicht ausschließen, dass er das aus purer Boshaftigkeit tat.

Nach zwanzig Stunden wurde es doch noch ein Kaiserschnitt. Geburtsstillstand. Nichts tat sich mehr: Die Wehen ließen nach und meine Kraft auch. Daniel war während der OP bei mir, sie wurde unter lokaler Betäubung durchgeführt. Als wir Nick endlich schreien hörten, waren wir glücklich. Und erschöpft. Doch statt diesen Moment zu genießen und uns von der anstrengenden Geburt zu erholen, riefen wir noch vom Kreißsaal aus unsere Familien an, die keine Stunde später bei uns im Krankenhaus waren. Wir wollten ihnen den Neuzugang umgehend präsentieren.

Zum Erholen und Aneinandergewöhnen blieb nicht viel Zeit. Am nächsten Morgen kam Daniels Bruder Justus vorbei, dessen Freundin sich gerade von ihm getrennt hatte. Ich versuchte, ihm aufmerksam zuzuhören und Trost zu spenden. Und vermied es, auf Nick und die Geburt zu sprechen zu kommen. Wie schon gesagt: Ich wollte keine dieser Mütter werden, deren ganzes Sein und Tun und Denken nur noch vom Kind bestimmt wird. Angestrengt hörte ich mir Justus' Kummer an. Dabei hätte ich Nick längst wieder stillen müssen. Ich überlegte, wie lange ich es noch hinauszögern könnte, weil ich nicht unhöflich sein und ihn rausschmeißen wollte. In den restlichen drei Tagen auf der Wochenbettstation ging es in meinem Zimmer zu wie auf einem Bahnhof: Im Stundentakt kamen Freunde, um mir zur Geburt zu gratulieren. Aber jedes Mal lenkte ich die Gespräche reflexartig auf andere Themen. Auf den Job, das Wetter, das Fernsehprogramm. Komisch, dass ich mir dabei nicht lächerlich vorkam.

Alles andere als lächerlich war dafür das, was ich in den Wochen nach meiner Entlassung erlebte. Ich war kaum raus aus dem Krankenhaus, da kam ich auch schon wieder rein. Wegen starker Kopfschmerzen. Die Ärzte vermuteten, dass es sich um eine späte Nebenwirkung der Anästhesie handelte, und wollten meinen Zustand überwachen. Aber zum Glück ließen die Kopfschmerzen schon bald nach und ich konnte wieder nach Hause. Dafür entzündete sich meine Brust. Vermutlich wegen der ganzen Hektik und Unruhe, die ich ja selbst zu verantworten hatte. Es war der Preis, den ich zahlte, weil ich krampfhaft an meinem alten Leben festhalten und mich weiterhin mit Freunden verabreden wollte, ohne Rücksicht darauf, ob es Nick oder mir überhaupt guttat.

Dass mein Sohn derjenige war, der nun unseren Tages- und Nachtrhythmus bestimmte, daran musste ich mich erst gewöhnen. Schlagartig bewusst wurde mir das, als mich mein Körper mit einem weiteren Warnsignal darauf aufmerksam machte. Wir hatten Freunde von Daniel zum Essen eingeladen, und ich wollte kochen, obwohl ich vom Kochen nicht viel verstand. Trotzdem rührte ich ein paar Lebensmittel zusammen und erhitzte sie – mit viel Fantasie konnte man das als Mahlzeit bezeichnen. Ich hatte sogar schon den Tisch gedeckt, bevor die Gäste kamen, und auch Nick gebadet und ins Bett gebracht. Es wurde ein netter Abend. Nachdem der Besuch gegangen war, legte ich mich völlig erschöpft ins Bett. Um mich herum war alles still, doch plötzlich bemerkte ich ein komisches Summen im Ohr. Ich versuchte es mir damit zu erklären, dass Nick mich ein paar Stunden zuvor angeschrien hatte, als ich ihn auf dem Arm hielt.

Am nächsten Morgen war das Geräusch immer noch da. Aus dem Summen war ein Fiepen geworden. Ich ahnte, dass es sich um etwas Ernstzunehmendes handelte, und ging zum Arzt. Der überwies mich zur Tinnitussprechstunde, wo mir ein pflanzliches Mittel verschrieben wurde. Stärkere Medikamente durfte ich nicht nehmen, weil ich Nick stillte. Ginkgo hilft ja bei vielen Beschwerden – gegen Fiepen im Ohr hilft es leider nicht, zumindest nicht bei mir. Man schickte mich von einem Arzt zum nächsten: vom HNO zum Neurologen, zum Zahnarzt, zum Orthopäden. Weder die Schul- noch die Alternativmedizin konnten mir helfen. Besonders suspekt waren mir die Homöopathen. Von denen bekam ich nach einem kurzen Gespräch ein paar Kügelchen und hohe Rechnungen. Manchmal hatte ich den Eindruck, dass der Ärztemarathon meinen Zustand sogar noch verschlimmerte, weil er zusätzlich Stress und Belastung nach sich zog.

Mein Leidensdruck wurde immer schlimmer. So schlimm, dass ich sogar bereit war, einen Wunderheiler zu konsultieren. Wir waren zu Besuch bei meinen Verwandten in Norddeutschland. Sie erzählten mir die Geschichte eines Mannes, dem das Unmögliche gelungen war: Er soll die Schwägerin eines Cousins kuriert haben, die nach einem Unfall auf einem Auge nichts mehr sehen konnte. Leider praktizierte dieser Mann nicht mehr persönlich, er war schon vor einiger Zeit in den Ruhestand gegangen. Dafür hatte sein Sohn die Praxis übernommen. Offenbar ging man davon aus, dass Wunderkräfte vererbt werden. Mir war es egal, ob ich vom Vater oder vom Sohn behandelt wurde, wenn nur das Fiepen verschwinden würde.

Ich betrat die Praxis – und war enttäuscht. Ich hatte einen spirituellen Ort erwartet, einen Ort, an dem nur geflüstert wird und an dem es nach Weihrauch riecht. Stattdessen waren die Räume sehr nüchtern eingerichtet, an den Wänden hingen abstrakte Gemälde. Der Wunderheiler war ein kleines schmächtiges Männchen mit weichem Händedruck und unverständlichem Dialekt: Er sprach Plattdeutsch. Oft konnte ich nur erraten, was er mir sagte. Schließlich stellte er sich vor mich und legte mir seine Hand auf mein rechtes Ohr. Mit viel gutem Willen hätte es ein andächtiger Moment werden können – wenn der Mann vorher was gegessen hätte. So hatte ich zusätzlich zum Fiepen plötzlich ein weiteres unangenehmes Geräusch im Ohr: das Grummeln seines Magens.

Bevor ich frustriert die Praxis verließ, erkundigte ich mich noch, wann mit einer Wirkung zu rechnen sei. »In Bälde«, sagte der Wunderheiler und kassierte für seine zehnminütige Behandlung zwanzig Euro. Als das Geräusch einen Monat später immer noch nicht verschwunden war, beschloss ich, dass »in Bälde« vorbei war. Und dass Wunderheiler künftig auf mich als Versuchsperson verzichten müssten.

Seit drei Monaten begleitet mich das Fiepen nun schon. Lautstärke und Frequenz verändern sich etwa alle zwei Tage. Mein Hausarzt sagt, das sei ein gutes Zeichen. Er glaubt, dass das Geräusch irgendwann komplett verschwinden wird. Ich versuche seither, den Alltag mit Nick etwas entspannter anzugehen. Wenn ich merke, dass mir eine Verabredung zu viel wird, weil Nick meine ganze Aufmerksamkeit braucht, dann sage ich sie ab. Einige meiner Freundinnen habe ich schon ein paar Wochen nicht mehr gesehen. Hoffentlich halten sie mich jetzt nicht für eine dieser furchtbar unentspannten, furchtbar angestrengten Mütter, die ich bis vor Kurzem selbst noch so schlimm fand.

Wir reden noch ein bisschen weiter. Dann quengelt Nick, irgendwas scheint ihm aufs Gemüt zu schlagen. Eine Weile versucht Josefine, ihren Sohn zu beruhigen. Als weder Streicheln noch Hin-und-her-Wiegen helfen, packt sie ihre Sachen und geht nach Hause. Ich muss an ein Buch denken, das vor einiger Zeit in den Schlagzeilen stand, »Lob der Disziplin«. Darin fordert der Autor Eltern zu festen Regeln im Umgang mit ihren Kindern auf. In der Realität, gerade in den ersten Lebensmonaten, verhält es sich jedoch genau umgekehrt: Der Nachwuchs ist es, der die Rahmenbedingungen setzt, an die sich die Eltern zu halten haben. Und eine der wichtigsten Regeln lautet: Wenn das Kind quäkt und schreit, stehen die Eltern unter Zugzwang. Auch – oder gerade – bei Tinnituserkrankungen.

Die Überforderte

Ob sie auch zu mir kommen könne, fragt Nora am Telefon, sie müsse mal raus, was anderes sehen. Zehn Minuten vor der verabredeten Zeit klingelt sie. Ich öffne die Tür, zeige ihr die Wohnung, die Zimmer. Sie schaut sich alles sehr interessiert an, fast ein wenig zu interessiert, so wie andere Menschen aussehen, wenn sie heimlich das Tagebuch eines Fremden lesen – so als ob man nicht nur herausfinden will, wie der andere wohnt, sondern wie er lebt. Wie er das macht. Nora, 33, habe alles falsch gemacht. Sagt sie. Während die anderen wie von Zauberhand alles richtig gemacht hätten. Sagt sie. Ich mache ihr einen Kaffee, wir setzen uns an den Esstisch, ich bemühe mich darum, dass sich Nora hier wohlfühlt, damit sie erzählt, gerne erzählt – vom Scheitern, wie sie es nennt.

Wenn die anderen sagen, ich sei gescheitert, dann sollen sie das sagen, es ist mir egal, und eigentlich haben sie auch recht. Ja, ich bin gescheitert, an meinen eigenen Ansprüchen und an dem Druck, den ich schon alleine dann gespürt habe, wenn ich mit dem Kinderwagen auf die Straße gegangen bin. Aber das wird aufhören, es wird vorbei sein. Zwei Monate noch. Dann packen wir. Dann ziehen wir um. Nach Oranienburg. Weg von hier, weg von Berlin. Dem Ort meines Scheiterns.

Dass ich überhaupt einmal scheitern würde in meinem Leben – daran hätte ich nie geglaubt, denn das Leben lief rund. Ich habe in Heidelberg Jura studiert, danach habe ich in München als Anwältin gearbeitet, dort lernte ich meinen Mann Thomas kennen, der bei einem Softwareunternehmen gearbeitet hat. Nach vier Monaten haben wir geheiratet, so groß war die Liebe und so groß war das Glück. Aber wie es eben so ist mit dem Glück: Auch danach kann man süchtig werden, auch davon will man immer mehr haben, dabei hatten wir bereits so viel. Wir hatten uns, ein unglaubliches gemeinsames Jahreseinkommen, eine wunderschöne Wohnung, Jobs, die uns ausfüllten, einen netten Freundeskreis. Im Winter gingen wir Snowboarden, im Sommer fuhren wir an den Gardasee. Und nach zwei Jahren stellten wir einen Mangel in unserem Leben fest. Da waren wir beide 29 Jahre alt.

Wir hatten schlichtweg keine Möglichkeiten mehr – alles war irgendwie fertig, nicht mehr ausbaufähig. Es fehlte das Neue in unserem Leben, eine Art von Reiz oder eine Aufgabe. Eines Abends saßen wir in unserer Küche und sprachen über unsere Zukunft, über die Wünsche, die wir beide hatten – und brachten all das dann auf den kleinsten gemeinsamen Nenner: Wir wollten ein Kind und wir wollten nach Berlin. Heute weiß ich: Das war ein Wunsch zu viel.

Das Kind wollten wir, weil es logisch war. Wir liebten uns, wir waren glücklich, wir hatten die finanziellen Möglichkeiten und vor allem hatten wir den Willen, das zu komplettieren, was wir uns unter Familie vorstellten. Worauf warten?

Nach Berlin wollten wir, weil von dieser Stadt ein Zauber ausging, eine Magie, wie es andere vielleicht mit New York oder Paris verbinden. Mein Mann und ich sind beide eher ländlich aufgewachsen, München ist da nicht unbedingt der Schritt hinein in das pralle Metropolenleben. Und Berlin kannten wir von Wochenendtrips – die Clubs, die Geschäfte, die Menschen, die uns so viel interessanter schienen als die, die wir in München kannten, und deren Sattheit uns langsam aber sicher auf die Nerven ging. Berlin schien uns wie ein Versprechen auf ein spannenderes Leben. Berlin schien uns wie die perfekte Kulisse, um eine Familie zu gründen – warum taten es denn sonst so viele dort?

Ab dem nächsten Tag, genauer bereits in der Nacht, kümmerten wir uns um beide Wünsche. Der eine ging nach sechs Monaten in Erfüllung, der andere nach – nein, nicht nach neun

Monaten, sondern nach anderthalb Jahren. Zunächst fanden wir beide gute Jobs in Berlin. Thomas konnte sich schlicht und einfach versetzen lassen, und ich bekam dank guter Referenzen eine Stelle in einer renommierten Kanzlei. Vor allem aber fanden wir eine Wohnung, wie sie in München undenkbar gewesen wäre: eine 200-Quadratmeter-Dachgeschosswohnung, an der Grenze zwischen Mitte und Prenzlauer Berg. Da, wo unten das Leben tobt, und man oben trotzdem seine Ruhe hat. Die Miete schien uns, verglichen mit Münchner Verhältnissen, kein schlechter Scherz zu sein, sondern ein guter Witz.

Und so waren unsere ersten Monate: Die Arbeit erfüllte uns, ebenso das Einrichten der Wohnung und das Erkunden unserer neuen Stadt. Wir suchten nach den guten Restaurants, wir fanden das unglaubliche Nachtleben, aus Kollegen wurden Freunde. Und ich wurde schwanger. Und das Leben nahm diese eine Wendung, die ich mir niemals vorstellen konnte.

Nach dem ersten Glück, das ja normal sein sollte, wenn sich ein Paar ein Kind wünscht, begann das große Unglück. Ich erlebte meine Schwangerschaft nicht als schöne Zeit, sondern einfach nur als Monate, in denen ich dicker und dicker wurde und mir selber nicht mehr gefiel. Mir war andauernd schlecht, eigentlich bis zur Geburt, nichts passte mehr, und Thomas ging mir ebenso auf die Nerven wie ich ihm. Eine komplette Katastrophenveranstaltung war der Geburtsvorbereitungskurs, den wir – weil wir beide beruflich noch sehr eingespannt waren – an einem Wochenende absolvierten. Während die anderen Paare um uns herum sich scheinbar mühelos anhecheln, anlächeln und was weiß ich sonst noch alles konnten, stellten wir uns an wie Einarmige, die einen Nagel in die Wand hauen sollten. Wir fanden in diesem Kurs – ich kann es nicht anders ausdrücken – irgendwie nicht zueinander. Das Schlimmste war, dass sich Thomas irgendwann in einen harten Sarkasmus zurückzog, mit dem wir den Unmut der anderen Paare auf uns zogen. Mit ihren Blicken zeigten sie uns am zweiten Tag, dass wir nicht dazugehörten, keine vollwertigen Eltern werden konnten. Es heißt ja immer, dass Kinder untereinander furchtbar grausam sein können. Ich aber erlebte an diesem Wochenende, wie grausam werdende Eltern untereinander sein können – wenn sie merken, dass da jemand seine kommende Rolle noch nicht richtig angenommen, noch nicht verinnerlicht hat, oder sich einfach noch unwohl fühlt. Dann fallen die, die das bereits geschafft haben, über einen her wie Hyänen über ein altes Stück Fleisch. So fühlte ich mich übrigens auch am Tag der Geburt.

Wir hatten uns für eine Klinik entschieden und gegen eines dieser Geburtshäuser. Einfach weil wir auf der sicheren Seite sein wollten, falls doch etwas passiert. Von Anfang an wurden wir behandelt wie Patienten, die zu einer Knie-Operation gekommen sind. Ich war eine große Masse Mensch, aus der in ein paar Stunden eine kleine Masse Mensch rauskommen sollte – und Thomas war einfach nur ein hilfloser Mensch, der aus meiner Sicht nichts richtig machen konnte, dafür aber alles falsch.

Unser Sohn Milan kam morgens um vier. Und natürlich waren wir in diesem Moment glücklich. Glücklich und erschöpft. Aber im Rückblick glaube ich, dass diese Erschöpfung nicht nur von den Strapazen der Geburt kam, sondern von all den Monaten, eigentlich Jahren, in denen Thomas und ich diesen Moment herbeigesehnt hatten. Und von all den Enttäuschungen, die diese Sehnsucht begleitet hatten.

Aber es wurde noch schlimmer. Von dem Moment an, als wir mit Milan in unsere Wohnung kamen, stimmte etwas nicht mehr. Die Wohnung schien sich verändert zu haben, es war nicht mehr »unsere« Wohnung. Es war so, als hätten wir jetzt einen Gast, den man nicht eingeladen hat, und der nicht wieder gehen will. Thomas wollte gehen, zurück zu seiner Arbeit, ich blieb mit Milan alleine und wusste nichts anzufangen mit der Zeit, die wir gemeinsam hatten. Ich erledigte meine Pflichten: Füttern, Wickeln, Waschen. Wenn Milan schlief, und er schlief viel am Anfang, dann schlief ich auch.

Es kommt mir heute vor wie Monate, die es gedauert hat, bis ich mich mit dem Kind aus dem Haus traute, und diese Spaziergänge wurden zur Qual. Das Schieben des Kinderwagens erlebte ich von Beginn an als Aufgabe, die ich bewältigen musste. Dabei sah ich auf den Straßen nur Mütter, die mit dem Kinderwagen eins zu sein schienen, so als ob er mit ihren Händen, mit ihrem Körper verschmolzen sei. Für mich war er ein Ding, was ich vor mir her schob. Mir fiel auch sofort auf, wie toll all diese Mütter aussahen. Für Frauen wie sie gibt es die Bezeichnung »Milf«: Mother I'd like to fuck. Und tatsächlich schienen die Mütter in Prenzlauer Berg begehrenswerte Wesen zu sein. Sexy, selbstbewusst, sich ihrer Rolle und ihrer neuen Aufgabe mehr als sicher. Meine Selbstzweifel stiegen ins Unermessliche. Würde ich diese Rolle auch spielen können? Was musste ich dafür tun?

Ich brauchte Informationen. Das war der eigentliche Grund, warum ich mit Milan zum Babyturnen ging und zum Babyschwimmen: nicht weil ich dachte, das sei gut für das Kind. Sondern weil ich dort herausfinden wollte, wie die anderen Frauen Mütter sein konnten. Es waren Momente voller Niederlagen.

Beim Babyschwimmen fiel mir auf, wie schlank die Mütter aussahen, deren Kinder so alt waren wie Milan. Schlank, straff, mit perfekten Brüsten. Die größte Demütigung ging von einer Mutter aus, die immer einen Bikini trug. Die wurde auch immer von ihrem Mann begleitet – offensichtlich einer dieser Kreativen mit Tagesfreizeit. Der saß stets am Beckenrand, konnte sein Glück, was da im Wasser planschte, kaum fassen und freute sich wahrscheinlich auf den nächtlichen Sex, um noch ein Kind zu zeugen. Oder um Spaß zu haben, das war ja irgendwann auch mal eine Option.

Ich hatte keinen Spaß, auch nicht beim Babyturnen, wo ich die Erfahrung machte, dass alle anderen Kinder bereits weiter waren als Milan. Sie konnten greifen, sie konnten sich umdrehen, sie konnten lachen und fröhlich sein, während Milan auf einer Matte lag und mich die ganze Zeit ungläubig anstarrte.

»Was machen wir hier?«, schien er mich zu fragen. Oder: »Was mache ich hier? Was machst du hier?«

Ich wusste nicht, was ich hier machte, ich wusste es jeden Tag weniger. Manchmal schob ich den Kinderwagen an sogenannten Kindercafés vorbei und sah drinnen diese jungen, attraktiven Frauen, die was tranken, redeten, lachten, während ihre Kinder auf ihrem Arm oder auf einer Matte lagen. Es waren Bilder von einem Leben, das ich immer haben wollte, das mir aber unmöglich zu führen schien. Ich kannte auch keine anderen Mütter. Mit wem sollte ich in einem Café trinken, reden und lachen?

Thomas kam jeden Abend etwas später nach Hause. Ich konnte es ihm nicht einmal verübeln, dass er seine Zeit nicht mit mir verbringen wollte. Ich hätte ihn eh nur vollgejammert, dabei wollte ich nicht jammern. Ich wollte handeln, reagieren, aus diesem Teufelskreis der schlechten Laune, Selbstvorwürfe und Minderwertigkeitskomplexe endlich ausbrechen.

An einem Wochenende im Sommer unternahmen wir dann einen Ausflug. Wir fuhren mit dem Auto Richtung Norden, raus aus der Stadt, ins Umland, das wir noch gar nicht kannten. So wie wir früher oft ins Umland gefahren sind, als wir noch in München lebten. In München ist das Schönste ja nicht die Stadt, sondern das Umland. Die Seen, die Berge, die Dörfer. Und während wir fuhren und Milan schlief, redeten Thomas und ich davon, ob wir nicht vielleicht besser rausziehen sollten, dahin, wo man nicht jeden Tag seine Unfähigkeit erkennen muss – sondern wo man in Ruhe seine neue Rolle finden kann. Eine Rolle, in der ich nicht arbeite, nicht versuche, perfekt zu sein, nicht wie die anderen, denen das mühelos zu gelingen scheint. Eine Rolle als Mutter. Als Frau meines Mannes. Als etwas anderes jedenfalls, als ich es hier sein muss, als es hier von mir verlangt wird.

Nora möchte noch einen Kaffee, und ich vermute: Sie möchte nicht gehen, sie will noch bleiben, sie will noch was wissen.

»Was erzählen die anderen denn so?« Ich sage ihr, dass das alles ganz verschieden ist, völlig unterschiedliche Geschichten, andere Lebensläufe, andere Herangehensweisen. Ob es denn noch jemanden gegeben habe, der sich so angestellt habe wie sie, will Nora wissen. Was soll ich da antworten? Was kann ich ihr sagen? Allgemeinplätze, gut gemeinte Ratschläge – in der Art etwa, dass es Situationen gibt, da weiß man erst, wenn man mittendrin steckt, ob die was für einen sind, ob man damit zurechtkommt. Und dass es auch ganz verschiedene Strategien gibt, mit dem Leben fertig zu werden. Aber ich bin mir sicher, dass Nora all das weiß. Ich bin mir sicher, dass Nora so lange versucht hat, mit einer Selbstlüge zu leben, dass sie jetzt nicht mehr süchtig nach Glück ist, sondern süchtig nach Wahrheit. »Nee«, sage ich, »so unter Druck gesetzt wie du hat sich bisher keine.« Nora lächelt. Sie sagt: »Na, immerhin etwas.« Sie schaut aus dem Fenster. Dann fragt sie: »Und bei dir so?«

Das Patchwork-Paradies

Die Sache mit den Biografien. Je mehr Mütter ich treffe, desto unglaublicher finde ich das: dass sich Leben manchmal so entwickeln, in eine Richtung, die mit nichts vergleichbar ist – und die niemand voraussagen kann. Wenn man Tina vor zehn Jahren erzählt hätte, sie würde drei Kinder haben, da hätte sie nur gelacht. Wenn man ihr dann noch erzählt hätte, dass diese Kinder von drei verschiedenen Vätern sein würden, dann hätte sie wahrscheinlich geweint. Heute, mit 35, lebt Tina diese Unwahrscheinlichkeit, diesen Zufall, dieses, nun ja, Chaos. Obwohl in ihrer Wohnung im Kölner Agnes-Viertel nichts mit Chaos zu tun hat: Hier ist alles aufgeräumt, alles hat seinen Platz, seine Ordnung – die Kinder helfen mit. Jonas ist neun Jahre alt, seine beiden Schwestern Klara und Mia sechs und drei. Sie sagen kurz »Hallo« und verschwinden dann wieder in ihre Zimmer. Tina macht einen Kaffee, sie hat Kuchen gekauft, zündet sich eine Zigarette an. »Ich leg dann mal los«, sagt sie. Ja bitte.

Der erste Mann war die große Liebe, der zweite war das große Versehen und der dritte die große Enttäuschung – die Kinder aber, die mir blieben, sind das große Glück. Aber eigentlich blieb mir noch viel mehr.

Doch wie soll man das erklären, wie fange ich die Geschichte an? Vielleicht, tatsächlich, am Anfang. Ich kam vor zehn Jahren nach Köln, ich begann bei einer Plattenfirma zu arbeiten, damals war ich 25 Jahre alt, und die Welt, die ich kannte, war zu klein für meine Träume und für meine Hoffnungen. Ich wollte ein gutes, ein schönes Leben führen, spannend, abwechslungsreich, jeden Tag sollte ein kleines Wunder passieren. Ich hatte nichts Richtiges gelernt, ich war immer viel zu sehr damit beschäftigt, mir mein Leben auszumalen, meine Wünsche für mich selber noch konkreter zu formulieren. So genau, dass ich sie förmlich greifen konnte, wenn ich nur daran dachte. Meine Träume und Hoffnungen waren die oberflächlichen Träume und Hoffnungen von so vielen jungen Frauen, die in ihrer Jugend die falschen Jungs geküsst haben, die von ihren Eltern und von ihren Lehrern nicht verstanden wurden und nachts dauernd das Gefühl hatten, ihr Leben sei vertauscht worden. Es waren Träume und Hoffnungen vom richtigen Mann, von Geld, ein bisschen auch von Ruhm und Ehre – und all das sollte dann natürlich auch den größtmöglichen Spaß und die größtmögliche Freiheit mit sich bringen. Heute erscheinen mir diese Träume und Hoffnungen wie dumme Fantasien einer Zwölfjährigen, dabei hing ich ihnen noch nach, bis ich 25 war. Bis Jonas kam.

Ich fing also bei dieser Plattenfirma an – als Mädchen für alles. Den Job bekam ich wahrscheinlich, weil ich einigermaßen okay aussah, nicht auf den Mund gefallen war und wohl auch sonst so einem Branchen-Klischee entsprach: Ich war die Flippig-Unbeschwerte, Typ »Girlie«. Ich kam mit jedem gut aus, und ich kann heute nur raten, wie meine Karriere verlaufen wäre, wenn ich mich nicht in einen Abteilungsleiter der Plattenfirma verliebt hätte. Die Liebe begann fast an meinem ersten Tag, in dem Moment, als ich Lars sah: Fabelhaft aussehend stand er vor mir, kaum älter als ich, aber schon Chef, was ihm eine Selbstsicherheit gab, die so selten ist bei jungen Männern. Er schien locker – und hatte trotzdem diese tadellosen Umgangsformen, wie man sie nur bekommt, wenn man schon etwas erreicht hat im Leben und deshalb weiß, wie man sich in guten Restaurants zu verhalten hat. Einen Monat flirteten wir miteinander, wie ein kleines Mädchen ließ ich es zu, dass er sich nachts in meine Träume schlich, und als er mich zum ersten Mal küsste – nach einer kleinen Bürofeier – da fühlte ich mich wie eine 14-Jährige, die gerade vom Schwarm aller Abiturientinnen angelächelt wird. Wir küssten uns im Taxi, auf dem Weg in seine Wohnung, und wir hörten damit auch nicht auf, als wir uns auszogen, auf seinem Bett landeten und miteinander schliefen.

Ich habe keine Ahnung, ob ich bereits in dieser ersten Nacht schwanger wurde – oder in der darauffolgenden. Oder in der darauf. In den nächsten Wochen schliefen wir jede Nacht miteinander – nichts fühlte sich richtiger an. Und obwohl wir uns bei der Arbeit bemühten, die Sache für uns zu behalten, begannen die Kollegen zu tuscheln, denn Liebe lässt sich nicht ewig geheimhalten. Ich glaube, man sagte über uns, wir seien »ein schönes Paar« – und das blieben wir auch, als ich zwei Monate später erfuhr, dass ich schwanger war.

Es sollte so sein. Es musste auch so sein, denn keiner von uns dachte je an Verhütung. So als ob all der Sex eh nur dazu da war, um ein Kind zu zeugen. Die Nachricht zog kein Drama nach sich, keine Probleme: Wir zogen zusammen, bekamen ein Kind und trennten uns schließlich in Liebe.

Ich weiß, das klingt absurd, aber ich kann es nicht anders beschreiben: Die Beziehung war weg, irgendwann, Jonas war ein Jahr alt, da beschlossen wir, kein Paar mehr zu sein, weil wir kein Paar mehr sein wollten. Als Lars die Wohnung verließ, küssten wir uns lange und innig. Ich sagte: »Bis morgen.«

Was völlig bescheuert klingt, war für uns völlig logisch – so logisch, wie das Miteinander nach der Trennung. Lars war in jeder freien Minute bei Jonas und mir, und als ich ihm erzählte, dass ich mich verliebt hatte, da war er fast glücklicher als ich.

Blöderweise war der Mann, in den ich mich verliebt hatte, genau das nicht. Ich fand ihn, wie man so sagt, interessant, als ich ihn bei einer Freundin kennenlernte. Kai erinnerte mich an einen einsamen Cowboy – und er war ein einsamer Cowboy. Und er wollte ein einsamer Cowboy bleiben: Als ich ihm erzählte, dass ich schwanger sei (er benutzte Kondome – nun ja), zündete er sich eine Zigarette an und sagte lange nichts. Am nächsten Tag sagte er, dass er alles täte, was er könne, aber dass ich ja wüsste, dass das nicht viel sei. Das war eigentlich unser Trennungsgespräch. Kai tat dann doch tatsächlich, was er konnte – und es war mehr, als ich damals ahnte.

Es war zum Beispiel so, dass er mich warnte, als ich ihm von Jörg erzählte. Ich war auf dem Spielplatz mit Jonas, Klara und ihren beiden Vätern, die sich inzwischen mochten, auf eine komische Art auch befreundet waren. Die Freundschaft definierte sich allerdings ausschließlich über das Vaterdasein, funktionierte aber, denn die beiden hatten miteinander das, was bei anderen Männerfreundschaften vielleicht der Fußball ist: Die Kinder waren ihr Verein – und sie die größten Fans. Ich erzählte also, dass ich mich in Jörg verliebt hatte, einen netten, warmherzigen Mann, etwas älter (ich traute mich nicht zu sagen: 15 Jahre älter), der in Scheidung lebte und bereits drei Kinder hatte. Lars schaute Kai an, dann sagte er: »Und der heißt echt Jörg jetzt, ja?«

Kai sagte nichts, zündete sich eine Zigarette an, pustete den Rauch mit nach vorne geschobener Unterlippe aus. Als er zu Ende geraucht hatte, ging er zu den Kindern, die im Sand spielten, setzte sich wortlos zu ihnen und begann, eine Sandburg zu bauen – Jonas und Klara halfen ihm dabei. Es war ein Bild der Ruhe, ein Bild, an dem alles richtig war. Lars machte ein paar dumme und ein paar gute Witze über Jörg, dann kam Kai und sagte: »Für mich hört sich das alles an wie ein Topf voll Scheiße.«

Um es kurz zu machen: Es war ein Topf voll Scheiße, und er quoll über, als ich Jörg sagte, dass ich schwanger sei. Jörg flippte regelrecht aus, er schrie, dass das nicht gehen würde, dass das ja wohl nicht mein Ernst sein könne – was ich mir eigentlich dabei gedacht hätte. Als er sich beruhigt hatte, wollte er mit mir »sachlich«, wie er es nannte, über die Abtreibung reden. Ich sagte: »Ich glaube nicht, dass dieses Gespräch stattfinden wird.« Er sagte: »Dann sieh zu, wie du damit zurechtkommst.«

Das war das Letzte, was ich von Jörg hörte. Obwohl. Nicht ganz. Ich hörte dann noch, dass Jörg zwei Monate später auf dem Weg von einer Bar zu seinem Auto zusammengeschlagen wurde, es sollen zwei Täter gewesen sein: einer, der mit stoischer Ruhe zuschlug, und ein anderer, der nur dabeistand und kicherte. Geklaut wurde nichts.

Die Geburt von Mia verlief ungefähr so: Lars und Kai waren mit Jonas und Klara im Krankenhaus, immer einer der Männer war bei mir, der andere bei den Kindern, und als es vorbei war, da waren wir zu sechst in einem Stationszimmer, und ich erinnere mich, wie ich einmal wach wurde und die anderen schlafend sah. Ich hätte weinen können vor Glück über dieses Bild, über dieses chaotische, harmonische Bild, das mein Leben ist.

Es gibt keinen neuen Mann in meinem Leben – es reicht auch irgendwie, offensichtlich werde ich ja sofort schwanger, und mehr als drei ... Im Moment ist es gut, so wie es ist, ich wüsste nicht, was ich ändern könnte, wie es besser sein könnte. Meine beiden Männer sind in jeder freien Minute bei mir, ohne dass wir darüber reden, zahlen sie den Unterhalt, sogar Jörg überweist Geld, und so kann ich vom Muttersein leben.

Aber es ist ein gutes Leben, es ist voller Leben, es hat nichts mit dem zu tun, wie ich mir mein Leben jemals vorgestellt habe. Wenn ich mit Jonas, Klara, Mia und den beiden Männern unterwegs bin, auf dem Spielplatz, im Zoo, im Urlaub – ja, wir waren schon zweimal gemeinsam im Urlaub, an der Nordsee, aber das ist wohl eine andere Geschichte –, dann ist da diese ganz große Gewissheit, dass niemand von uns jemals alleine sein wird, sondern dass jeder Einzelne für den anderen da ist, egal was passiert. Es ist wie eine ganz große Liebesgeschichte, eine Liebe zwischen sechs Menschen, drei kleinen und drei großen Menschen, die so unwahrscheinlich ist, dass sie vor allem eines beweist: dass Liebe tatsächlich unglaublich ist.

Tina ist fertig, sie hat fast eine halbe Schachtel geraucht. »War das jetzt nicht zu chaotisch für dich?«, will sie wissen, so als ob sie eine Sache immer vermeiden will: das Chaos, die Unord-

nung. Ich sage ihr, dass ich meine, alles verstanden zu haben. Die Sache mit den Biografien. Wenn es tatsächlich stimmt, dass sich Kinder ihre Eltern selber aussuchen, dann haben Jonas, Klara und Mia nicht so wahnsinnig viel falsch gemacht. Sie wollten wohl nicht den einfachen, den geraden Weg gehen. Aber: Wer will das schon?

Ein eigentümlicher Beschluss

Ich soll mir doch bitte schön selbst ein Bild machen, sagt Nina und verabredet sich mit mir an einem sonnigen Septembernachmittag auf einer Baustelle in Berlin-Pankow. Es ist kurz vor fünf, wir stehen vor dem Rohbau eines Wohnhauses, am Eingang weisen uns freundliche Hostessen den Weg nach oben. Im Dachgeschoss, oder besser gesagt, dort, wo später mal das Dachgeschoss sein wird, findet das Richtfest statt. Etwa siebzig Menschen haben sich versammelt, ein Teil von ihnen sind die künftigen Eigentümer der Wohnungen, die hier gerade entstehen. Sie stehen beieinander, halten Small Talk, essen Häppchen. Sehen einem Handwerker dabei zu, wie er symbolisch einen Nagel in einen Balken schlägt. Gratulieren sich gegenseitig zur gelungenen Investition und stoßen auf gute Nachbarschaft an. Nur Nina, 32, Verwaltungsangestellte, sieht aus, als ob sie nicht hierher gehört. Sie trägt ihren Sohn Karl, knapp anderthalb, auf dem Arm. Und zieht ein Gesicht wie fünf Tage Regenwetter.

An manchen Tagen bin ich richtig wütend auf die Nachbarin, die über uns wohnt. Schauspielerin! Man kennt sie aus Film und Fernsehen. Wir kennen sie vor allem wegen ihres Getrampels. Und das ist schuld daran, dass mein Freund Jochen irgendwann die Contenance verloren hat und weg wollte: weg aus unserer Wohnung, weg aus unserem Kiez. Immerhin konnte ich ihn noch davon abhalten, gleich die Stadt zu verlassen.

Zur Erklärung: Wir wohnen in Berlin-Prenzlauer Berg, am Kollwitzplatz. Sanierungsgebiet. Altbauwohnungen. Hohe Decken. Abgeschliffene Dielen. Und weil es sich bei Letzteren um Originaldielen handelt und nicht um diese preisgünstigen Imitate aus dem Baumarkt, sind diese nicht trittschallgedämmt.

Mein Gott, ich klinge jetzt bestimmt wie ein Angestellter von Obi, dabei kannte ich das Wort »Trittschalldämmung« bis vor einer Weile noch gar nicht. Ich lernte es erst kennen, als wir eine Antwort von der Hausverwaltung bekamen: Jochen hatte sich kurz nach unserem Einzug über die lauten Geräusche beschwert und gefragt, ob womöglich ein baulicher Mangel vorliege, ein Fehler, der bei der Sanierung unterlaufen sei. Aber der Hausverwalter wies nur darauf hin, dass die Dielen nicht trittschallgedämmt seien, weil man die alten Böden in den Wohnungen lassen wollte. Für die schönere Atmosphäre. Für die Patina. Und so was nannte sich Luxussanierung!

Wir lebten noch keine zwei Monate in unserer neuen Wohnung, da dachte Jochen bereits wieder daran, auszuziehen. »Das ist eine Zumutung«, sagte er eines Abends. Ich hatte Karl bereits vor drei Stunden ins Bett gebracht. Jochen und ich saßen auf dem Sofa und sahen fern. Das heißt: Wir versuchten, fernzusehen. Es gelang uns nicht, uns auf den Film zu konzentrieren. Weil die Nachbarin über uns offensichtlich Besuch hatte, der es nicht für nötig befand, seine Schuhe am Eingang auszuziehen. Macht man das heutzutage nicht mehr? Gilt das bei Filmmenschen als uncool? Jedenfalls hörten wir die ganze Zeit das Klackern der Absätze. Und das Quietschen von Stühlen, die hin- und hergeschoben wurden. Klang, als würden sie oben »Reise nach Jerusalem« spielen. Es machte uns wahnsinnig.

Das Schlimme daran war: Die Menschen taten ja nichts Verbotenes. Sie saßen einfach beisammen, aßen vermutlich was, unterhielten sich und hatten Spaß. So wie Jochen und ich das früher auch des Öfteren taten, bevor Karl geboren wurde: Wir luden Gäste zu uns ein. Amüsierten uns, ohne auf die Uhr zu gucken. Kann man ja machen, wenn man keine Kinder und beruflichen Verpflichtungen am nächsten Morgen hat. Nur dass unsere Nachbarin anscheinend ziemlich oft keine beruflichen Verpflichtungen am nächsten Morgen hatte. Schade eigentlich.

Jedenfalls reifte in Jochen an diesem Abend eine Idee: Er wollte sich nach etwas Eigenem umgucken. Nach etwas, das sich fernab von Gegenden befand, die in den Medien gerne als Szenekiez bezeichnet wurden. Er wollte sich nach einem Haus im Umland umschauen.

Und mir blieb fast mein Herz stehen, als er mir diesen Beschluss mitteilte. Nicht vor Freude, sondern vor Angst. Was für manche nach einem idealen Wohnort klingt, um Kinder großzuziehen, war für mich der reinste Horror. Ich bin ein Großstadtkind, immer schon gewesen. In Orten mit weniger als einer Million Einwohnern fühle ich mich schnell beobachtet. Ich brauche das Gewusel, die Menschenmassen, die mir das Gefühl von Anonymität vermitteln. Ich brauche Cafés, Boutiquen, Ausgehmöglichkeiten, trotz der Tatsache, dass ich mittlerweile Mutter bin, oder vielleicht gerade deshalb.

Jochen sah das anders. Leider. Er kam aus der hessischen Provinz, aus einem kleinen Dorf, in dem man jede Kuh auf der Weide beim Namen kannte. Seinen Heimatort hatte er zum Studieren verlassen. Anschließend war er nach Berlin gegangen, um sich hier als Medienberater selbstständig zu machen. Wenn es gegangen wäre, glaube ich, wäre er lieber in seinen Heimatort zurückgekehrt.

So weit die Gemengelage.

Anfangs hoffte ich noch, dass es sich bei Jochens Vorhaben, ins Umland zu ziehen, bloß um eine fixe Idee handelte. Doch als er drei Wochen später mit einem dicken Papierstapel ausgedruckter Immobilienangebote vor mir stand, wusste ich, dass es ihm ernst war. Ich sah mich schon in Gummistiefeln und Kittelschürze durch den Vorgarten laufen. Während mir Bauer Heinrich von nebenan auf den Geist ging, weil er mit dem Traktor seinen Acker pflügte. Wenn ich dem Ganzen nicht sofort einen Riegel vorschob, würde ich also den Rest meines Lebens ein Dasein als Landpomeranze fristen. Eine grauenhafte Vorstellung. Ich nahm Jochen den Papierstapel aus der Hand.

»Den kannst du gleich in den Müll werfen, denn ich werde nicht mit dir ins Umland ziehen.«

In den nächsten Wochen flogen zwischen uns die Fetzen. Zwischendurch herrschte eisiges Schweigen. Ich warf Jochen Provinzialität vor. Und er sagte, ich sei egoistisch, weil ich nicht einsehen wolle, dass ein Leben auf dem Land für Karl viel schöner sei. »Da kann er draußen sein, im Garten spielen, Natur erleben.« Ich wusste nicht, warum man das in Berlin nicht tun könnte – wenn ich »Natur« erleben wollte, dann fuhr ich in den Botanischen Garten oder ging in den Zoo. Und »im Garten spielen« hielt ich für die am meisten überschätzte Sache überhaupt. Meinen Verweis auf den begrünten Innenhof ließ Jochen nicht gelten.

Der Streit hinterließ seine Spuren. Ob zwischen Jochen und mir alles in Ordnung sei, fragte mich eine Freundin, die mich eines Tages besuchte. »Ja, warum nicht?«, sagte ich. Bei uns, erwiderte sie, herrsche eine merkwürdig angespannte Stimmung. Ich war bedrückt. Das war nun aus uns geworden: ein Paar, um das man sich Sorgen machte. Bis vor Kurzem wurden wir noch um unser Glück beneidet. So schnell konnte das Bild kippen.

Um den Konflikt zwischen uns nicht zu verhärten, beschloss ich, auf Jochen zuzugehen. Ob wir nicht einen Kompromiss finden könnten, fragte ich. Und das erste Mal seit Wochen setzten wir uns gemeinsam an einen Tisch und besprachen alle möglichen Optionen. Nachdem er eingesehen hatte, dass eine Großstadtpflanze nicht so einfach aufs Land umzutopfen war, lenkte er ein. »Wie wäre es denn mit einem Haus am Stadtrand?« Wenig später einigten wir uns auf Pankow. Für alle, die damit jetzt nichts anfangen können: Pankow liegt im Norden Berlins und zählt für jemanden, der die letzten zehn Jahre mit Überzeugung in Prenzlauer Berg gelebt hat, so gut wie zum Umland. Spitz formuliert. Denn natürlich war Pankow immer noch besser als Umland. Es war aber auch ein bisschen gesetzter, bürgerlicher und saturierter als Prenzlauer Berg.

Zu meinem Unmut stand Jochen zwei Tage später erneut mit einem dicken Papierstapel ausgedruckter Immobilienangebote vor mir. Die ersten Objekte, für die er Besichtigungstermine oder Treffen in Architekturbüros vereinbart hatte, konnte ich noch mit dem Verweis auf ungünstige Grundrisse oder zu hohe Preise abwehren. Aber dann kam er mit einer Broschüre über ein neu zu errichtendes Haus, an dem auch ich nichts mehr zu kritisieren fand. Mist! Es handelte sich um eine Wohnung, die sich über zwei Etagen erstreckte – Erdgeschoss und erstes Stockwerk. Dazu gehörte ein Garten, der zwar nicht sonderlich groß war, aber Jochens Bedürfnis nach Natur offenbar zu befriedigen schien.

Der Tag beim Notar, an dem wir den Kaufvertrag unterschrieben, war der schlimmste meines Lebens. Zwischenzeitlich überlegte ich sogar, meine Unterschrift so unkenntlich unter das Konvolut zu setzen, dass der Vertrag unmöglich rechtskräftig sein konnte. Doch allein schon bei dem Gedanken daran kam ich mir kindisch vor.

Mittlerweile zähle ich die Tage in meinem alten, heiß geliebten Kiez: Der Abschiedscountdown läuft. Unsere Freizeit verbringen wir gerade damit, Türklinken, Steckdosen, Bodenbeläge und Fliesen für das Bad auszusuchen. Ich habe schon überlegt, die Handwerker zu bestechen. Damit sie die Trittschalldämmung unter dem Holzfußboden vergessen. Dann könnte ich mich vielleicht nach zwei Monaten damit rausreden, dass mir das Getrampel aus dem ersten Stock viel zu laut sei – und wir deshalb dringend umziehen müssen.

Es ist knapp eine Stunde vergangen, und wovon genau ich mir ein Bild machen sollte, weiß ich jetzt zwar immer noch nicht so richtig, aber ich habe eine Ahnung. Es geht um das Gefühl des Angekommenseins im Leben, um das Gefühl des Eingebundenseins, das Nina Angst macht. Dass eine Entscheidung endgültig ist, was sie früher, in ihrem alten Leben, nie war, weil es an der nächsten Straßenecke immer wieder neue Möglichkeiten zu entdecken gab, die einen in Versuchung führen konnten. »Ist doch schön hier«, sage ich zu ihr, als wir die Feier verlassen und sich unsere Wege trennen.

Das späte Glück

Ja, ja, das hier ist ein Buch über sogenannte »junge Mütter« – und, ja, ja, die meisten Mütter in diesem Buch sind so um die dreißig, und deshalb die Frage: Was genau ist noch mal »jung«? Falsche Antwort, Teil 1: Man ist so jung, wie man sich fühlt. Falsche Antwort, Teil 2: Jung sein ist keine Frage des Alters. Die richtige Antwort fällt mir nicht ein, sie fällt mir auch nicht ein, als ich mit Susanne aus München telefoniere, um sie zu fragen, ob ich sie besuchen kann für ein Buch über »junge Mütter«. »Wieso mich«, will sie wissen, »ich habe mein Kind mit 39 bekommen. Ich bin vierzig Jahre alt. Es gibt Großmütter, die vierzig sind. Wäre das nicht auch ein Buch?« Am Telefon kann ich Susanne nicht erklären, warum ich sie treffen will. Ich kenne sie nur flüchtig, über eine gemeinsame Bekannte, und als die mir Susannes Alter einmal verriet, da konnte ich das nicht glauben, denn Susanne wirkt immer ein wenig wie ein Teenager – ein Teenager, der halt ein bisschen mitgenommen aussieht vom vielen Feiern. Sie willigt schließlich in ein Treffen ein, im Münchner Stadtcafé, gegenüber dem Jüdischen Museum. Wir begrüßen uns, Küsschen links, Küsschen rechts. München-Style. Aber irgendwie, nun ja, auch schon wieder unglaublich nett. Jakob, ihr Sohn, sieben Monate alt, ist übrigens mit dabei. Er schläft in seinem Bugaboo-Kinderwagen. Er wird das ganze Gespräch verschlafen.

Um mich vielleicht gleich zu Anfang wahnsinnig beliebt zu machen: Ich muss mir ja ums Geld keine Sorgen machen. Das ist der Vorteil, wenn man aus familiären Gründen ein bisschen was hat – keine Millionen, sondern so viel, dass man nicht unbedingt arbeiten muss, es aber doch tut, weil es den Charakter schult. Und weil es sonst ja auch furchtbar langweilig wäre im Leben.

Ich habe eigentlich immer was gearbeitet. Erst in der Firma meiner Eltern, später dann im PR- und Marketingbereich. Das kann man sich ja heute kaum noch vorstellen, aber das waren in den Neunzigerjahren coole Jobs. Gut bezahlt, angesehen, mit Prestige. Vor allem in München, der Stadt, in der ich geboren und aufgewachsen bin und die ich niemals verlassen werde. Meine wahre große Liebe. Nach Jakob, meinem Sohn, der jetzt sieben Monate alt ist. Schläft er noch? Ja – er schläft. Wie sein Vater. Schläft auch die ganze Zeit.

Wie ich an zwei schlafende Männer gekommen bin? Jedenfalls nicht wie die Jungfrau zum Kinde. Ich hatte meine wilden Jahre, ich hatte meine guten Jahre. Und jetzt, jetzt habe ich vielleicht meine besten Jahre. Aber ich beginne mal ganz von vorn.

Das Erste, woran ich mich erinnern kann, ist, dass es mir gut ging. Klingt furchtbar bescheuert, ist aber wahr. Es ging mir gut, meine ganze Kindheit hindurch, die ich behütet in einem Münchner Vorort mit meinen Eltern verbracht habe. Mir fehlte es an nichts, vor allem nicht an Liebe und Verständnis. Meine Eltern erzogen mich für bayrische Verhältnisse progressiv, sie gingen mit mir zu Anti-Strauß-Demos, und als ich 16 war, durfte mein damaliger Freund bei uns übernachten. Zum Dank tat ich alles in Maßen: Ich rauchte, aber nicht viel. Ich trank Alkohol, war aber nie so sturzbetrunken, dass ich morgens in einer Hecke aufwachte. Ich nahm ein paar Mal Drogen, aber nicht so, dass ich damit angeben kann. Außerdem machte ich ein hervorragendes Abitur und beendete mit 23 mein BWL- und Kommunikationswissenschaftsstudium.

Ich bekam einen guten Job in der PR-Abteilung einer großen Firma. Und führte ein Leben, das dem durchschnittlichen *Bunte*-Leser wahrscheinlich wie der Inbegriff des Münchner Schickimicki-Lebens erscheint. Ich ging ins »P1« und ins »Schumanns«. Ich badete nachts nackt im Pool vom »Bayrischen Hof«. Ich habe mal mit einem Prominenten geknutscht, aber daran wird der sich nicht mehr erinnern. Es war ein gutes Leben. Ein Leben, in dem Familie, Kinder – solche Sachen – keinen Platz hatten. Nicht, weil man sie nicht wollte oder gar ablehnte. Es gab sie schlichtweg nicht. Heute denke ich manchmal, dass es Mitte der Neunzigerjahre in München keinen Menschen gab, der jünger war als zehn. Es gab auch nichts, was auf die Existenz von Kindern hinwies: keine Kindergeschäfte, keine Kindergärten. Man kann sich nicht über etwas Gedanken machen, was es nicht gibt.

Es gab dann andere Dinge in meinem Leben. Ich verliebte mich in einen Kollegen, in Andreas. Wir wurden ein Paar, zogen zusammen – und gingen irgendwann nicht mehr aus. Wir luden Freunde zu uns ein, allerdings erst nachdem die Wohnung, die wir gekauft hatten, so weit war. Mit »so weit« meine ich: bis sie richtig war. Bis sie passte. Wir waren Anfang dreißig, kauften also diese Vier-Zimmer-Wohnung und verbrachten ein ganzes Jahr damit, Türklinken, Armaturen, Fliesen, Fenstergriffe, Toilettendeckel und Sofakissen auszusuchen und zu kaufen. Es schien uns einfach der richtige Zeitpunkt, uns im Leben einzurichten. Ich glaube, ich hatte immer ein Gefühl für den richtigen Zeitpunkt. Dafür, dass alles im Leben seine Zeit hat. Mit 32 war die richtige Zeit dafür, mit Andreas zusammenzuziehen und alles so herzurichten, wie man es sich vorstellt. Es war die richtige Zeit für Möbelkataloge, Designzeitschriften, Farbmuster.

Danach, als das erledigt war, schien die richtige Zeit gekommen zu sein, um andere daran teilhaben zu lassen. Wir kochten für unsere Freunde, wir aßen, tranken und redeten über die wirklich wichtigen Dinge. Über die Antiglobalisierungsbewegung und Eminem. Über den 11. September und Harald Schmidt. Über *Lost in Translation* und Gerhard Schröder. Es war ein Weltverstehen, Weltbegreifen in den Gesprächen, die einen am anderen Tag vielleicht keinen Erkenntnisgewinn gebracht hatten, dafür aber das Gefühl, ein bisschen klüger, ein bisschen smarter zu sein als der ganze langweilige Rest.

Heute denke ich manchmal, wir haben die ganzen Nullerjahre durchgeredet, dazu kiloweise Pasta gegessen und Unmengen Wein getrunken. Wenn wir nicht geredet haben, dann saßen wir im Flugzeug oder im Auto und reisten irgendwohin, wo wir noch nicht waren, um etwas zu finden, was wir gar nicht gesucht hatten. Reden und reisen – im Prinzip also immer in Bewegung bleiben, nicht anhalten, nicht ausruhen, sondern weitermachen. Sich schneller drehen, als es die Erde tun kann. Über Kinder sprachen wir nie.

Vielleicht hatten wir es vergessen. Vielleicht hatten wir auch vergessen, dass wir älter wurden, jedenfalls saßen Andreas und ich eines Sonntagabends auf unserem Balkon, als er plötzlich sagte: »Übrigens: Kinder?« Zwei Worte. Zwei Worte, die mich erst zum Lachen brachten, und die mich dann wachrüttelten. Zwei Worte, die einen daran erinnerten, dass es da ja noch etwas gab, das man erledigen musste. So wie manchen Menschen einfällt, dass man ja noch ganz dringend die Steuererklärung machen muss. Ich war 37, Andreas 36. Wir hatten nicht nur über alles geredet, wir hatten auch alles erlebt. Andreas fragte in einem Ton, in dem andere fragen, ob man nicht mal gemeinsam nach Vancouver fahren sollte – denn in Vancouver sei man schließlich noch nie gewesen.

An jenem Abend sprachen wir dann sehr lange. Wir sprachen, bis es hell wurde, wir weinten und lachten dabei und am Ende nahmen wir uns in den Arm. Und ich würde jetzt gerne erzählen, dass wir an diesem Sommermorgen unseren Sohn gezeugt haben – aber das wäre großer Quatsch und eine große Lüge. Und die Möglichkeit eines Kindes war eben genau nicht das, wonach es sich jetzt anhört: nämlich der letzte große Kick eines Wohlstandspaares, das bereits alles andere hinter sich hatte.

Die Möglichkeit eines Kindes war vielmehr die letzte Sehnsucht, über die wir uns nie zu reden getraut hatten, aus dummen, albernen, falschen Gründen.

In meiner Erinnerung ist dieses Gespräch der größte Liebesbeweis, den wir uns gegenseitig erbracht haben. Aber durch Reden wird kein Mensch schwanger, und es dauerte über ein Jahr, bis ich es schlussendlich wurde. In dieser Zeit begann ich alles zu lesen, was es über sogenannte Spätgebärende gab. Man nennt sie auch »Last-Minute-Mütter«, was allerdings tatsächlich ein wenig billig klingt. Ich fand heraus, dass im Jahre 2006 unter den verheirateten Erstgebärenden fast zwanzigtausend vierzig Jahre oder sogar noch älter waren – was natürlich kein Argument ist, das Kinderkriegen möglichst weit nach hinten zu verschieben. Meine Frauenärztin wurde bald meine beste Freundin, sie erklärte mir, wie Eierstöcke altern, und dass ab 35 die Eireifung nicht mehr so toll funktioniert wie mit 25. Ich konnte dem Älterwerden noch nie besonders viel abgewinnen.

Ich hatte Zyklen komplett ohne Eisprung. Obwohl wir nicht mehr verhüteten, war es trotzdem ein bisschen wie Lotto spielen. Und was ich für Zahlen lernte! Der weibliche Embryo besitzt noch zwei Millionen Eizellen. Bei Einsetzen der ersten Periode sind es immerhin noch 400 000 – aber mit 35 Jahren hat eine Frau nur noch 35 000 Eizellen. 35 scheint die magische Zahl der Frau zu sein. Aber lange nicht das beste Alter.

Es gibt für alles im Leben eine Zeit. Und die Beschäftigung mit dem Thema Schwangerschaft lehrte mich, dass die beste Zeit der Frau zum Schwangerwerden ihr 24. Lebensjahr ist. Da geht die Sache am schnellsten und am reibungslosesten. Aufgrund persönlicher Recherche wage ich den Befund, dass 24 das Alter ist, an das sich Frauen am wenigsten erinnern: zu viele Partys, zu viel Alkohol, von allem ein bisschen zu viel.

Meine Frauenärztin sagte mir, dass meine Chance, schwanger zu werden, bei durchschnittlicher Sexhäufigkeit ungefähr bei zehn Prozent pro Zyklus liege. Das heißt: Von hundert Frauen meines Alters werden zehn bei ungeschütztem Geschlechtsverkehr schwanger. Rein theoretisch. Wenn ich heute daran denke, was wir alles wie und wann versucht haben, muss die Zahl höher angesetzt werden. Praktisch gesehen war ich jedenfalls irgendwann schwanger. Und ich war glücklich, Andreas war glücklich. Nie wieder Sex – das schworen wir uns.

Von nun an war ich eine »Risikoschwangere«. Das hatte ich sogar amtlich, ich bekam einen entsprechenden Vermerk im Mutterpass. Ansonsten bekam ich nichts: Mir war nie übel, ich bekam keine Schwangerschaftsdiabetes. Aber nach einer Weile setzte Panik ein. In einem Buch las ich, dass Kinder von älteren Frauen häufiger von Chromosomenstörungen betroffen sein könnten. Einfacher ausgedrückt: Es konnte passieren, dass mein Kind entweder zu viel oder zu wenig Erbinformation mitbekommt. Bei zu viel könnte ich ein Kind mit Down-Syndrom zur Welt bringen. Die Sache hatte ich ziemlich kurz mit Andreas besprochen. Wir waren uns nach zwei Minuten einig, dass uns das egal wäre. Wir sprachen darüber auf dem Weg zur pränatalen Feindiagnostik. Auf dem Weg zurück waren wir erleichtert, glücklich. Bis ich am Abend wieder vom Kaiserschnitt anfing.

Ich habe keine Ahnung, wie sehr sich 25-Jährige mit ihrer Schwangerschaft und der Geburt beschäftigen. Ich weiß nur, dass die gerne den Satz sagen: »Ich bin schwanger – und nicht krank.« Obwohl ich mich gesund fühlte, benahm ich mich immer mehr wie jemand, der krank ist – oder es vielleicht gerne wäre. Die Schwangerschaft brachte den Hypochonder in mir zum Vorschein. Irgendwo hatte ich gelesen, dass Erstgebärende über 38 doppelt so oft per Kaiserschnitt entbinden würden, wie es normal der Fall sei. Woanders hatte ich gelesen, dass Hollywoodstars ihre Kinder generell per Kaiserschnitt zur Welt brächten, viele sogar vier oder fünf Wochen vor dem Termin – ihrem eigenen Körper zuliebe. Über all das wollte ich mit Andreas reden. Aber der hatte dazu keine Lust, was ich damals nicht verstand und heute verstehe. So wenig, wie man durch Reden schwanger wird, bringt man durch Reden ein Kind zur Welt.

Dafür redete meine Frauenärztin. Eine Woche vor dem Termin sagte sie mir: »Viele Ärzte wollen bei einer Frau in deinem Alter auf Nummer sicher gehen und machen einen Kaiserschnitt. Nicht weil es nötig wäre, sondern weil sie Angst haben, dass dem Kind vielleicht doch noch etwas geschehen könnte.«

»Mit Recht?«, wollte ich wissen. Aber meine Ärztin sagte, ich solle erst mal schauen. Bisschen pressen – und dann könne man das ja immer noch entscheiden.

Ich entschied mich zu pressen, bis es nicht mehr ging. Aber es ging – zehn Stunden lang ging es, dann lag Jakob in meinem Arm. Andreas ist übrigens umgefallen dabei. Er nennt es »leicht eingeknickt«.

Susanne erzählt dann noch zwei Stunden lang. Über das Muttersein, über ihr Leben mit Jakob und Andreas. Im Nachhinein wird mir bewusst, warum ich sie unbedingt treffen wollte zum Gespräch: weil ihr Muttersein abgekoppelt ist von ihrem Alter. In ihrem Muttersein könnte Susanne auch 29 sein – es spielt keine Rolle. Es sind Alltagsgeschichten, die sie erzählt, wie ich sie von so mancher Mutter gehört habe: kleine Dramen, große Erfolge. Es gibt nur einen Unterschied, den ich am Ende unseres Treffens entdecke, als wir uns verabschieden vor dem Jüdischen Museum neben dem Stadtcafé: Susannes Wickeltasche ist ein Gucci-Weekender.

Das kommt mir spanisch vor

Seit einigen Jahren hat ein Schlagwort Einzug in den allgemeinen Sprachgebrauch gefunden, bei dem man gar nicht so genau weiß, was es eigentlich bedeuten soll: »Lebenslanges Lernen«. Lernt man nicht sowieso irgendwie sein Leben lang? Bringt einen das, was man täglich tut, nicht immer ein Stück voran? Warum wird dann auf einmal so viel Gewese um »lebenslanges Lernen« gemacht? Und warum wird es schon so früh forciert? Ich treffe Kathrin, 33, Illustratorin, in ihrer Wohnung in Berlin-Mitte. Wir setzen uns ins Wohnzimmer und trinken Kaffee, während des Gesprächs fällt mein Blick auf ein Wörterbuch, das auf dem Couchtisch liegt. Es spielt in Kathrins Leben eine große Rolle.

Das erste Wort, das Helene in der Kita lernte, war »laro«. Ich holte sie eines Nachmittags nach der Arbeit ab, sie war damals etwa anderthalb und gut gelaunt, als ich ihr im Umkleideraum Schuhe und Jacke anzog und sie dieses Wort zum ersten Mal sagte. Wobei ich gestehen muss, dass ich es damals gar nicht als solches identifiziert habe. Ich dachte vielmehr, es würde sich um eine von Helenes Lautmalereien handeln – sie gab oft Töne wie »agruu« oder »rriie« von sich. Nun schien eben »laro« dran zu sein. Ich brauchte eine Weile, um zu begreifen, dass es ein real existierendes Wort war, und um herauszufinden, was es bedeute: Reis. Und korrekt ausgesprochen hieß das Wort nicht »laro«, sondern »el arroz«. Die unsaubere Aussprache kann man dem Kind aber nicht zum Vorwurf machen. Für den komplizierten S-Laut am Wortende braucht es schon einiges an Übung und Routine, um die Zunge zwischen den oberen und unteren Schneidezähnen in eine ganz bestimmte Position zu bringen und dabei die Luft mit viel Druck aus dem Mund zu pressen. Um

»el arroz« mit der *Sendung mit der Maus* zu erklären: Das war Spanisch.

Es war natürlich kein Zufall, dass eines von Helenes ersten Worten »el arroz« war. Wir hatten sie in einer bilingualen Kita angemeldet, in einer deutsch-spanischen. Bernd und ich hielten das für keine schlechte Idee. Heutzutage kann man seine Kinder ja nicht früh genug auf den sogenannten Ernst des Lebens vorbereiten. Und dieser Ernst des Lebens erfordert neben einem umfassenden Allgemeinwissen eben auch das Beherrschen verschiedener Fremdsprachen. Für Englisch hatten wir bereits gesorgt: Einen Nachmittag in der Woche nahmen wir mit Helene an einer Gesangsstunde teil, in der nur englische Lieder gesungen wurden. Und auch die Babysitterin, die gelegentlich zu uns kam, war Engländerin. Wer heutzutage des Englischen nicht mächtig ist, hat später bestenfalls als Kandidat bei *DSDS* eine Chance. Dort ist die Unfähigkeit, auch die einfachsten Wörter korrekt und akzentfrei auszusprechen, Teilnahmevoraussetzung.

Sein Kind an einer englischsprachigen Kita anzumelden, ist mittlerweile fast schon ein bisschen »old school«. Es müssen schon weitaus exotischere Sprachen sein, um der Einzigartigkeit des eigenen Nachwuchses gerecht zu werden. Insofern waren wir mit unserer Entscheidung für eine deutsch-spanische Kita fast schon wieder Mainstream – die Sprache gehört heute bei jungen Eltern zum allgemeinen Standard wie Französisch, Englisch und Russisch. Bestenfalls mit Chinesisch kann man noch gelegentlich für Verwunderung sorgen. Aber als mein Vater uns diesen Vorschlag unterbreitete, hatte er wohl eher die globale Entwicklung der Arbeitsmärkte im Hinterkopf als den Coolnessfaktor bei Small Talk-Gesprächen. Ich musste an eine Party denken, auf der Bernd und ich vor einiger Zeit gewesen waren, und auf der eine der Anwesenden gelassen beiläufig erwähnte, dass ihr Sohn in eine deutsch-chinesische Kita ging. Sie sagte es im gleichen Tonfall, mit dem sie später von dem neuen Burberry-Trenchcoat sprach, den sie sich zwei Wochen zuvor gekauft hatte. In Situationen wie diesen wäre es natürlich sehr unterhaltsam, mit den Mongolisch-Fortschritten des eigenen Nachwuchses zu prahlen, und zwar nicht mit dem normalen, dem geläufigen Mongolisch, sondern am besten mit dem Chalcha-Mongolisch, das nur von bestimmten Stämmen gesprochen wird.

Es gab keinen konkreten Grund, warum Bernd und ich uns für eine spanischsprachige Kita entschieden hatten. Keiner von uns hatte je längere Zeit in einem spanischsprachigen Land gelebt, und keiner von uns beabsichtigte, das in absehbarer Zeit zu tun. Die Idee entstand sehr spontan, nachdem ich Kerstin, eine Freundin, zu einer Informationsveranstaltung in besagte Kita begleitet hatte. Bei ihr machte die Wahl durchaus Sinn – ihr Ehemann stammt aus Madrid, der gemeinsame Sohn Pablo wuchs von Anfang an zweisprachig auf. Mit einem solchen Background konnte ich leider nicht aufwarten. Und trotzdem gefielen mir die multikulturelle Atmosphäre und die liebevoll eingerichteten Räume. Außerdem wäre es bestimmt von Vorteil, wenn Helene und Pablo in eine Kita-Gruppe gingen – sie kannten sich ja schon von klein auf, zwischen den beiden lag ein Altersunterschied von drei Monaten. »Vielleicht wird ihr die Eingewöhnung leichter fallen, wenn sie bereits eines der Kinder kennt«, sagte ich am Abend nach meinem Besuch zu Bernd. Auch er hatte keine Einwände gegen die Kita. Der Faktor Sprache war für uns einer von vielen.

Allerdings stieß unsere Wahl nicht bei allen auf Zuspruch. Verwandte und Bekannte waren irritiert. »Warum denn spanisch?«, fragte mich eine Freundin, als ich ihr davon erzählte. Sie fragte es jedoch nicht aus Neugier, sondern aus Verwunderung. Mein Vater reagierte auf die Neuigkeit mit der gleichen Frage. Bei ihm klang jedoch Enttäuschung durch. Wahrscheinlich hatte er sich schon ausgemalt, wie seine Enkelin später einmal von Headhuntern gejagt wird, die sie als Vorstandsvorsitzende für ein international agierendes Unternehmen in Peking gewinnen wollen.

Die Eingewöhnung verlief schwieriger, als erwartet. Helene klammerte sich an mich, sobald wir die Kita betraten. Als ich das erste Mal für eine Viertelstunde den Raum verließ, um sie allein mit den anderen Kindern und den beiden Erzieherinnen zu lassen, schrie sie wie verrückt. Ich stand vor dem Kita-Gebäude und zählte die Minuten, bis mich eine der Erzieherinnen wieder hereinbat. Zur Begrüßung drückte mir Helene ihre verrotzte Schnute aufs Hosenbein. Pablos Anwesenheit interessierte sie nicht im Geringsten. Man kann sagen: Er war ihr regelrecht egal. Aber die Anfangsschwierigkeiten legten sich nach einer Weile, und Helene ließ sich bald problemlos in die Kita bringen, sehr zur Erleichterung aller.

Weniger Grund zur Erleichterung gab uns jedoch bald schon ihre sprachliche Entwicklung. Helene war nun fast zwei Jahre alt und trotzdem umfasste ihr Wortschatz immer noch nicht mehr als zehn Worte, »Mama« und »Papa« inklusive. Ich war irritiert, als mich der Kinderarzt bei einer Vorsorgeuntersuchung fragte, ob mein Kind noch in Drei-Wort-Sätzen spricht oder bereits mehr Wörter verwendet. Ich wusste nicht mal, ob ihr Gebrabbel überhaupt irgendeiner Struktur oder Logik folgte – Sätze konnte ich beim besten Willen nicht heraushören. Für mich klang es immer so, als hätte das Gesagte keinen Bezug zum alltäglichen Geschehen. Es erinnerte mich gelegentlich an Jodie Foster in *Nell*, die anfangs auch nur unverständlichen Kauderwelsch zusammenstammelte.

Ich wurde unsicher. Und obwohl ich wusste, dass man es nicht tun soll, fing ich an, mein Kind mit anderen zu vergleichen. Ich glaubte festzustellen, dass andere Kinder in Helenes Alter nicht nur besser sprechen konnten, sondern sogar gepflegte Konversation untereinander führten. Vielleicht steigerte ich mich auch in etwas rein, aber ich bildete mir ein, dass sie hinter unserem Rücken regelrecht über uns tuschelten: »Hihi, guck mal, die Helene: Schon zwei, aber zu doof zum Sprechen!« Irgendwann sprach ich den Kinderarzt wegen des Problems an. Er beobachtete Helene, stellte erst ihr ein paar Fragen, auf die sie ihm keine Antworten gab, und dann mir. Er gab mir schließlich den Tipp, auf eine der zwei Fremdsprachen zu verzichten, zumal Helene sie ja nicht aus einer familiären Notwendigkeit heraus lernte. Zu viele verschiedene Sprachen würden das Kind überfordern.

Wir hatten zwei Möglichkeiten: sie entweder in einer anderen Kita anzumelden oder Babysitterin und Gesangsstunden zu streichen. Wir entschieden uns für Letzteres. Schweren Herzens. Weil sich Helene in ihrer Kita-Gruppe gut eingelebt hatte. Weil wir ihr eine Umgewöhnung nicht zumuten wollten. Sie spricht mittlerweile ganz gut, deutsch ebenso wie spanisch – zumindest soweit wir das beurteilen können. Nur manchmal wache ich morgens nach einem schlechten Traum auf. Ich sehe Helene, wie sie als Teenager auf einer Bühne steht, *My heart will go on* singt und sich von Dieter Bohlen wegen ihrer schlechten Englischaussprache verhöhnen lassen muss.

An diesem Punkt beende ich unser Gespräch, freundlich, aber bestimmt. Dieter Bohlen – das geht nun wirklich zu weit. Die Paranoia mancher Eltern, ihren Kindern nicht die besten Startchancen ins Leben ermöglicht zu haben, woher kommen die eigentlich? Ist das wirklich nur die Abstiegsangst der sogenannten Mittelschicht? Will man das Beste für das Kind – oder vor allem das Ausgefallenste und Originellste für sich, so wie man sich früher unbedingt Turnschuhe aus dem hinterletzten Laden in New York kaufen musste, die dann in Deutschland mit Sicherheit keiner hatte. Bei manchen Dingen macht es ja Sinn, dass die keiner hat, meistens, weil die Dinge nichts taugen. Und ich glaube, dass das Konzept von Kathrin nichts taugt, so wie ich glaube, dass »Lebenslanges Lernen« nichts taugt, solange nicht klar ist, ob die Dinge, die man lernt, überhaupt relevant sind für das eigene Leben. Auf dem Rückweg denke ich mir einige neue Konzepte aus – vielleicht lässt sich daraus ja eine Geschäftsidee entwickeln, »Lebenslanges Lockermachen« zum Beispiel. Aber die beste Idee von allen gibt es dann ja auch schon, sie wird nur viel zu selten praktiziert: »Lebenslanges Lieben«.

Der Beinahe-Untergang einer Familie

Und dann Sarah. Als mir ein gemeinsamer Bekannter von ihr erzählt, denke ich: Ja, das habe ich jetzt eigentlich auch schon dreimal zu oft gehört – neues, linkes Bürgertum, Hamburger Schanzenviertel, Geld vorhanden, Mann da, zwei Kinder auch. »Es gibt da so eine Geschichte«, sagt der gemeinsame Bekannte, »so was Krasses, was Existenzielles.« Ich müsse mich unbedingt mal mit Sarah unterhalten. Ich vereinbare mit ihr einen Termin. Sie schlägt vor, dass ich an einem Wochenende zu ihren Eltern nach Schleswig-Holstein komme. Da würden sie, ihr Mann und die Kinder gerade leben, bis sie wüssten, wie es weitergeht. Ich treffe sie in dem Haus ihrer Eltern: wunderschön, ruhig, idyllisch. Ein wenig wie Ferien auf dem Bauernhof, Luxusferien allerdings. Und Sarah, 35, sieht aus wie ein Luxusmädchen. Alles an ihr scheint teuer, ihre Umgangsformen sind fast ein wenig zu höflich. Wir sitzen im Wintergarten, es gibt Tee. Sarah sagt, sie fange dann mal an.

Ich möchte von der Nacht erzählen, die beinahe mein Leben zerstört hat. Mein Leben und das meiner Familie. Wir haben Monate gebraucht, um all das zu vergessen, was sich an jenem Abend im Herbst 2008 ereignete. Ich kann bis heute nicht sagen, ob ich und mein Mann, ob wir als Paar das unbeschadet überstanden haben. Oder aber ob ein Rest bleibt von den Demütigungen, Kränkungen und Verletzungen des Ereignisses.

Vor vielen Jahren, damals habe ich noch Philosophie und Kunstgeschichte studiert, da hing ein Zettel über meinem Schreibtisch, auf den ich mir einen Satz von Jean-Paul Sartre aufgeschrieben hatte: »Die Hölle, das sind die anderen.« Damals war das Glauben an die Wahrheit dieses Satzes eher ein Wunsch – ein Wunsch danach, ein besseres, aufregenderes Leben zu führen als das spießige, eintönige, langweilige Leben all der anderen, die die falschen Bücher lasen, die falsche Musik hörten und die falschen Filme schauten. Jetzt aber erst kenne ich die Wahrheit dieses Satzes in seiner kompletten Grausamkeit, in seiner ganzen Fratzenhaftigkeit.

Zu der Zeit, in der sich besagtes Erlebnis zutrug, lebten wir im Hamburger Schanzenviertel. Wir wohnten in einem dieser Altbauten, in dem eigentlich nur junge Paare lebten, die sich die Miete eines topsanierten Objektes auch leisten konnten. Geld war nie ein Problem. Ich komme – wie man so sagt – aus gutem Hause, und mein Mann machte bereits früh Karriere innerhalb der Senatsverwaltung. Wir konnten ein Leben führen, das nach objektiven und subjektiven Gesichtspunkten glücklich zu nennen war. Ich habe zu dieser Zeit halbtags in einer Galerie gearbeitet, nicht wegen des Geldes, sondern um tagsüber auch mal unter Menschen zu sein.

Wir lebten bereits seit Jahren im Schanzenviertel. Uns gefiel es dort, das bunte, das multikulturelle, das – nun ja – eher linke Lebensgefühl dieses Stadtteils, das vielleicht mit unseren Umständen wenig zu tun hatte, das uns aber intellektuell am nächsten war. In dem Haus, in dem wir seit 2002 wohnten, ging es vielen so, jedenfalls sah es so aus: Dort zogen überwiegend junge Paare ein, manche hatten Kinder, manche keine, aber alle schienen dort eine neue Art bürgerlichen Lebens zu probieren. Die Atmosphäre und das Zusammenleben waren freundlich, herzlich, sehr nachbarschaftlich. Es war ein Haus, in dem wir uns wohlfühlten, eben so, wie wir uns in unserem Leben wohlfühlten. Unsere beiden Kinder Paul und Charlotte waren Wunschkinder, wir bekamen sie kurz hintereinander, Paul wurde 2005 geboren, Charlotte 2007.

Heute frage ich mich natürlich manchmal, ob alles so geblieben wäre, wenn wir an jenem Tag Butter im Kühlschrank gehabt hätten. Ich frage mich das jeden Tag. Butter. Wir hatten jedenfalls keine, und wir hatten zwei Möglichkeiten: raus gehen zu einem kleinen Laden um die Ecke – oder aber bei den Nachbarn klingeln und fragen, ob sie uns mit ein wenig Butter aushelfen könnten. Dominik, mein Mann, sagte, ich könne doch einfach mal bei diesem netten Paar klingeln, das über uns wohnt. Ich wüsste schon – die, die immer so nett grüßten. Ein sympathisches Paar, unser Alter, keine Kinder.

Ich entschloss mich, bei ihnen zu klingeln. Die Frau öffnete die Tür. Ich entschuldigte mich für die Störung und fragte, ob sie mir mit ein wenig Butter aushelfen könne. Sie lächelte und sagte: »Natürlich. Ich bin übrigens die Caroline.« Ich stellte mich ebenfalls vor. Dann bat sie mich in ihre Wohnung, die zwar den gleichen Schnitt hatte wie unsere, aber vollkommen anders eingerichtet war. Da, wo wir unsere Kinderzimmer hatten, befanden sich bei Caroline Esszimmer und Bibliothek. Sie ging in die Küche, um ein Päckchen Butter zu holen. Ich blieb im Flur stehen und wartete. Plötzlich klapperte es an der Wohnungstür und Carolines Freund kam herein. Wir machten uns kurz miteinander bekannt, er hieß Jan. Da brachte Caroline auch schon die Butter. Ich bedankte mich. Bevor ich ging, sagte Jan noch, er freue sich, dass wir uns endlich mal persönlich kennengelernt hätten, nachdem wir uns jahrelang nur im Treppenhaus begegnet wären. »Kommt doch demnächst mal auf einen Drink hoch, du und dein Mann«, sagte Caroline. Und weil ich das Angebot sehr nett fand, sagte ich spontan zu. Wir verabredeten uns für den kommenden Freitag.

Ich erzählte Dominik davon, auch er war erfreut über die Einladung. Am Freitag, nachdem wir die Kinder zu Bett gebracht hatten und mit dem Babyphone in der Hand zu Caroline und Jan hochgingen, da fiel etwas von mir ab, von dem ich heute nicht so genau sagen kann, was es eigentlich war. Die letzten Wochen waren anstrengend. Die Kinder waren jeweils in einem Alter, das mir viel abverlangte, viel Aufmerksamkeit, viel Energie. Charlotte war zudem chronisch krank, Neurodermitis.

Ich war froh, dass der Zufall uns einen Abend beschert hatte, der uns ein wenig Ablenkung verschaffen würde. Vor allem, weil wir uns mit einem Paar trafen, das keine Kinder hatte. Die Gespräche würden sich also nicht nur um Erziehung und Entwicklungsfortschritte drehen.

Als wir die Wohnung von Caroline und Jan betraten, wussten wir nicht, dass wir mitten in einer Beziehungshölle gelandet waren. Caroline bot uns als Erstes einen Rundgang an, ich hatte bei meinem ersten Besuch ja nur einen verstohlenen Blick in die Zimmer geworfen. Ich fand es interessant zu sehen, wie dieselbe Wohnung doch so völlig anders wirken kann. Die Abwesenheit von Kindern war das eine. Anfangs sah ich diese Abwesenheit tatsächlich als etwas Befreiendes, nicht als ein Weniger, sondern als ein Mehr an. Das andere war die Perfektion der Wohnung. Die wenigen Dinge, die es dort gab, hatten ihren festen Platz, und zwar in einer Art, die keinen Zweifel über die Richtigkeit zuließ. »Nur so kann man wohnen«, schien all das zu flüstern – so laut, dass ich es selber zu denken schien.

»Schön habt ihr es hier«, sagte ich zu Caroline. »Ja, oder? Es hat Jahre gedauert und es hat Unsummen gekostet. Aber es hat sich gelohnt.« Jan kam in die Küche, wo wir standen. Er fragte, was wir trinken wollten und öffnete dann einen Wein. Caroline schlug vor, sich doch ins Wohnzimmer zu setzen. Dominik machte ihr ein paar Komplimente für die Wohnung, die sie lächelnd entgegennahm. Jan kam mit der Weinflasche und den Gläsern, stellte sie auf den Tisch und setzte sich neben mich. »Schön, dass das mal so spontan geklappt hat«, sagte er. Er goss ein und erhob sein Glas. »Cheers!«

Wir saßen vielleicht drei Stunden im Wohnzimmer, redeten über unsere Jobs, das Viertel. Die Flasche Wein hatten wir längst geleert, wir waren zu Whiskey übergegangen. Der Alkohol war uns bereits zu Kopf gestiegen, die Stimmung war mehr als heiter. Schließlich fragte Jan: »Wie heißt eigentlich euer Sohn?« Dominik sagte, dass er Paul heiße. Kurze Pause. »Nee, oder?«, sagte Jan, »der heißt doch nicht Paul.« »Doch«, sagte Dominik und versuchte, dabei zu lächeln. In Jans Aussage lag eine Aggression, die ich trotz des Alkohols deutlich wahrnahm, und die ich in dieser Form noch nie gehört hatte. Das war auch kein belangloser Small Talk. Das war ein verbaler Frontalangriff. Es war nur der erste.

Wir versuchten, die Situation zu überspielen und redeten über die Kinder, darin hatten Dominik und ich eine gewisse Routine. Trotzdem fühlte ich mich zunehmend unwohl und beobachtete das Gleiche auch bei Dominik. Dann sagte Caroline plötzlich: »Jan kann keine Kinder zeugen. Nicht wahr, Schatz?« Stille. Schweigen. Einer dieser Momente, wo man nicht weiß, wo man hinschauen soll. Nach einer gefühlten Ewigkeit erwiderte Jan mit harter Stimme: »Vielleicht liegt's aber auch an dir. Schon mal daran gedacht?«

Was macht man in einem solchen Moment? Was sagt man da? Aber wir mussten nichts machen, wir mussten nichts sagen, denn jetzt erst begann das Schauspiel von Caroline und Jan. Der Alkohol ließ sie alle Hemmungen verlieren. Nur wir waren plötzlich ganz klar, trotz Wein und Whiskey. Wir waren das Publikum, das war nun unsere Bestimmung. Denn obwohl sie sich augenscheinlich mit uns unterhielten, sprachen sie fortan nur noch miteinander. Es war kein nettes Gespräch, sondern eines voller Vorwürfe und Verletzungen. Und nebenbei bekamen wir auch noch unser Fett weg. »Leute wie ihr setzen Leute wie uns unter Druck«, sagte Caroline. Und Jan beschimpfte uns plötzlich als Gutmenschen und Scheiß-Yuppie-Eltern. Das waren noch die harmloseren Beleidigungen, die anderen möchte ich an dieser Stelle lieber nicht wiederholen. Wir kamen uns jedenfalls vor wie in einem drittklassigen Film. Ich glaube, wir starrten die beiden mit offenen Mündern an.

Es war Dominik, der als Erstes so etwas wie Fassung wiedererlangte: »Wisst ihr, wir gehen lieber, damit ihr in Ruhe mal ein paar Sachen klären könnt.« Ich wunderte mich, wie er es schaffte, freundlich zu bleiben. Er stand auf, nahm mich bei der Hand, und wir verließen den Schauplatz dieses Spektakels. Wir flüchteten regelrecht. In unserer Wohnung schloss Dominik zweimal ab, hängte die Kette davor, so als ob das etwas bringen würde. Wortlos zogen wir uns aus und legten uns ins Bett. Ich weinte leise.

Der Schock über das Erlebte saß tief. So tief, dass uns klar war, dass wir uns nie wieder wohlfühlen würden in unserer Wohnung, in unserem Haus, in unserem Kiez. Sechs Wochen nach dem Vorfall zogen wir aus. Bis dahin achteten wir darauf, Caroline und Jan im Treppenhaus nicht mehr über den Weg zu laufen.

Und dann hört Sarah auf: »Das war's im Großen und Ganzen.« Mein Tee ist kalt geworden, mein Herz auch ein bisschen. Sarah sagt, an diesem Abend sei etwas in ihr kaputtgegangen. Sie könne nicht genau sagen, was das war, aber seither fühle sie sich wie ein kleines Kind: ungeschützt, nackt, hilflos. Und das sei wohl auch der Grund, warum sie, das kleine Kind, zurück zu ihren Eltern gegangen sei, wo sie nun schon über ein Jahr mit ihrer Familie lebe. Abgeschirmt und behütet vor der Missgunst und dem Neid von Menschen wie Caroline und Jan. Auf der Rückfahrt wird mir klar, wie zerbrechlich, wie dünnhäutig, wie schützenswert die meisten Mütter sind. Ein Wunder, dass nicht mehr so einen Zusammenbruch erleiden wie Sarah, die an einer banalen Kränkung fast zerbrochen wäre.

The Place to be

Sozialneid. Auch wieder so ein Wort, das im Leben junger Mütter eine andere Rolle spielt als beim Rest. Sozialneid bedeutet: Ich würde ja so gerne – aber ich kann nicht, es geht nicht. Sozialneid bedeutet, nicht mehr dabei sein zu können, und vielleicht trifft es eher das Wort »Sozialtrauer«. Ich treffe Veronika, 32, Visagistin, an einem Ort, an dem es diese Trauer nicht gibt und der die Hauptrolle in ihrer Geschichte spielt, im »Spielzimmer« am Berliner Helmholtzplatz. Dort überall: Kinder. Wir sind heute ohne Kinder da. Und wir werden das Gefühl nicht los, dass uns die Blicke der anderen Mütter treffen.

Gute Freunde zu haben ist wichtig. Vor allem für uns Mütter. Ich kann mich glücklich schätzen, Christina als meine beste Freundin bezeichnen zu dürfen. Sie war es nämlich, die mir von diesem Ort erzählte, und der Tag, an dem sie das tat, begann schon morgens mürrisch und schlecht gelaunt. Am Himmel hingen Wolken. Regen fiel in schweren Tropfen auf die Stadt. Sie prasselten immer lauter gegen die Fensterscheiben. Dadurch wurde ich wach, was ungewöhnlich war, denn in der Regel konnte mich nichts außer das Weinen von Samuel aus dem Schlaf reißen. Der lag an diesem Morgen aber noch erschöpft in seinem Bett und schlief. Am Vorabend hatten Dirk und ich ihn erst spät hingelegt, weil wir auf der Geburtstagsparty einer Freundin waren. Ich stand auf, ging zum Fenster und blickte hinaus auf den Innenhof. Der Regen hatte bereits größere Pfützen gebildet und dem Himmel stand anscheinend nicht der Sinn danach, in absehbarer Zeit mit dem Wasserlassen aufzuhören. In unserer Wohnung war alles ruhig. Auch Dirk schlief noch. Ich sah auf die Uhr, es war kurz nach sieben. In zwanzig Minuten würde sein Wecker klingeln.

Ich genoss den Moment der Stille und musste an einen Nachmittag denken, den ich mit Dirk bei seinen Eltern in Rheinland-Pfalz verbracht hatte. Sie wohnen auf dem Land, wir waren übers Wochenende zu Besuch und wollten nach dem Mittagessen mit Bob, dem Schäferhund, im Wald spazieren gehen. Wir waren bereits eine Weile gelaufen, als plötzlich ein Sommergewitter über uns hereinbrach. Innerhalb weniger Minuten waren wir nass bis auf die Haut. Weit und breit war kein Unterschlupf zu sehen. Deshalb rief Dirk per Handy seinen Vater an und bat ihn, uns mit dem Auto abzuholen. Es vergingen zwanzig Minuten, in denen wir versuchten, gegen die Regenwand anzukämpfen und vorwärtszukommen. Das Wasser lief in Strömen über unsere Gesichter. Wir hielten uns an der Hand und wateten wortlos durch den Wald, dessen Boden sich langsam in eine breiartige Masse verwandelte. Ich wollte die Situation romantisch finden, fror dafür aber zu sehr. Dann hörten wir Motorengeräusche und sahen Dirks Vater im Auto auf uns zukommen. Wir mussten lachen, als wir Bob im Kofferraum verstaut und auf der Rückbank Platz genommen hatten. Dirks Vater fuhr uns nach Hause, wo seine Mutter mit Handtüchern und heißem Tee auf uns wartete.

Seit diesem Erlebnis mochte ich Regen eigentlich, zumindest die Vorstellung, ihn im Trockenen sitzend zu beobachten. Im Alltag mit Kind geht einem der romantische Sinn dafür leider verloren. Man fängt an, praktisch zu denken, selbst wenn man zuvor der größte Gegner des praktischen Denkens war. Man weiß: Wenn es regnet, kann man mit dem Kind das Haus nicht verlassen, was gerade dann schlimm ist, wenn man ein Energiebündel daheim hat, das stets unterhalten werden will und gerne herumtobt. Außerdem fehlt einem die Zeit dafür, besinnlich am Fenster zu stehen und Regentropfen zu zählen. Daran musste ich denken, als ich an diesem Morgen den kurzen Moment der Ruhe genoss. Ich ahnte, dass der Tag mit Samuel anstrengend werden würde – wenn kein Wunder geschieht. Kurz darauf stand Dirk auf und machte sich fertig. In der Zwischenzeit war auch Samuel aufgewacht, ich holte ihn aus dem Bett, gab ihm seine Milch und wickelte ihn. Als Dirk zur Tür ging, begleiteten wir ihn. Einen Kuss für jeden von uns, dann war er verschwunden. Und ich mit Samuel allein.

Grundsätzlich hatte ich mich an diese einsame Zweisamkeit gewöhnt. Sie war so voller Nähe und Intimität, Samuel und ich bildeten ein richtiges Team. Vormittags spielten wir, dann machte ich ihm etwas zu essen und legte ihn zum Mittagsschlaf hin. Nachmittags gingen wir meistens raus an die frische Luft, ich traf Freundinnen, die ebenfalls Kinder hatten. Wir gingen spazieren oder auf einen der nahe gelegenen Spielplätze. Manchmal setzten wir uns auch einfach nur in den Park, breiteten Decken aus, ließen unsere Kinder umherkrabbeln. Daran war an diesem Tag nur leider nicht zu denken.

Nachdem ich Samuel zum Mittagsschlaf ins Bett gelegt hatte, telefonierte ich mit Christina. Ob wir uns später treffen wollten, fragte sie. Ich bot ihr an, dass sie mit ihrer Tochter Merle zu mir kommen könne. Sie lehnte ab. »Lass uns doch lieber im ›Spielzimmer‹ am Helmholtzplatz treffen«, schlug sie vor, »tut uns an einem Tag wie diesem bestimmt gut.« »Spielzimmer«? Samuel war nun schon acht Monate alt, aber ich hatte davon noch nie etwas gehört. Deshalb fragte ich nach. Christina erzählte mir, dass es sich um ein spezielles Café für Eltern handele. Kinder werden hier nicht nur geduldet, wie es andernorts üblich ist, sondern sind ausdrücklich willkommen. Keine schlechte Geschäftsidee, dachte ich. Erst vor Kurzem wollte ich mich mit zwei Freundinnen in meinem Lieblingscafé treffen. Daraus wurde jedoch nichts, weil auf einmal an der Tür ein Zettel klebte, »An alle lieben Eltern«, die gebeten wurden, ihre Kinderwagen künftig nicht mehr mit ins Café zu bringen, sondern draußen stehen zu lassen, was aber nicht ging, weil es an diesem Tag ebenfalls regnete und der Wagen nach anderthalb Stunden im Freien komplett mit Wasser gefüllt gewesen wäre. Seither machte ich einen großen Bogen um den Laden. Ich gehörte nicht mehr zu denen, die hier mit ihren Laptops stundenlang herumsaßen und an irgendwelchen »Projekten« arbeiteten.

Wir verabredeten uns mit Christina für 15 Uhr im »Spielzimmer«. Klar, dass es an einem regnerischen Tag wie diesem hier voll war. Unter dem Vordach parkte mehr als ein halbes Dutzend Kinderwagen. Wer clever war, hatte sein Kind im Tuch dabei. Ich war eine der Uncleveren. Während ich meinen Wagen mühsam zwischen die anderen schob und ihn anschloss, sah ich durch das Fenster Christina und Merle. Sie hatten einen Tisch in der Ecke belegt. Christina war gerade dabei, Merle zu den anderen Kindern in den Spielbereich zu setzen, der durch eine Balustrade abgetrennt war. Nachdem ich sie begrüßt und Samuel die Jacke ausgezogen hatte, setzte ich ihn ebenfalls dazu. Neugierig beobachtete er die anderen Babys.

Christina ging an die Theke, um uns Kaffee und Kuchen zu holen. Natürlich war hier alles aus Bio-Produkten zubereitet. Und für die Kinder gab es »Baby-Cappuccino«: aufgeschäumte Milch. Insgeheim ärgerte ich mich, diesen Ort nicht bereits eher entdeckt zu haben. Darauf musste mich erst Christina aufmerksam machen? Früher war ich diejenige von uns beiden, die besser über das Geschehen in der Stadt Bescheid wusste. Aber diese Zeit war längst vorbei. Ich hatte nicht mehr die Energie und den Elan, mich ständig über die neuesten Trends und Hotspots zu informieren.

Es gab immer mehr Momente und Situationen, in denen ich das zu spüren bekam. Zum Beispiel neulich, als ich mich mit Sebastian, einem langjährigen Freund, traf und wir uns über Musik unterhielten. Wobei es das Wort »unterhalten« nicht ganz trifft – es blieb vielmehr beim Unterhaltungsversuch. Er dozierte über irgendeine Sängerin, während ich den Brei von meiner Hose wischte, den mir Samuel aufs Bein gespuckt hatte. Nach einer Weile fragte ich ihn, wer denn diese Sängerin überhaupt sei – ihren Namen hatte ich noch nie gehört. Sebastian blickte mich an und antwortete mit einer Mischung aus Unverständnis und Verachtung: »Du bist so draußen.« Dieser Spruch tat weh, er kratzte an meinem Ego. Du bist so draußen: Das machte mir einmal mehr klar, wie weit sich mein Leben mit Kind von Sebastians Leben entfernt hatte. Wie wenig mein jetziger Alltag noch mit meinem früheren zu tun hatte.

Christina kam mit einem Tablett zurück, sie stellte es auf dem Tisch ab. Während wir unseren Kaffee tranken, beobachteten wir Samuel und Merle beim Spielen. Es war gar nicht so leicht, sie im Auge zu behalten, denn im Spielbereich tummelten sich etwa zwanzig Kinder. Die jüngsten waren erst ein paar Monate, die ältesten vielleicht drei Jahre alt. Merle war ein halbes Jahr älter als Samuel. Sie konnte bereits laufen, wenn auch noch etwas wackelig. Vorsichtig ging sie zu einer Kiste mit Spielzeug, holte eine Rassel heraus und legte sie vor Samuel auf den Boden. Der schaute Merle bewundernd an. Neben den beiden war gerade ein anderer Junge gestolpert und hingefallen. Er stieß mit seinem Kopf gegen die Balustrade und fing nach ein paar Sekunden an, lautstark zu heulen. Ohrenbetäubend. Seine Mutter kam und nahm ihn auf den Arm. Er ließ sich jedoch nicht trösten und schrie weiter.

Ich blickte zu Christina, setzte einen bemitleidenden Blick auf und musste lächeln. Sie lächelte zurück. Es war das Lächeln zweier Frauen, die die Dramatik solcher Situationen kannten. Und wussten, welch beruhigendes Gefühl es war, dabei von Leidensgenossinnen umgeben zu sein. Wie oft war es mir peinlich, wenn Samuel in einem Restaurant oder Café schrie und sich die Blicke aller Anwesenden vorwurfsvoll auf mich richteten – obwohl ich mit allen Mitteln versuchte, mein Kind zu beruhigen. Hier, im Kindercafé, gab es solche Blicke nicht. Hier fühlte man sich verstanden und aufgehoben. Ich ertappte mich dabei, das Schreien des Jungen regelrecht zu genießen. Ein befreiendes Gefühl. Selbst als der berüchtigte Domino-Effekt einsetzte: Wenn ein Kind schreit, schließen sich die anderen gerne und schnell an.

Knapp zwei Stunden verbrachten wir im »Spielzimmer«. Christina und ich wechselten nur gelegentlich ein paar Worte. Die meiste Zeit saßen wir schweigend beisammen und beobachteten unsere Kinder. Nicht, weil wir uns nichts zu erzählen hatten, sondern weil wir noch nie viele Worte brauchten, um uns in der Gegenwart des anderen wohlzufühlen. Lautes Stimmengewirr drang durch den Raum. Es vermischte sich mit der Musik, die aus den Lautsprecherboxen kam und deren Interpreten ich nicht kannte. Für mich war das der schönste Soundtrack, den ich seit Langem gehört hatte. Das »Spielzimmer« war an diesem Nachmittag für mich nicht nur wegen des schlechten Wetters ein Zufluchtsort, ich war hierher auch vor der sozialen Kälte und dem emotionalen Unverständnis meines alten Lebens geflüchtet. Aber das ist mir erst bewusst geworden, als sich der Laden zu meinem neuen Lieblingscafé entwickelt hatte.

Mit Sebastian habe ich heute noch Kontakt, wenn auch nicht mehr so oft wie früher. Wir sehen uns ab und zu, gehen mit Samuel spazieren und manchmal sogar gemeinsam aus. Auf irgendeine Party. In irgendeinen Club. Für seinen Spruch hat er sich bei einem unserer nächsten Treffen entschuldigt. »War doof, ich weiß«, sagte er. Und drückte mir zur Wiedergutmachung eine CD in die Hand, von der Sängerin, deren Namen ich noch nie gehört hatte. Ich brauchte ihn mir auch nicht zu merken. Ein Dreivierteljahr später sprach kein Mensch mehr von ihr.

Ein Ort wie eine kleine Höhle, denke ich, ein Höhle, in die man sich verkriechen kann und in der man doch nicht alleine ist. In der es warm und behaglich ist. Veronika und ich trinken Tee, unterhalten uns über Orte, die wir gekannt und besucht haben, bevor wir Mütter wurden. Es hat sich vermutlich angehört wie Omas, die vom Krieg erzählen. Und das stimmt ja auch wieder ein bisschen: Kriegsorte waren das, wo Schlachten geschlagen wurden, Siege eingefahren, Niederlagen erlit-

ten. Clubs, Bars, Restaurants – die Schauplätze der modernen Großstadtschlachten. Hier, wo wir gerade sitzen, wo es laut ist und hektisch und voll, ist Frieden.

Die Flucht

Ein Spaziergang am Rhein und wieder fällt mir auf, wie wenig ich Köln mag. Dafür kann natürlich Ines, dreißig, nichts, mit der ich mich auf eine Bank setze, um mir ihre Geschichte erzählen zu lassen. Die Geschichte einer Frau, bei der alles ein bisschen zu spät passiert, und manches anscheinend nie.

Viele meiner Freunde behaupten, der Sommer nach dem Abitur sei der Sommer ihres Lebens gewesen: weil die Schule vorbei war und der sogenannte Ernst des Lebens noch nicht begonnen hatte. Ich weiß nicht, ob es daran liegt, dass ich in manchen Dingen ein Spätzünder bin – den ersten Sex hatte ich mit 17, in dem Alter bekommen manche Transferleistungsempfängerinnen bereits ihr zweites Kind. Und den Sommer meines Lebens hatte ich im vergangenen Jahr, mit 29.

Zu diesem Zeitpunkt hatte ich gerade mein zweites Staatsexamen absolviert, Englisch und Geschichte auf Lehramt. Zur Belohnung schenkte mir meine Mutter eine Reise, das Ziel durfte ich mir selbst aussuchen. Ich glaube, sie hatte so was wie zwei Wochen Pauschalurlaub im Sinn. Ich beschloss jedoch, es mir nach den anstrengenden Prüfungen mal richtig gut gehen zu lassen: Ich wollte drei Monate nach Spanien. Sonne, Strand, Meer. Um die Großzügigkeit meiner Mutter nicht überzustrapazieren, kündigte ich einen Bausparvertrag, den mein Vater für mich einmal abgeschlossen hatte, der aber bereits seit mehreren Jahren ruhte. Von dem Geld mietete ich mir von Köln aus ein Zimmer in einer WG in Barcelona – eine Freundin, die dort ein Auslandssemester verbracht hatte, vermittelte mir den Kontakt.

Es fühlte sich gut an, als ich das Flugticket aus dem Briefkasten holte und es in der Hand hielt. Eigentlich bin ich ein sehr disziplinierter Mensch. Ich mag es, wenn das Leben seinen geregelten Gang läuft, ich brauche Struktur in meinem Alltag. Nun aber würde ich in den Tag hinein leben, das erste Mal. Würde keine Verpflichtungen haben, keinen Druck. Ich würde mich einfach treiben lassen. Vielleicht auch, um herauszufinden, was das mit mir macht. Wie sich das anfühlt.

Apropos fühlen: Das war auch einer der Punkte, die zu meiner Entscheidung führten. Zehn Jahre war ich mit Georg zusammen, seit der Schulzeit schon. Wir gingen in die gleiche Klasse und verliebten uns im letzten Schuljahr ineinander. Ich glaube, wir waren eines dieser Paare, die anderen ziemlich auf den Geist gehen. Weil wir jede Minute zusammen verbrachten, sogar im Unterricht nebeneinandersaßen. Wir waren eben glücklich miteinander. Ob das jetzt immer noch der Fall war, wusste ich nicht – Routine hatte sich in unseren Alltag eingeschlichen und die einst unbändigen Gefühle überdeckt. Mit meiner Reise wollte ich herausfinden, was ich tief im Inneren noch für Georg empfand. Ich hatte den Verdacht, es könnte nicht mehr viel sein.

Am Wochenende vor meinem Abflug gab ich eine kleine Party in unserer Wohnung, in der wir seit fünf Jahren zusammenwohnten. Keines dieser ausufernden Gelage, an deren Ende unfassbar betrunkene Menschen unfassbar unanständige Dinge tun. Nur ein paar Freunde, etwas Musik und Alkohol. Bis dahin hatte ich es noch nicht geschafft, mit ihnen auf meinen Abschluss anzustoßen. Das wollte ich nun nachholen. Und zugleich meinen bevorstehenden Abschied feiern – wenn man bei drei Monaten Abwesenheit überhaupt einen Anspruch auf Abschiedsfeiern hat. Es war schön, nach langer Zeit mal wieder in entspannter Atmosphäre mit meinen Freunden zusammen zu sein. Mal nicht bei einem hastigen Kaffee in der Uni-Kantine über die Prüfungen zu reden. Die lagen nun einen Monat zurück. Mir kam es vor wie eine Ewigkeit. Der Druck war abgefallen, ich fühlte mich befreit.

Georg wich den ganzen Abend nicht von meiner Seite. Was ich früher schön fand, war mir nun auf einmal lästig. Er wollte immerzu den Arm um meine Schulter legen oder mein Knie streicheln – es nervte mich. Ich versuchte, mich zusammenzureißen und flüchtete zwischendurch regelrecht vor ihm. Setzte mich zu einer Freundin. Oder ging in die Küche, um neues Bier in den Kühlschrank zu stellen. Er muss gemerkt haben, dass mit mir etwas nicht stimmte. »Hast du was?«, fragte er mich auf dem Flur, als gerade niemand zu sehen war. Ich schüttelte den Kopf. »Was soll ich denn haben? Ich verreise in drei Tagen für längere Zeit, da wird man doch wohl mal aufgeregt sein dürfen.« Ich gab ihm einen emotionslosen, trockenen Kuss auf den Mund und ging ins Wohnzimmer.

Am Tag meines Abflugs brachte mich Georg zum Flughafen. Ich konnte es kaum erwarten einzuchecken, verhielt mich aber ruhig, weil ich ihn nicht nervöser machen wollte, als er ohnehin schon war. Ich blickte auf die Uhr und überlegte, wie viele Anstandsminuten bis zum Check-in ich noch mit ihm verbringen musste. Dabei fühlte ich mich schlecht, denn er hatte es nicht verdient, so behandelt zu werden. Beim Abschied brachte ich all meine Kraft auf und rang mir ein paar nette Worte ab. »Dir wirst mir fehlen«, sagte ich und wusste, dass ich zu den Menschen gehörte, die ihrem Gegenüber beim Lügen direkt in die Augen schauen können. Ein letztes Mal küssten wir uns. Ich war froh, als Georg endlich seine Zunge aus meinem Rachen nahm. Nachdem ich mich umgedreht hatte, wischte ich mit der Hand über den Mund.

Was soll ich sagen? Die Zeit in Barcelona war toll. Unvergesslich. Grandios. Ich verstand mich gut mit meinen WG-Mitbewohnerinnen, sie waren etwas jünger als ich und lebten bereits seit Längerem in der Stadt. Die eine kam aus Chile, die andere aus Schweden. Und beide studierten noch. Während sie tagsüber in der Uni saßen, ging ich ans Meer oder schlenderte über die La Rambla, die berühmte Flaniermeile. Ich wusste gar nicht mehr, wie gut es sich anfühlte, tagsüber nichts zu tun zu haben. Wenn das Wetter schlecht war, blieb ich daheim und las.

Endlich keine Fachliteratur, sondern Bücher, die allein meiner Unterhaltung und Herzensbildung dienten, und die ich schon immer lesen wollte, es bis dahin aber nicht geschafft hatte: F. Scott Fitzgerald, Norman Mailer, Philip Roth. Und nachdem meine Mitbewohnerinnen von der Uni zurück waren, gingen wir aus. Klassische Mädchenabende in Clubs oder Bars.

Bei einem dieser Male lernte ich José kennen. »Du kommst nicht von hier, stimmt's?«, fragte er mich auf Englisch. Wenn ich nicht betrunken gewesen wäre, hätte ich seine Anmache als ziemlich platt empfunden. Mit meinen blonden Haaren und blauen Augen war es offensichtlich, dass ich keine Spanierin war. Trotzdem unterhielt ich mich mit ihm. Er war ein Jahr älter und arbeitete als Reiseführer. Ob wir uns am nächsten Tag auf einen Kaffee treffen wollten, fragte José. Ich hatte nichts dagegen, was unter anderem an seinem attraktiven Äußeren lag. Er war groß und durchtrainiert und glutäugig. Als wir am nächsten Nachmittag in einem Café einander gegenübersaßen, überlegte ich einen Augenblick, ob uns eine versteckte Kamera beobachtete. Für eine dieser Enthüllungsreportagen über das merkwürdige Verhalten geschlechtsreifer Touristinnen zur Paarungszeit, die nachts auf RTL2 laufen und so tiefgründige Titel tragen wie *Bier, Brüste, Barcelona – wie deutsche Urlauberinnen Spanien aufmischen.*

Ich schwöre, dass ich nichts mit ihm anfangen wollte. Ich war weder auf einen One-Night-Stand aus noch auf eine Affäre. Ich wollte mir im Klaren darüber werden, was ich für Georg empfand, ob ich weiter mit ihm zusammen sein wollte. Und trotzdem landete ich ein paar Tage nach unserem ersten Treffen mit José im Bett. Wir liebten uns nicht, sondern hatten Sex. Harten, schmutzigen, ekstatischen Sex. Sex, wie ich ihn mit Georg nie hatte. Mit Praktiken, die mir im Traum nicht eingefallen wären. Auch wieder so eine Spätzündererfahrung.

Für den Rest meines Aufenthalts war José eine Art Kurschatten. Wir verbrachten vor allem die Nächte miteinander – ich war ziemlich angefixt vom Sex mit ihm. Manchmal trafen wir uns auch tagsüber, in seiner Mittagspause, die ja in Spanien traditionell etwas länger dauert. José war sogar zwei, drei Mal bei mir, als ich mit Georg telefonierte. Aber nicht nur dann hielt ich die Gespräche kurz. Von den obligatorischen Sehnsuchtsfloskeln und leeren Liebesschwüren einmal abgesehen, hatte ich Georg nicht viel zu sagen. Ich glaube, er spürte es.

Die drei Monate vergingen schneller, als mir lieb war. Schweren Herzens flog ich zurück nach Köln. Meine WG-Mitbewohnerinnen und José begleiteten mich zum Flughafen. Am Tag meines Rückflugs schien die Sonne wie auf einer dieser kitschigen Postkarten, die man gerne aus dem Urlaub schickt, um die Daheimgebliebenen ein bisschen neidisch zu machen. Als wollte mir Barcelona den Abschied extra schwer machen. Bevor ich zum Boarding ging, drehte ich mich noch einmal um und winkte. José wirkte niedergeschlagen, obwohl ich ihm von Anfang an gesagt hatte, dass er sich keine Hoffnung auf etwas Ernstes zu machen brauche. »But you will always be in my heart«, sagte er zum Schluss. Wieder einer dieser Sätze, die sich am Abgrund zur Plattheit bewegten, aber im passenden Kontext einen romantischen Anstrich bekamen.

Der Kontrast bei meiner Ankunft in Köln hätte nicht größer sein können: Es regnete und während ich am Gepäckband auf meine Koffer wartete, sah ich Georg. Er lächelte mich an und hielt einen riesigen Strauß roter Rosen in der Hand. Mir wurde schlecht. Die Übelkeit wurde schlimmer, nachdem wir uns begrüßt hatten und mit dem Taxi nach Hause fuhren. Unsere Wohnung kam mir plötzlich vor wie die von Fremden. Ich bemerkte einen ungewohnten süßlichen Vanille-Geruch, der in der Luft hing und mir die Kehle zuschnürte. In meiner Abwesenheit muss Georg ein Faible für Duftkerzen entwickelt haben. Wir setzten uns aufs Sofa, Georgs Gesicht näherte sich meinem. Ich musste handeln und zwar sofort: »Ich glaube, ich liebe dich nicht mehr.« Es war, als habe eine fremde Stimme aus mir gesprochen. Georg blickte mich entsetzt an. Er sagte nichts und sackte nach einer Weile in sich zusammen, vergrub sein Gesicht in den Händen.

Meine Koffer packte ich gar nicht erst aus. Noch am selben Abend ging ich zu einer Freundin, die mich ohne große Erklärungen sofort bei sich aufnahm. »Ich dachte mir bei deiner Party schon, dass bei euch etwas nicht stimmt«, sagte sie, nachdem sie das Gästebett für mich bezogen hatte. »Du hast Georg gegenüber so unterkühlt und abweisend gewirkt.« Zwei Wochen blieb ich bei ihr, danach zog ich in ein WG-Zimmer in einer Wohnung, die einem Musiker Mitte vierzig gehörte. Er ging mir schon bald mit seiner Geige auf die Nerven. Außerdem kümmerte er sich nie um den Abwasch oder ums Müllwegbringen.

Dafür kümmerte sich plötzlich José um mich. Wir chatteten des Öfteren im Internet miteinander, irgendwann schlug er vor, mich in Köln besuchen zu kommen. Ich war einverstanden, ein bisschen Aufheiterung konnte ich gut gebrauchen. José blieb eine Woche, zum ersten Mal verbrachten wir Tag und Nacht miteinander. Und ich bemerkte, dass die Verständigungsschwierigkeiten zwischen uns nicht nur sprachlicher Natur waren, sondern auch geistiger. Außer dem Sex verband uns nicht viel miteinander, ich wusste nicht, worüber ich mich mit ihm unterhalten sollte – weil es schlichtweg keine gemeinsamen Gesprächsthemen gab. Ich war froh, als wir uns am Flughafen voneinander verabschiedeten. Fünf Wochen später stellte ich fest, dass ich schwanger war.

Ich bin jetzt im siebenten Monat, es wird ein Junge. José habe ich bislang nichts von meiner Schwangerschaft erzählt. Ich hatte einfach noch nicht die Kraft dazu. Manchmal denke ich, dass alles ein großer Fehler war: nach Barcelona zu gehen, was mit José anzufangen, mich von Georg zu trennen. Aber ich kann es nicht mehr rückgängig machen. Ich habe mir eine Zwei-Zimmer-Wohnung im Agnesviertel genommen. Weil hier die meisten meiner Freunde leben. Weil man hier Kinder haben kann, ohne sich von seinem alten Leben radikal zu verabschieden. Als ich neulich einkaufen war, stand Georg vor mir an der Supermarktkasse. Er hat mich nicht gesehen. Neben ihm stand ein Mädchen, keine Ahnung, ob das seine neue Freundin war. In diesem Moment fühlte ich mich richtig mies. Wie eine Verliererin.

Ines will noch weitererzählen, sich erklären. Aber ich habe keine große Lust mehr, mich noch länger mit ihr zu unterhalten. Ich will zum Bahnhof und zurück nach Berlin. Ines ist mir unsympathisch, ich mag nicht, wie sie sich verhalten hat. Weil eine Person für zu viel Leid verantwortlich ist, nur weil sie nicht weiß, was sie vom Leben will. Mag sein, dass das von mir ungerecht und dumm ist und wahrscheinlich auch neobürgerlich, also das hübschere Wort für spießig. Aber irgendwie werde ich das Gefühl nicht los, dass nichts an ihrer Geschichte passt, dass nichts einen Sinn ergibt. Aber, mein Gott, vielleicht muss es das ja nicht immer.

Zu zweit ist man mehr allein

Hätte ihr jemand gesagt, dass sie sich so unbeholfen anstellen würde – Felicitas hätte ihn vermutlich laut ausgelacht. Sich umgedreht und denjenigen stehen gelassen. Felicitas, 36, Steuerberaterin, ist eine der Frauen, in deren Gegenwart man sich schnell wohlfühlt. Sie erzählt viel, sie lacht viel und sie ist gerne unter Menschen, wie man so schön sagt. Auf Partys ist sie ein beliebter Gast. Es gab eine Zeit, da war sie jedes Wochenende aus und unter der Woche auch noch mal, zur Sicherheit. Nur neulich stellte sie sich an wie der erste Mensch. Davon will sie mir erzählen, als ich sie in ihrer Wohnung im Münchener Glockenbach-Viertel besuche.

An dieses Wochenende erinnere ich mich noch so genau, wie man sich eben erinnert an Dinge, die man zum ersten Mal erlebt – an das erste Date, den ersten Kuss, den ersten Sex. Das hier war mindestens ebenso aufregend, denn meine Mutter hatte mir angeboten, auf den Nachwuchs aufzupassen, um Moritz und mir eine Verschnaufpause zu gönnen. Jeder, der Kinder hat, wird dieses Gefühl kennen, das sich drei, vier Monate nach der Geburt einstellt. Das Gefühl, wenn sich die Anfangseuphorie der ersten Monate gelegt hat und durchwachte Nächte ihren Tribut fordern. Das Gefühl der unendlichen Erschöpfung, der körperlichen Ausgelaugtheit. Ich will nicht anmaßend und überheblich sein, aber ich glaube, mit Recht behaupten zu können, dass Moritz und ich doppelt so erschöpft waren wie andere Eltern. Bei Zwillingen kein Wunder.

Einen Moment lang zweifelte ich am Verstand meiner Mutter, als sie mir den Vorschlag unterbreitete, Lisa und Franziska für ein Wochenende zu sich zu nehmen. Andererseits hatte sie mit den Kindern meiner älteren Schwester genügend Erfahrung – sie waren sechs und acht Jahre alt und regelmäßig bei ihr zu Besuch, von klein auf, denn sie lebten wie meine Mutter in Garmisch-Partenkirchen, zu Fuß zehn Minuten von ihr entfernt. Moritz und ich hingegen waren vor fünf Jahren nach München gezogen. Dadurch hatte meine Mutter Lisa und Franziska seit ihrer Geburt nur fünf Mal gesehen – wenn man mal von den Internetchats per Skype absieht, bei denen ich meine Webcam in die Wiegen hielt, damit sie ihnen beim Schlafen zusehen konnte.

»Ich hab's dir angeboten. Kannst es dir ja überlegen und dich melden«, sagte meine Mutter am Ende unseres Telefonats. Ich wollte mir die Sache durch den Kopf gehen lassen und mit Moritz darüber sprechen. Er kam an diesem Abend erst spät nach Hause, später als sonst, weil er nach der Arbeit noch ein Geschäftsessen hatte. Ein Treffen mit potenziellen Geldgebern für seine Firma. Ich hatte die Kinder bereits ins Bett gebracht und mich erschöpft auf die Couch gelegt, weil ich auf Moritz warten wollte. Zwischendurch muss ich eingedöst sein, denn als ich meine Augen öffnete, kniete er neben mir und streichelte über meinen Kopf.

Ich erzählte ihm vom Angebot meiner Mutter. »Meinst du, sie kommt mit zwei Kindern zurecht?«, fragte er. Ich war mir nicht sicher. Aber weil die Verlockung eines freien Wochenendes zu groß war, äußerte ich meine Bedenken nicht laut. »Warum nicht?!«, sagte ich. Und da auch Moritz keine weiteren Einwände hatte, rief ich am nächsten Morgen bei ihr an, um einen Termin mit ihr auszumachen. Wir einigten uns auf das Wochenende in zwei Wochen. So würde jedem genug Zeit bleiben, sich vorzubereiten.

Wir hatten vereinbart, dass wir Lisa und Franziska am Samstagmittag bringen und am Sonntagnachmittag wieder abholen würden. Schon einen Tag vor der Abfahrt packte ich die Sachen, es kam mir vor, als packte ich für einen vierwöchigen Familienurlaub. Anziehsachen, Reisebetten, Sterilisiermaschine für die Nuckelflaschen und Schnuller, Milchpulver, Babybrei, Babyphone, Windeln, Feuchttücher, Spielzeug. Ich war erstaunt, dass die Babys am Ende überhaupt noch Platz fanden im Auto. Freunde von mir sind mit ihren Kindern ständig unterwegs – ich frage mich bis heute, wie sie das machen.

Die Fahrt nach Garmisch-Partenkirchen dauerte anderthalb Stunden. Zum Glück schliefen Lisa und Franziska während der ganzen Zeit. Das war das Gute an ihnen: Sobald man sie ins Auto setzte und losfuhr, machten sie die Augen zu und öffneten sie erst wieder, wenn man angekommen war. Die Fahrt verlief problemlos, wir kamen gut durch. Trotzdem wuchs die Unsicherheit mit jedem Kilometer, den wir uns dem Haus meiner Mutter näherten. Mit der Vorfreude auf die zwei entspannten Tage verhielt es sich genau andersrum. In Gedanken ging ich die Situationen durch, denen meine Mutter nicht gewachsen sein könnte. Sie hatte zwar vier Kinder großgezogen und das wegen der Scheidung von ihrem Mann größtenteils allein, aber Zwillinge fordern eben doch mehr Energie, Aufmerksamkeit und Zuwendung als ein einzelnes Baby. Ich rief meine Schwester an und bat sie, meiner Mutter im Notfall zur Seite zu stehen.

Nachdem wir alles aus dem Auto ausgepackt, aufgestellt und ausgebreitet hatten, tranken wir bei meiner Mutter noch Kaffee. »Wollen wir uns langsam auf den Heimweg machen?«, fragte Moritz, als sie kurz in der Küche verschwunden war. Ich war ein wenig erschrocken darüber, wie leichtfertig und scheinbar mühelos er es übers Herz brachte, die Kinder wegzugeben. Aber eigentlich hatte er recht: Wenn wir die freie Zeit voll ausnutzen wollten, dann mussten wir jetzt gehen. Wir gaben meiner Mutter noch einen Zettel mit Anweisungen und Hinweisen zum Tagesablauf, dann ließen wir sie allein und machten uns auf den Rückweg.

Als wir wieder daheim waren, kam mir die Wohnung ganz fremd vor. Leer und einsam und merkwürdig still. Ich wunderte mich über mich selbst, denn wie oft hatte ich mir in den zurückliegenden elf Monaten seit der Geburt der Zwillinge gewünscht, mal etwas Ruhe und Zeit für mich zu haben. Manchmal gönnten wir uns eine Babysitterin. Um abends ins Kino oder essen zu gehen. Ab und zu kam sie auch tagsüber. Ich konnte dann einen Termin bei der Kosmetikerin machen oder mich mit Freundinnen auf einen ungestörten Kaffee treffen. Aber mehr als 24 Stunden am Stück hatten wir bis dahin noch nie babyfrei. Ich fühlte mich ein bisschen wie ein Teenager an seinem ersten Partywochenende.

Stichwort Party. Für den Abend waren wir eingeladen. Ein alter Schulfreund von Moritz feierte seinen vierzigsten Geburtstag in einer Weinbar gleich um die Ecke. Obwohl es ein rundes Jubiläum war, sollte es kein großes Fest werden, sondern nur ein ungezwungenes Beisammensein. Trotzdem machte ich mich zurecht, als stünde der Besuch einer Oscar-Party bevor. Mit tief dekolletiertem Kleid, falschen Wimpern und mörderisch hohen Schuhen. Das volle Programm. Zuvor hatte ich mir ein Schaumbad eingelassen und die Haare gewaschen. Aus einer alten Gewohnheit heraus ließ ich dabei die Tür zum Badezimmer einen Spalt breit offen und machte auch nicht das Radio an. Mein Unterbewusstsein war in Alarmbereitschaft, obwohl die Zwillinge nicht da waren. Zwischendurch schaltete ich sogar den Fön aus, weil ich mir einbildete, Babygeschrei zu hören. Rückblickend glaube ich, dass es die ersten Anzeichen von Entzugserscheinungen waren.

Wir fuhren auf der Vespa zur Party. Ich hätte nicht gedacht, dass sie überhaupt noch anspringen würde. Seit der Geburt von Franziska und Lisa hatten wir den Roller praktisch kaum benutzt. Manchmal, wenn ich mit den Kindern spazieren ging und die Vespa vor unserem Haus stehen sah, dachte ich ein bisschen wehmütig an unsere kinderlose Zeit. An die Zeit, in der wir abends oft spontan auf den Roller gestiegen und an den Starnberger See oder zu Freunden gefahren sind. Jetzt den warmen Sommerwind wieder auf meinen nackten Beinen zu spüren fühlte sich gut an.

Wenn man früher auf eine Party kam, dann begrüßten einen die Leute mit einem leidenschaftslosen »Na, wie geht's?«. Aber diese Begrüßungsformel wird bei Eltern nicht mehr angewendet. So wie man Wörter wie »affengeil« oder »krass« aus seinem Wortschatz streicht, sobald man ein gewisses Alter überschritten hat. Nun blieben quasi alle zwei Minuten Menschen vor uns stehen, legten einen besorgten Gesichtsausdruck auf und erkundigten sich, wo wir denn die Babys gelassen hätten – das war das neue »Na, wie geht's?« für Eltern. Schon zur Begrüßung mussten wir uns rechtfertigen. Als sei es ein Verbrechen, die Kinder mit noch nicht mal einem Jahr bei ihrer – man mag es kaum glauben – eigenen Großmutter zu lassen. Weil Moritz die ständige Fragerei irgendwann auf die Nerven ging, machte er sich einen Spaß daraus, einer ehemaligen Arbeitskollegin zu antworten, wir hätten Lisa und Franziska an der Garderobe abgegeben. »Sehr witzig!«, sagte sie, drehte sich um und ließ uns stehen.

Wir redeten den ganzen Abend kaum über was anderes als die Zwillinge. Jeder, wirklich jeder Partygast wollte wissen, wie es ihnen geht. »Gut.« Ob sie schon die ersten Schritte machen. »Nein.« Ob sie schon »Mama« und »Papa« sagen können. »Ja.« Und natürlich fragte jeder, ob wir Fotos von ihnen dabeihätten. Früher zückten Eltern in solchen Situationen ihre Geldbörsen, in denen sich in einem dafür vorgesehenen Fach ein an den Kanten ausgefranstes, verblichenes Foto des Nachwuchses befand. Die Geldbörsen der Nullerjahre sind wahlweise Handys oder Digitalkameras, mit denen man sowohl Fotos als auch kurze Videos aufnehmen kann – Letzteres zwar nur in schlechter Ton- und Bildqualität, aber das stört junge Eltern natürlich nicht. Jedes noch so verpixelte Filmchen spielen sie auf Nachfrage bereitwillig ab, um zu beweisen, wie toll das eigene Kind doch schon den Kopf von rechts nach links drehen kann oder wie aufmerksam es mit den Augen einem Mobile folgt, das über der Wickelkommode an der Decke hängt. Die Aufgabe des Zuschauers ist es, an den richtigen Stellen Laute der Entzückung von sich zu geben. Insider zeichnen sich dadurch aus, dass sie die Bilder fachmännisch kommentieren: »Das Köpfchen kann sie aber gut halten!«, »Vom vielen Krabbeln hat er ja schon richtig kräftige Oberschenkel!«

Zwei Dutzend Mal zeigte ich auf dem winzigen Display meines Handys ein Video. Darin sieht man Lisa und Franziska beim Essen ihres allerersten Karottenbreis, wobei das Wort »Essen« in diesem Zusammenhang großzügig interpretiert werden muss. Schließlich redete ich mich mit leeren Batterien raus – und beendete die zum Selbstläufer gewordene Filmvorführung. Den Akku musste ich tatsächlich schonen. Für den Fall, dass sich meine Mutter doch noch melden würde. Alle fünf Minuten blickte ich nervös auf mein Telefon, weil ich glaubte, ein Klingeln zu hören. Aber das Ding blieb ruhig. Ob das was zu bedeuten hatte? Vielleicht war sie so überfordert, dass sie es nicht mal mehr zum Telefon schaffte? Moritz beruhigte mich: »Mach dich locker. Was soll denn schon passieren?« Ich erinnerte ihn an den umgestoßenen Riesengummibaum im Wohnzimmer, der Franziska und Lisa neulich fast erschlagen hätte. Und an die aus dem Regal herausgerissenen Bücher, von denen Lisa einen blauen Fleck an der Stirn davongetragen hatte.

Der Abend verlief wenig aufregend. Die Gespräche waren belanglos, die Musik auch – und ich nach dem zweiten Wein betrunken. Es lag wohl an der Alkoholabstinenz der vergangenen Monate. »Du bist halt nichts mehr gewohnt«, sagte Moritz. Er verdarb mir mit diesem Satz den Abend. Bis dahin war ich davon ausgegangen, auf dem Fest keine schlechte Figur abgegeben zu haben. Das Partyfeiern nicht verlernt zu haben. Wir fuhren heim und ich nahm vor dem Zubettgehen eine Aspirin. Danach lief nichts mehr, obwohl ich mir zuvor noch stürmischen Sex mit Moritz erhofft hatte. Erschöpft vom langen Stehen auf den hohen Absätzen und den vielen belanglosen Gesprächen legte ich mich ins Bett. Die Mission »wilder Sex« musste auf eine andere Nacht verschoben werden. Ich schlief sofort ein.

Gleich am Morgen erlebte ich die nächste herbe Enttäuschung. Statt bis zum Mittag zu schlafen, wachte ich bereits kurz nach sieben auf. Verdammt! Endlich hätte ich mal ausschlafen können. Aber meinem Biorhythmus war es egal, dass ich mich an diesem Morgen nicht um Franziska und Lisa zu kümmern brauchte. Neben mir lag Moritz und schnarchte leise. Es war ein zufriedenes, fast melodiöses Schnarchen. Eine Stunde wälzte ich mich im Bett herum. Dann stand ich auf, um Brötchen und Zeitungen zu holen. Auf dem Weg zum Bäcker kam ich an einem Café vorbei, in dem Menschen saßen, bei denen man nicht wusste, ob sie immer noch oder schon wieder hier waren.

Bevor wir anfingen zu frühstücken, griff ich zum Telefon. Ich wollte meine Mutter anrufen und mich erkundigen, ob sie die Nacht ohne große Zwischenfälle überstanden hat. »Alles bestens«, sagte sie. »Und bei euch? Habt ihr Spaß? Genießt ihr eure Ruhe?« »Klar doch«, antwortete ich reflexartig. Es war gelogen. Ich konnte meine Ruhe nicht genießen, so paradox es für Außenstehende klingen mag. Die ganze Zeit machte ich mir Gedanken, ob es den Zwillingen gut geht. Ob es meiner Mutter gut geht. Ob es richtig war, die Kinder abzugeben, nur um seine eigenen Bedürfnisse zu befriedigen.

Ich blickte zu Moritz, der mir am Frühstückstisch gegenübersaß. Er aß ein Marmeladenbrötchen und las dabei Zeitung. Ich überlegte kurz, ob ich das Glas Orangensaft umkippen sollte, das ich mir eingeschenkt hatte. Einfach, weil in den letzten Wochen und Monaten immer etwas umkippte, wenn wir mit den Zwillingen am Frühstückstisch saßen. Ich fand es richtig ungewohnt, keine klebrigen Finger zu haben. Und keine verschmierten Münder abwischen zu müssen. Obwohl: An Moritz' Wange klebte ein Krümel. Ich griff zur Serviette und wischte ihn weg. Mein Tag war gerettet.

Nach dem Frühstück überlegte ich, was ich machen könnte. »Geh doch ins Fitnesscenter«, sagte Moritz. Sehr charmant.

Tatsächlich hatte ich mir seit mehreren Monaten vorgenommen, wieder regelmäßig Sport zu treiben. Meine Mitgliedschaft im Sportstudio war nur dazu da, mein schlechtes Gewissen zu beruhigen. Seit der Entbindung hatte ich es höchstens fünfmal besucht. Eine Zeit lang war ich morgens eine Dreiviertelstunde eher aufgestanden, um joggen zu gehen – bis ich eines Tages mit dem Fuß umknickte und am nächsten Morgen eine gute Ausrede hatte, nicht aufstehen zu müssen. Und am übernächsten Morgen auch und am überübernächsten Morgen.

Ich schaute auf die Uhr und sagte: »Ich glaube, das schaffe ich jetzt nicht mehr. Ist schon ganz schön spät. Wir müssen in zweieinhalb Stunden los – das wird eng.« Dann ging ich an meinen Schreibtisch, schaltete den Computer an und klickte mich durch die knapp fünftausend Fotos von Lisa und Franziska, die wir seit ihrer Geburt von ihnen gemacht hatten. Nervös ging mein Blick immer wieder zur Uhrzeitanzeige rechts unten. Ich wollte nicht zu spät aufbrechen, um rechtzeitig bei meiner Mutter und den Zwillingen zu sein.

Eine Stunde vor dem vereinbarten Termin waren wir in Garmisch-Partenkirchen. Und das nur, weil mich Moritz davon abgehalten hatte, noch eher zu fahren. Meine Mutter öffnete die Tür und blickte uns verwundert an: »So früh seid ihr schon da?« Ich wusste nicht, wie ich es ihr erklären sollte.

Es klappert an der Wohnungstür, Moritz ist mit den Zwillingen vom Einkaufen zurück. Felicitas springt vom Sofa auf und läuft zu den Kindern. Es entsteht eine hektische Atmosphäre aus Stimmengewirr, umfallenden Einkaufstüten, wild in der Gegend herumfliegenden Anziehsachen. Felicitas lächelt. Es ist das Lächeln einer glücklichen Mutter.

Zwischen Pampers und Party

Und dann sind da immer wieder die Gedanken an früher. An die eigene Unbeschwertheit. An die eigene Ungebundenheit. War es nicht doch toll, für niemanden Verantwortung zu tragen? War es nicht schön, am Wochenende erst gegen Mittag aufzustehen und sich durch den Tag, durch die Nacht treiben zu lassen? Jana, 29, Promoterin bei einer Plattenfirma, kennt diese Gedanken. Und sie hat eine Antwort darauf gefunden. Für sich. Für ihre Familie. Ich treffe sie zum Spazierengehen in Berlin, am Hackeschen Markt. Gelegentlich schauen uns Männer hinterher, aber Jana bemerkt es nicht. Sie will mir ihre Geschichte erzählen.

Die Fahrt im Aufzug kam mir vor wie eine halbe Ewigkeit, und als sie endlich in der zwölften Etage des Plattenbaus endete und ich das »Weekend« betrat, war irgendwas anders, obwohl alles war wie immer: Heißer, schweißdurchzogener Rauch trieb mir die Tränen in die Augen, Bässe drückten auf meine Ohren. Vor mir tat sich eine qualmende, stampfende Masse auf. Ich schob mich vorbei an Frauen, deren schmale Körper in flatternden Tops und Röhrenjeans steckten, an Männern, die versuchten auszusehen wie Pete Doherty und dabei etwas tragisch wirkten. An der Bar in der Mitte des Raumes lehnten betont lässig Dutzende Menschen. Einige von ihnen waren am Knutschen. Sie machten es ohne Scheu.

Ich drängelte mich durch die Masse von heißen Körpern, hinüber zur Fensterfront auf der anderen Seite des Raumes. Mein Blick schweifte über die Dächer der Stadt, ich sah den menschenleeren Alexanderplatz und den Fernsehturm, dessen Lichter im Sekundentakt aufleuchteten. Hinter mir gab der elektronische Rhythmus den Takt der Nacht vor. War es Peaches oder Uffie, was da lief? Oder doch vielleicht Hot Chip? War es am Ende nicht auch egal? Es interessierte mich nicht, nicht wirklich jedenfalls. Jede Woche hätte ich ähnliche Abende erleben können, im »Berghain«, »Cookies« oder »Tresor«. Jedes Mal die gleichen Gespräche führen können: »Ach hallo, du auch da, na wie geht's, echt cool hier, hast du Frank schon gesehen, weißt du, ob Petra noch kommt, ich werd mal kurz zur Bar, mir was zu trinken holen, man sieht sich.« Schön lächeln, nett antworten, zwischendurch am Sekt auf Eis nippen. Party as usual.

Irgendetwas stimmte nicht mehr, irgendetwas war nicht mehr so, wie es einmal gewesen war, dachte ich, als ich einen sicheren Platz zwischen den Menschen gefunden hatte. Früher traf ich mich abends gegen elf mit Freunden auf einen Drink, dann gingen wir tanzen bis in den frühen Morgen und legten kurz vor dem Nachhausegehen noch einen Zwischenstopp in einem der wenigen Cafés ein, die um diese Uhrzeit noch offen waren. Ausgehen war für mich damals Spaß und Entspannung von einer drögen Arbeitswoche. Eintauchen ins schillernde Clubleben. Sich unter seinesgleichen begeben. Den Geruch der Nacht in vollen Zügen aufsaugen. Sich am süchtig machenden Sound der Stadt nicht satthören können.

An diesem Abend war jedoch alles anders und das hatte seinen Grund: Es war das erste Mal, dass ich seit der Geburt von Ava vor einem Jahr aus war. Das erste Mal, dass ich sie bei meinen Eltern ließ, um tanzen zu gehen. Es war ein seltsames Gefühl. Simon war beruflich in Washington, fünf Tage bereits, und ich blieb mit der Kleinen alleine. Zur Zeit machte sie eine anstrengende Phase durch, quengelte immerzu, war ständig unleidlich. »Lass sie doch bei uns«, schlug meine Mutter am Telefon vor, als ich ihr davon erzählte, ihr mein Leid klagte. »Lass sie am Wochenende bei uns und unternimm was Schönes. Du hast dir ein bisschen Auszeit verdient.« Ich fand, dass sie recht hatte. Und dass es mitunter von großem Vorteil war, wenn die Eltern gleich um die Ecke lebten. Samstagnachmittag packte ich Avas Sachen zusammen und fuhr zu ihnen. Ich blieb so lange, bis wir sie gemeinsam ins Bett gebracht hatten. Ava schien zu ahnen, dass ich weggehen würde. Sie weinte und rief nach mir. Meine Mutter sagte, ich solle ruhig gehen, sie würde schon zurechtkommen mit ihr. Ich stahl mich mit einer Mischung aus schlechtem Gewissen und Vorfreude auf den Abend davon.

Ich war nicht verabredet mit Freunden. Zu groß war die Gefahr, dass man irgendwo versacken würde. In der wenigen Zeit, die mir blieb, wollte ich mich treiben lassen. Sie genießen. Und nicht bei irgendwem daheim hängenbleiben. Daheim war ich die letzten Monate. Abends, wenn für andere das Leben begann, saß ich vor dem Fernseher oder las ein Buch. Manchmal bestellten Simon und ich einen Babysitter, um mal wieder essen zu gehen oder ins Kino. Drei Stunden Luftholen vom Kind. Was nicht böse gemeint war, sondern einfach nur nötig. Damit man am nächsten Morgen mit etwas mehr Gelassenheit aufstand, wenn Ava wieder einmal kurz vor sechs aufwachte und uns ebenfalls aus dem Bett holte. Denn das ist tatsächlich das Anstrengendste am Elternsein, dass man seine eigenen Bedürfnisse hintenanzustellen hat, dass sich dabei aber viel zu oft dieser verdammte Egoismus in einem meldet.

Ich ging nach Hause, um mich fertig zu machen fürs Ausgehen. In Ruhe duschen und Haare waschen, schminken, anziehen und dabei Musik hören. Wie lange hatte ich das schon nicht mehr gemacht? Es fühlte sich gut an, so alleine zu sein. Die innere Alarmbereitschaft nicht auf Stand-by zu haben in der Befürchtung, Ava könnte jeden Augenblick im Nebenzimmer schreien oder angelaufen kommen und was von mir wollen. Ich stand vor dem Kleiderschrank und überlegte, was ich anziehen könnte. Röcke, Kleider, Blusen und Hosen hingen dicht an dicht, aber erst ein Bruchteil meiner alten Garderobe passte mir wieder. Es war mühsam, die Pfunde aus der Schwangerschaft abzutrainieren. Früher ging ich jeden Tag ins Fitnesscenter. Jetzt war ich abends dafür viel zu kaputt. Ich zog ein Kleid hervor, für das ich einmal viel Geld ausgegeben und das ich zum letzten Mal vor zwei Jahren getragen hatte. Ich musterte es, dann musterte ich mich selbst im Spiegel. Und befand, dass es einen Versuch wert war, es anzuprobieren. Ich schlüpfte hinein – und tatsächlich, es passte mir. Auch wenn es um die Taille herum etwas lockerer hätte sitzen können. Aber hey: Was waren schon zwei, drei Zentimeter? Hier ging es um mehr, hier ging es um die Geste an sich.

Ich war viel zu früh dran, als ich das Haus verließ. Die Absätze meiner Schuhe hallten auf dem Kopfsteinpflaster. Ich fühlte mich fast wie früher. Als würde es Ava und Simon in meinem Leben nicht geben. Um nicht eine der Ersten im Club zu sein, ging ich noch in eine Bar, ins »103« am Zionskirchplatz. Hier war es meist schon ab 20 Uhr voll. In letzter Zeit fielen ganze Reisegruppen im Halbstundentakt ein, weil die Bar mittlerweile in etlichen Reiseführern angepriesen wurde. Unter normalen Umständen hatte ich diesen Ort gemieden. Doch was war schon normal? Allein unter Menschen zu sein fühlte sich großartig an. Ich setzte mich an die Bar und bestellte Sekt auf Eis. Um jegliche Anmachversuche von vornherein zu unterbinden, blätterte ich in einer Zeitschrift. Sollten mich doch die anderen Gäste beobachten und für seltsam halten, weil ich an einem Samstagabend allein in einer Bar saß. Hauptsache, es sprach mich keiner an. Ich hätte meinen Mund ohnehin nicht aufbekommen. Schon seit Stunden war kaum ein Wort über meine Lippen gekommen. Ich fand es angenehm, nicht reden zu müssen. Ich war es gewohnt, für Ava unablässig den Clown zu spielen. Ständig für sie zu singen oder ihr Geschichten zu erzählen. Meine Stimmbänder hatten sich eine Pause redlich verdient.

Mittlerweile war es kurz nach eins. Ich ließ mir ein Taxi rufen und mich zum »Weekend« fahren. Vor dem Eingang stand eine lange Schlange. Als ich mich ihr näherte, erkannte mich einer der Türsteher und winkte mich an den Wartenden vorbei. Es war mir ein bisschen unangenehm, denn irgendwie hatte das was Arschlochmäßiges, was Arrogantes. »Lange nicht gesehen«, sagte der Türsteher und gab mir zur Begrüßung einen Kuss auf die Wange. »Gut siehst du aus.« Ich wusste, dass diese Gesprächssimulation für ihn nicht mehr war als Routine. Ich freute mich trotzdem über das Kompliment. Simon hatte mir lange keins mehr gemacht, vielleicht, weil ich ihm zu selten Gelegenheit dazu gab. Dabei hatte ich mir während der Schwangerschaft fest vorgenommen, keine dieser mit sich selbst nachlässigen Mütter zu werden. Doch der Alltag machte den guten Vorsatz leider allzu oft zunichte.

Nun stand ich also inmitten der Menschenmenge, inmitten meines alten Lebens. Vor mir tanzten die Massen, hinter mir schlief der Alexanderplatz und drei Kilometer weiter Ava bei meinen Eltern. Ich schloss kurz die Augen, um diesen Moment in einer Art gedanklichem Foto festzuhalten. Plötzlich tippte mir von hinten jemand auf die Schulter. Als ich mich umdrehte, blieb mein Herz fast stehen. Es war Ingo. Mit ihm hatte ich vor langer Zeit mal eine Affäre. Kurz bevor es was Ernstes wurde, beendete ich sie jedoch. Ich war damals noch nicht bereit für so was. Seither hatte ich ihn nicht mehr gesehen. Jetzt stand er vor mir und schaute mich an. Dann zog er mich an sich und umarmte mich. »Ich habe gehört, du hast ein Kind bekommen.« Er hielt mich weiter fest, ich konnte seine Worte wegen der lauten Musik nur schwer verstehen. »Ich denke immer noch an dich, jeden Tag«, sagte er. Ich wusste nicht, was ich erwidern sollte. Die Situation war mir unangenehm. Ich hatte Angst, dass mich jemand sehen würde. Mich, die junge Mutter, in enger Umarmung mit einem Mann, der nicht ihr eigener war, am Rande der Tanzfläche. Ich versuchte mich zu befreien, aber Ingo war stärker und hielt mich fest. »Frag mich, ob ich dich immer noch liebe«, sagte er. Ich antwortete nicht. »Na los, frag mich!« Seine Stimme wurde lauter. Es hatte keinen Zweck, mich zu wehren. Ich wusste, dass er hartnäckig war. »Also gut: Liebst du mich immer noch?«, fragte ich ihn und versuchte dabei, möglichst gelangweilt zu klingen. »Ja«, erwiderte er. »Und ich wünsche dir alles Gute, für dich und dein Kind. Und dass du glücklich bist und immer sein wirst.« Er hauchte mir einen Kuss aufs Ohr und sah mir noch einmal in die Augen. Dann ließ er mich los, drehte sich um und ging.

Ich blieb noch etwa zwei Stunden. Beobachtete die Gäste. Begab mich eine Weile auf die Tanzfläche. Trank Sekt auf Eis mit dem Türsteher, der zwischendurch nach oben gekommen war. Gelegentlich musste ich an Ava denken. Und an Simon, den ich plötzlich sehr vermisste. Ich stellte fest, dass das Ausgehen, das nächtliche Feiern nicht mehr war als eine lässige Pose. Dass ich dabei war, um des Dabeiseins willen. Mitmachte, weil es dazugehörte. Um mir zu beweisen, dass ich immer noch dazugehören konnte, wenn ich wollte. Trotz des Kindes. Oder gerade wegen des Kindes.

Allein diese Erkenntnis hatte etwas Beruhigendes. Drei Stunden, nachdem ich den Club betreten hatte, kämpfte ich mich durch die Masse zurück zum Lift. Ich wollte weg, ich wollte nach Hause. Wollte allein sein. Als ich den Fahrstuhl betrat, traf ich einen Freund, einen – wie soll man das nennen? – Nachtlebenfreund, an dessen Namen ich mich kaum noch erinnerte. Er sagte, dass wir uns ja schon lange nicht mehr gesehen hätten, was schade sei. Und dass wir doch beim nächsten Mal etwas länger miteinander reden sollten. So wie in alten Zeiten. Ich blickte den Nachtlebenfreund an und versuchte ein Lächeln. Ich nickte, es war fast wie automatisch. Der Aufzug fuhr hinunter und ich trat in die kühle Stille der Dunkelheit.

Am nächsten Morgen erwachte ich und erinnerte mich an den Abend. Ich musste an das Erlebnis mit Ingo denken. Mein Herz schlug schnell. Ich fühlte mich von der Erinnerung in die Enge getrieben, was mir nicht gefiel. Ich stand auf, zog mich an und verließ die Wohnung. Ziellos lief ich durch die Straßen und sah die vielen Menschen, die von der Sonne in die umliegenden Cafés gelockt wurden. Ich sah junge Frauen und Männer, die nicht viel älter waren als ich. Einige hatten Kinder dabei, die in ihren Kinderwagen schliefen oder auf dem Schoß der Eltern saßen, während die in ihren Milchkaffees rührten. Ob sie dabei glücklich waren, das konnte ich nicht erkennen, denn die meisten hatten ihre Gesichter hinter großen Sonnenbrillen versteckt. Ich beobachtete sie und bekam Sehnsucht nach Ava. Und Sehnsucht nach Simon. Ich ging zu meinen Eltern, um wenigstens sie in den Arm zu nehmen. Das alte Leben, in dem ich am Abend zuvor mal wieder vorbeigeschaut hatte, fühlte sich gut an. Das neue aber, das mit Mann und Kind, war nicht zu übertreffen.

Janas Handy klingelt. Simon ist dran. Er hat Ava aus der Kita abgeholt und fragt, ob sie noch gemeinsam auf einen Spielplatz gehen wollen oder in ein Café. Jana sagt zu. Über ihr Gesicht huscht ein Lächeln, als sie das Handy in die Handtasche steckt und sich von mir verabschiedet.

SCHWARZKOPF & SCHWARZKOPF

MANN WIRD VATER!

EIN ERLEBNISBERICHT
ÜBER DAS GRÖSSTE ABENTEUER EINES MANNES: DAS VATERSEIN

MANN WIRD VATER!
EIN ERLEBNISBERICHT
Von Carsten Wittmaack
272 Seiten, Taschenbuch
ISBN 978-3-89602-892-1 | Preis 9,90 €

»Ein ›Erlebnisbericht‹, gerichtet vor allem an Väter, aber lesenswert auch für Möchtegernväter. Ein spannendes Buch für alle, die es betrifft.« General-Anzeiger Bonn

»Wie sich die Welt von Carsten Wittmaack in den vergangenen sechs Jahren auf den Kopf stellte, beschreibt er jetzt sehr witzig in seinem neuen Buch. Ein Plädoyer fürs Vatersein.« Freenet.de

»Nach ›Zwergenalarm‹ wird nun der Spaß am Vatersein zelebriert. Dass der ansteckend ist, zeigen zahlreiche kleine Anekdoten, die andere Väter – von Augsburg bis Itzehoe – beigesteuert haben. Allesamt sehr persönlich – und sehr humorvoll.« SHZ.de / Norddeutsche Rundschau

»Ein berührendes und auch witziges Plädoyer für ein Leben mit Kindern.« Mag-Pearl.de

WWW.SCHWARZKOPF-SCHWARZKOPF.DE

DANK

Ich bedanke mich bei allen Müttern für das Vetrauen und die Zeit, die sie mir geschenkt haben. Und bei André – fürs Immerda-Sein.

DIE AUTORIN

Nana Heymann wurde 1977 in Ost-Berlin geboren und lebte in den achtziger Jahren in Moskau. 1990 kehrte sie zurück und entdeckte bald darauf das Nachtleben des Nachwende-Berlins. Darüber schrieb sie für Musikmagazine.

Nach dem Abitur studierte sie und absolvierte ein Volontariat. Heute arbeitet sie beim *Tagesspiegel* und schreibt außerdem für das *ZEITmagazin* und die *zitty*. Mit ihrem Ehemann und der gemeinsamen zweijährigen Tochter lebt sie in Berlin-Prenzlauer Berg.

Nana Heymann
GENERATION WICKELTASCHE
Die neue Lust am Muttersein –
Begegnungen mit jungen Frauen
ISBN 978-3-89602-950-8

 Lektorat: Maren Konrad | Coverfoto: © Nico Klein-Allermann (www.klein-allermann.de)